Wayne Barber, Eddie Rasnake, Richard Shepherd

Propheten

Menschen der Bibel AT

Ein 12-Wochen-Kurs für Einzelne und Gruppen

Widmung

Die Propheten haben ihrer Generation und darüber hinaus die Wahrheit
verkündet. Mögen unsere Kinder in ihrer Generation das Gleiche tun.
Wir danken Gott für die Kinder, mit denen er uns gesegnet hat.
Deshalb widmen wir dieses Buch:

Steven Barber, Erik und Stephanie (Barber) Christensen sowie unseren Enkelkindern
Hollen und Jonathan Christensen
Lauren, Blake, Michael und Chandler Rasnake
Joshua, Talitha, Lydia und Sarah Beth Shepherd

*„Eine größere Freude habe ich nicht als dies, dass ich höre,
dass meine Kinder in der Wahrheit wandeln"*
(3Jo 4).

Dank

Dieses Werk verdanken wir jenen, die uns Mut gemacht haben, als wir die ersten drei Bände der Reihe *Menschen der Bibel* veröffentlicht haben. Besonders dankbar sind wir den Geschwistern der *Woodland Park Baptist Church* in Chattanooga, Tennessee. Sie haben mit uns gemeinsam einen Großteil des Kursmaterials durchgearbeitet, und sie sind uns eine große Hilfe, wenn wir neue Kurse zusammenstellen. Wir danken auch den Mitarbeitern bei *AMG Publishers*, besonders Warren Baker, Trevor Overcash, Dale Anderson, Phillip Rodgers und Rick Steele. Ein Dankeschön geht auch an Robin Currier für ihre Hilfe beim Korrekturlesen. Vor allem sind wir jedoch unserem Herrn Jesus Christus dankbar, weil er uns immer wieder aufs Neue lehrt und zeigt, was es bedeutet, ihm von ganzem Herzen nachzufolgen.

Impressum

Falls nicht anders angegeben, sind die Bibelstellen zitiert nach der Revidierten Elberfelder Übersetzung 2006. Copyright SCM R. Brockhaus im SCM-Verlag GmbH & Co. KG, Witten.

Barber, Wayne / Rasnake, Eddie / Shepherd, Richard
Propheten
Menschen der Bibel AT
Ein 12-Wochen-Kurs für Einzelne und Gruppen

This book was first published in the United States by AMG Publishers, 815 Shallowford Rd, Chattanooga, TN 37421 with the title *Learning Life Principles From The Prophetes of the Old Testament* © 1999 by Wayne Barber, Eddie Rasnake, Richard Shepherd. Translated by permission.

ISBN 978-3-95790-032-6

© 2018 rigatio Stiftung gGmbH
Übersetzung: Brigitte Hahn, Hanau / Anke Hillebrenner, Lemgo
Umschlaggestaltung: rigatio; Foto: matthew-brodeur-349624-unsplash
Satz: jensweigel.de, Marburg
Druck: Kösel, Altusried-Krugzell

Inhalt

Vorwort 6

Lektion 1: Samuel
Auf Gott und sein Wort hören 9

Lektion 2: Elia
Gott folgen, auch gegen den Zeitgeist. 31

Lektion 3: Elisa
Der Kampf gegen die Götzen in unserem Leben 47

Lektion 4: Jona
Gott folgen, ohne es zu wollen .71

Lektion 5: Hosea
Rückkehr zu Gott. 85

Lektion 6: Jesaja
Ein Leben nach dem Plan Gottes 101

Lektion 7: Micha
Was fordert der Herr von dir? 115

Lektion 8: Jeremia
Gott vertrauen, wenn alles hoffnungslos scheint 133

Lektion 9: Habakuk
Nachfolge in den Talsohlen des Lebens 155

Lektion 10: Daniel
Dem Gott des Himmels zuversichtlich vertrauen 173

Lektion 11: Haggai
Ein Ruf zur Bestandsaufnahme .197

Lektion 12: Christus, der Prophet
Im Geist und in der Wahrheit anbeten 219

PROPHETEN

Vorwort

Vor etwa 3.000 Jahren sagte der Prophet Jesaja: *„Die Wahrheit kommt auf dem Marktplatz zu Fall, die Redlichkeit ist nicht mehr gefragt. So wird die Wahrheit bei uns vermisst"* (Jes 59,14b-15a; NeÜ). „Die Wahrheit wird vermisst" – so lautet die Schlagzeile über vielen Geschehnissen in dieser Welt und sogar in manchen christlichen Gemeinden. Wenn wir auf der Suche nach der Wahrheit sind, müssen wir uns immer *zuerst* an unseren Herrn und sein Wort wenden. Er hat nicht geschwiegen, und er hat seine Wahrheit nicht unbestätigt gelassen. Im Laufe von Jahrhunderten hat er viele Männer und Frauen gesandt, damit sie seine Botschaft, seine Wahrheit, verkündigen. Wir möchten Sie mit ein paar dieser Boten bekannt machen, mit den Propheten des Alten Testaments und auch mit dem ultimativen Propheten Jesus Christus.

Diese Propheten versahen ihren Dienst in sehr unterschiedlichen Zeiten der Geschichte Israels – in Zeiten der Hungersnot und Dürre, in Zeiten des wirtschaftlichen Aufschwungs, in Zeiten des Niedergangs und der Verderbtheit und in Zeiten der geistlichen Erneuerung. Ihre Herkunft war ebenso unterschiedlich. Wir begegnen Priestern, einem Richter, einem Bauern und einem Hirten. Manche von ihnen waren Freunde des Königs, manche waren seine Feinde, und bei manchen wissen wir nichts über ihre Herkunft. Auf ihrem Weg durch die Geschichte hatten die Propheten auch einen sehr unterschiedlichen Lebensstil. Elia wurde eine Zeitlang von Raben ernährt. Jesaja war regelmäßig zu Gast im königlichen Palast. Jeder Prophet hatte verschiedene Aufgabengebiete. Jona sollte nach Ninive gehen. Nach einer kleinen Umleitung durch das Mittelmeer erfüllte er diesen kurzfristigen Auftrag. Jesaja dagegen versah seinen prophetischen Dienst mehr als vier Jahrzehnte lang, unter der Herrschaft von vier Königen!

Die Propheten hatten ganz unterschiedliche Biografien, aber sie hatten eines gemeinsam: Sie brachten den Menschen die göttliche Wahrheit. Sie hörten das Wort Gottes klar und deutlich, und sie sprachen es gewissenhaft aus. Den Menschen gefiel nicht immer, was die Propheten sagten, und sie gehorchten auch nicht immer ihren Worten. Aber sie konnten nie behaupten, dass Gott sich nicht klar ausgedrückt hatte. Durch seine Propheten sprach er immer die Wahrheit. Es traten auch viele auf, die behaupteten, sie seien Propheten, aber sie verkündeten Lügen, Halbwahrheiten und Selbsttäuschungen. Gott sprach sich gegen sie aus und unterstützte weiter seine Propheten sowie die Botschaft, die er ihnen übermittelt hatte.

In der Zeit und im Leben der Propheten spiegeln sich viele unserer heute erlebten Situationen. Wir erkennen sicherlich auch, dass die Wahrheit sich behaupten muss, wenn sie *„auf dem Marktplatz zu Fall kommt"*. Viele Menschen wollen nicht die Wahrheit hören, wenn sie auch nur ein kleines bisschen unangenehm, unbequem oder „politisch unkorrekt" ist. Das ändert jedoch nichts an der Notwendigkeit, sie zu hören oder durchzusetzen. Wahrheit sollte auch das Fundament unseres Dienstes für Jesus Christus sein.

Es ist traurig, aber viele Lebensentwürfe, Familien, Nationen, ja sogar viele christliche Gemeinden stützen sich heute auf falsche Grundlagen. Bei manchen von ihnen geht der angerichtete Schaden über bautechnische Mängel hinaus. Sie sind in sich zusammengestürzt, und jetzt müssen andere versuchen, wieder Ordnung in das Chaos zu bringen. Hätte man doch bloß die Wahrheit an die erste Stelle der Liste für die benötigten Baumaterialien gesetzt!

In diesem Kurs geht es hauptsächlich darum, zur Wahrheit zurückzukehren, zerfallende Fundamente wegzuräumen, und sie gegen felsenfeste Wahrheit auszutauschen. Sie ist uns nicht als Menschenwort überliefert, sondern als Wort Gottes, *„denn niemals wurde eine Weissagung durch den Willen eines Menschen hervorgebracht, sondern von Gott her redeten Menschen, getrieben von Heiligem Geist"* (2Petr 1,21). Im Hinblick auf dieses „prophetische Wort" ermahnt uns der Apostel Petrus: *„... ihr tut gut, darauf zu achten als auf eine Lampe, die an einem dunklen Ort leuchtet, bis der Tag anbricht und der Morgenstern in euren Herzen aufgeht"* (2Petr 1,19). Im Mittelpunkt allen prophetischen Redens steht Jesus, wie wir in Offenbarung 19,10 nachlesen können: *„Denn die prophetische Botschaft, die der Geist Gottes eingibt, ist die Botschaft von Jesus"* (NGÜ). Es ist unser Wunsch, dass Sie durch das Studium dieses Kurses das Licht und die Wahrheit Jesu Christi erkennen und ihm folgen, mit größerer Treue, mit mehr Tiefgang und mit mehr Wahrhaftigkeit.

Mit Ihnen zusammen gehen wir diesen Weg – *in seiner Nachfolge.*

Wayne A. Baker
Richard L. Shepherd
Eddie Rasnake

Lektion 1 ## Samuel

Auf Gott und sein Wort hören

Zu einem entscheidenden Zeitpunkt in der Geschichte des Volkes Gottes war Samuel ein göttliches Geschenk für Hanna und Elkana sowie für Israel. Wie eine Brücke zwischen zwei Epochen in der Geschichte Israels brachte Samuel die lange Zeit der Richter zum Abschluss und leitete die neue Ära der Königsherrschaft ein. Samuels Leben umspannte mehr als 90 Jahre, und fast genauso lange war er als Prophet, Richter und Priester tätig. Er erwies sich als starke Führungspersönlichkeit und als Stabilisierungsfaktor in einer Zeit des Aufruhrs und des Übergangs. Samuels öffentliches Wirken als der letzte der Richter und der erste der Propheten führte Israel in eine noch nie da gewesene Blütezeit, die sich bis in die Regierungszeit der Könige Saul, David und Salomo hinein erstreckte.

Samuel wird oft als großes Vorbild erwähnt, wenn es um Gebet und Fürbitte für das Volk Gottes geht. Sein Beispiel macht auch uns heute Mut. Eine noch größere Ermutigung für uns ist die Tatsache, dass sein ganzes Leben auf Gebet und auf der Bereitschaft aufbaute, sofort zu gehorchen, wenn er Gottes Reden zu ihm vernahm. Gott vermittelte ihm eine wichtige Lehre: Wahres Gebet stützt sich vor allem auf die Bereitschaft des Menschen, dem Willen Gottes Vorrang zu geben und nicht seinem eigenen, menschlichen Wunschdenken. Samuel zeigt uns, was es bedeutet, nach Gottes Willen zu beten und zu fragen.

Das Wirken Samuels in Israel begann um das Jahr 1102 v. Chr., noch vor der Epoche der Könige, und es erstreckte sich wohl bis ins Jahr 1012 v. Chr., in die Zeit der Herrschaft von König Saul. Möglicherweise hat Samuel Teile des Buches 1. Samuel verfasst.

Wann wirkte er?

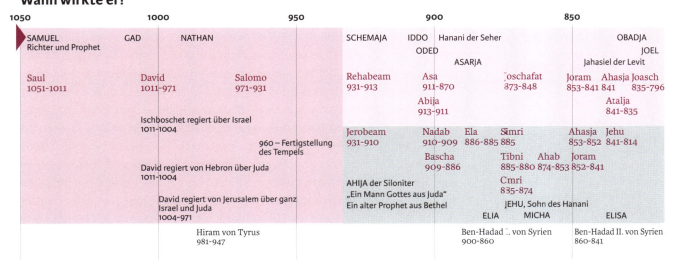

PROPHETEN

Bei unserem Studium über das Leben von Samuel lernen wir nicht nur etwas über das Gebet, sondern auch, wie wir im Einklang mit dem Wort Gottes leben können. Samuels Leben und Dienst vermitteln uns das Bild einer engen Bindung an Gott, unter Menschen, deren Glauben schwach war. Sein Zeugnis ist für uns ein deutlicher Aufruf, in allen Dingen den Herrn zu suchen, auf die Stimme Gottes zu hören und seinem Wort zu gehorchen. Samuel folgte Gott nach. Er zeigt uns, wie auch wir unseren Weg mit Gott gehen können, indem wir seine Stimme hören und uns an sein Wort halten.

Samuel
1. Tag

Dem Herrn hingegeben in einer Zeit des Niedergangs

Nach dem Tod Josuas wurde das Volk Israel 300 Jahre lang von Richtern regiert. Das Grundmotiv des Richterbuches findet sich im letzten Vers: *„In jenen Tagen war kein König in Israel. Jeder tat, was recht war in seinen Augen"* (Ri 21,25). Diese Aussage ist eine Zusammenfassung über den ausweglosen Zustand des Volkes, in das Samuel hineingeboren wurde.

 Lesen Sie 1. Samuel 1,1-8. Wie sah Samuels Elternhaus aus? Fassen Sie Ihre Eindrücke kurz zusammen.

_____

_____

_____

_____

Schon gewusst?
DIE STIFTSHÜTTE IN SILO

Auf dem Gelände der Stiftshütte in Silo befanden sich Gebäude mit Unterkünften für Eli und seine Familie sowie andere, die dort ihren Dienst versahen. Die Stiftshütte wurde zur Zeit Josuas aus der Wüste nach Israel gebracht (um 1398 v. Chr.; vgl. Jos 18,1).

Elkana wohnte mit seinen beiden Frauen Hanna und Peninna im Gebirge Ephraim, und zwar im etwa acht Kilometer nördlich von Jerusalem gelegenen Ort Ramatajim-Zofim, der auch Rama genannt wurde. Aus 1. Chronik 6,7-13.18-23 geht hervor, dass Elkana ein Nachkomme von Levi war. Die Mitglieder von Elkanas Familie wollten dem Herrn nachfolgen und gingen deshalb jedes Jahr nach Silo (etwa 30 Kilometer nördlich von Jerusalem), um ihn anzubeten. Dort befand sich die Stiftshütte. Obwohl Elkanas erste Frau Hanna keine Kinder bekommen konnte, liebte er sie von Herzen. Aber er hatte mehrere Kinder von Peninna, und diese Tatsache führte immer wieder zu Spannungen zwischen den beiden Frauen, vor allem bei der jährlichen Reise der Familie nach Silo. Deshalb war Hanna sehr niedergeschlagen, ja verbittert. Sie weinte und weigerte sich, Nahrung zu sich zu nehmen. Elkanas Versuche, sie zu trösten, bewirkten nur wenig.

Lektion 1: Samuel

📖 **Wie ist Hanna mit ihrem Kummer umgegangen? Lesen Sie 1. Samuel 1,9-18. Welche Schlüsse ziehen Sie über die innere Haltung von Hanna, der Mutter Samuels?**

_____

_____

_____

Ihre Aufmerksamkeit galt vor allem dem Gebet. An der Stiftshütte brachte sie ihren Kummer und ihre Tränen vor den Herrn. Sie legte ein feierliches Gelübde ab: Wenn der Herr ihr einen Sohn schenken würde, wollte sie ihn Gott weihen und in seinen Dienst stellen. Dieser Sohn sollte etwas Besonderes sein, und deshalb sollte kein Schermesser auf sein Haupt kommen. Wahrscheinlich versprach Hanna, ihren Sohn nach den in 4. Mose 6 erwähnten Richtlinien des Gelübdes für einen Nasiräer zu erziehen. Als Eli sie in ihrer Verzweiflung sah, warf er ihr vor, sie sei betrunken. Sie dagegen rief aus, das sei nicht wahr, sie habe bloß ihre Seele vor dem Herrn ausgeschüttet und ihn von ganzem Herzen gesucht. Eli antwortete mit einem Segenswort und der Zusicherung, dass Gott ihre Bitte erfüllen würde. Daraufhin konnte Hanna sich voller Hoffnung und Freude auf den Weg machen.

Bald darauf schenkte der Herr Elkana und Hanna einen Sohn, und sie nannten ihn Samuel – das bedeutet übersetzt „von Gott erbeten". Als Samuel entwöhnt war – wohl im Alter von etwa drei Jahren – brachten Hanna und Elkana ihn nach Silo, damit er dort bei dem Priester Eli seinen Dienst beginnen konnte. Die Opfergabe, die das Ehepaar mitnahm, entsprach den Vorschriften für die Erfüllung eines Gelübdes (vgl. 4Mo 15,8-10). Hanna war Gott nach wie vor dankbar, weil er ihr einen Sohn geschenkt hatte.

📖 **Lesen Sie 1. Samuel 2,1-10, und notieren Sie sich weitere Einblicke in das Herz von Samuels Mutter. Was konnte Samuel Ihrer Meinung nach in jenen ersten drei Jahren zuhause von seiner Mutter lernen?**

_____

_____

_____

Hannas ganzes Denken und Handeln war auf Gott ausgerichtet, und sie gab allein dem Herrn die Ehre. Ihr Herz floss förmlich über, als sie Gott pries, und zwar als denjenigen, der über jeden Feind den Sieg erringt. In ihrem Loblied verherrlichte sie ihn als den heiligen Gott, als einen Fels und Richter über das Handeln der Menschen. Er ist der Gott, der die Geringen aus dem Staub erhebt, die Schwachen

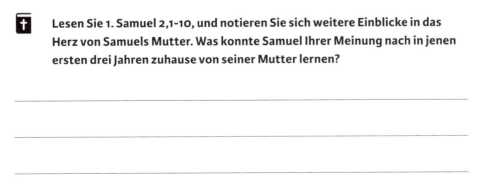

Schon gewusst?
SIMSON UND SAMUEL

Beide Männer wurden in der Richterzeit geboren, und zwar von Frauen, die vorher unfruchtbar waren. Beide dienten in Israel als Richter und kämpften gegen die Philister, die Feinde Israels. Sie waren außerdem beide von Geburt an dem Nasiräer-Gelübde verpflichtet (vgl. Ri 13,5.7; 1Sam 1,11). In dem Gelübde, das Hanna ablegte, gab sie Samuel an Gott zurück, damit er sein Leben lang dem Herrn dienen konnte. Ihre Erwähnung des Schermessers, das niemals auf Samuels Haupt kommen sollte, hatte starke Ähnlichkeit mit den Anforderungen an einen Nasiräer. Darüber hinaus sollte ein Nasiräer nichts essen oder trinken, was vom Weinstock stammte (Traubensaft, Wein, Weintrauben, Rosinen) und nichts Totes berühren (vgl. 4Mo 6,1-8).

Zur Vertiefung
EIN GELÜBDE ERFÜLLEN

In 4. Mose 15,1-3 und 8-10 finden sich bestimmte Vorschriften für die Erfüllung eines Gelübdes. Man sollte einen jungen Stier zusammen mit einem Speisopfer und einem Trankopfer darbringen. Der Stier wurde geschlachtet und auf dem Altar verbrannt. Zusammen mit dem Opfertier wurden das Getreide und das Öl geopfert, und der Wein wurde darüber ausgegossen. Jedes dieser Opfer ist ein Bild für bedingungslose Hingabe und Gebrochenheit: ein geopferter Stier, der sein Leben auf dem Altar verliert; Getreide, das zu Mehl gemahlen wird; das aus Oliven gepresste Öl; der aus gestampften Trauben gewonnene Wein. Wenn das Opfertier verbrannt und der Wein ausgegossen wurde, stieg ein Wohlgeruch zum Himmel empor, ein ausgesprochen jüdisches Bild für die bedingungslose Hingabe, mit der dem Herrn ein Liebesopfer dargebracht wird.

PROPHETEN

stärkt und die Stolzen erniedrigt. In seiner Hand liegt die Macht über Leben und Tod, über Reichtum und Armut, über Hohe und Niedrige. Er ist der Schöpfer und Erhalter allen Lebens, und in seiner großen Weisheit stellt er Menschen dorthin, wo er sie haben will. Er wacht über die Seinen, um sie zu bewahren und ihnen den Sieg zu schenken. Nicht *„durch eigene Kraft"* ist ein Mensch stark, sondern durch den Herrn, der gegen diejenigen kämpft, die sich gegen ihn auflehnen. Als Richter wird er dem von ihm eingesetzten König Macht verleihen. Diese Wahrheiten flossen aus dem Herzen von Hanna, und als seine Mutter würde sie sie ihrem Kind vorsingen, mit ihm darüber sprechen, sie erklären und mit verschiedenen Geschichten und Zeugnissen aus der Vergangenheit untermauern. Als Samuel zur Stiftshütte in Silo übersiedelte, wusste er bereits eine ganze Menge.

 Lesen Sie 1. Samuel 2,12-26. Wie waren Glaubensleben und Atmosphäre an der Stiftshütte?

_____

_____

_____

Wortstudie
SÖHNE BELIALS

In 1. Samuel 2,12 werden Hofni und Pinhas als *„ruchlose Männer"*, wörtlich als „Söhne Belials" bezeichnet. Der Ausdruck Belial hat zwei mögliche Bedeutungen. Die erste leitet sich von der Wurzel des hebräischen Verbs „verschlingen" (bly) her und bezieht sich auf den Scheol oder den Tod als den größten „Verschlinger" oder Zerstörer des Lebens. Bei der zweiten Möglichkeit handelt es sich um eine Kombination aus den beiden hebräischen Wörtern beli und ya'al zu dem Wort beliya'al, d.h. „ohne Wert" oder „wertlos". Im Neuen Testament wurde Belial mit Satan in Verbindung gebracht (vgl. 2Kor 6,15). Die Söhne Elis waren boshafte Männer, die den Herrn nicht kannten.

Elis Söhne, die an der Stiftshütte ihren Dienst versahen, werden als *„ruchlose Männer"*, wörtlich „Söhne Belials" bezeichnet. Dieser in 2. Korinther 6,15 auf Satan angewendete Ausdruck bezieht sich auf Bosheit im Wesen und im Handeln. Elis Söhne kannten weder den Herrn noch den Weg der Gemeinschaft und des Gehorsams. Sie wussten auch nichts vom Wort Gottes oder den Bestimmungen für die Priester. Stattdessen konnten sie vor lauter Gier nicht genug bekommen. Sie verlangten mehr als den ihnen zustehenden Anteil an den Opfern, sogar das Fett, das auf dem Altar verbrannt werden sollte. Ständig waren sie darauf aus, ihre eigenen Bedürfnisse zu befriedigen. Sie verachteten die dem Herrn darzubringenden Opfer und damit Gott selbst. Darüber hinaus verhielten sie sich unmoralisch den Frauen gegenüber, die am Eingang der Stiftshütte Dienst taten (vgl. 2Mo 38,8). Die Atmosphäre an diesem Ort ähnelte eher den Verhältnissen, wie sie vor den Altären der Kanaaniter herrschten (mit den damit verbundenen sexuellen Ausschweifungen) als den Wegen des Herrn, die immer geprägt sind von Heiligkeit und Ehrfurcht.

Beschreiben Sie im Gegensatz dazu die innere Haltung und das Verhalten von Samuel. Lesen Sie 1. Samuel 2,11.18-21.26 (vgl. auch Lk 2,52).

_____

_____

_____

Von Anfang an diente Samuel dem Herrn. Er trug ein Efod aus Leinen, das Gewand eines Priesters. In diesem Dienst wuchs Samuel zu einem jungen Mann heran, der Gott und den Menschen gefiel. Seine Beziehung zu Eli vertiefte sich, aber auch zu den Einwohnern von Silo und denjenigen, die zur Stiftshütte kamen, um dort ihre Opfer darzubringen. Seine Mitmenschen erkannten die guten Eigenschaften dieses Jungen, während er zu einem Mann heranwuchs. Die Aussage in Vers 26 hat eine bemerkenswerte Ähnlichkeit mit den Worten, die man über Jesus sagte, als er zu einem jungen Erwachsenen wurde. Auch er nahm zu in der Gunst bei Gott und seinen Mitmenschen. Der Evangelist Lukas erwähnt außerdem, dass Jesus *„an Weisheit"* zunahm, aber das traf offenbar auch auf Samuel zu.

Hanna gab ihren Sohn Samuel dem Herrn, und sie weihte ihn Gott voller Dankbarkeit. Sie bestimmte ihn für den Dienst beim Herrn der Heerscharen, dem Gott Israels. Als die Zeit gekommen war, erfüllte sie ihr Gelübde. Samuel begann mit seinem Dienst an einem Ort, wo große Not herrschte. Die Menschen brauchten dringend das Wort Gottes und das Wirken des Geistes Gottes an ihren Herzen. Wir haben mitverfolgt, wie Gott seinen Diener auf diese Situation vorbereitet hat. Wie hat Gott schließlich durch diesen jungen Mann gewirkt? Am zweiten Tag wollen wir dieser Frage nachgehen.

Im Dienst für das Wort des Herrn – als Prophet, Priester und Richter

Samuel
2. Tag

Als Samuel noch ein kleiner Junge war, übermittelte ein namenloser *„Mann Gottes"* dem Eli den Ausspruch Gottes. Gott kannte das sündhafte Handeln von Eli und seinen Söhnen, und er versprach, diesem Treiben ein Ende zu machen. In diesem Umfeld wuchs Samuel heran und *„nahm immer mehr zu an Alter und Gunst bei dem HERRN und bei den Menschen"*. Dann kam der Ruf Gottes.

✝ Lesen Sie 1. Samuel 2,27-36. Was verkündete der *„Mann Gottes"* über die Sünden, die Eli und seine Söhne begangen hatten?

_____

_____

_____

_____

PROPHETEN

Was sagte er zu den Folgen dieses Verhaltens (2,30-34)?

_____

_____

_____

Was sagte der „*Mann Gottes*" über die Pläne Gottes für sein weiteres Wirken (2,35)?

_____

_____

> **Zur Vertiefung**
> **SAMUELS KLEIDUNG**
>
> Samuel trug ein Efod aus Leinen, die Kleidung der Priester. Dabei handelte es sich um ein ärmelloses, westenartiges Gewand, das für den Dienst in der Stiftshütte bestimmt war (vgl. 2Mo 28,5-14). Zu einem späteren Zeitpunkt in der Geschichte Israels betonte der Herr, dass die Priester im Tempel Gewänder aus Leinen und nicht aus Wolle tragen sollten, damit sie bei ihrem Dienst nicht ins Schwitzen kämen (vgl. Hes 44,15-19). Sie sollten bei jeder priesterlichen Aufgabe auch körperlich rein sein, und das traf auch auf Samuel zu.

Eli und seine Söhne gaben Gott nicht die Ehre. Sie verachteten ihn, sein Wort und sein Wirken. Deshalb sollten Hofni und Pinhas beide an einem Tag sterben, und das Haus Eli sollte schließlich untergehen. Der Herr verhieß, er werde einen „*treuen Priester erwecken, der tun wird, was nach meinem Herzen und nach meiner Seele ist*" (2,35; Schlachter 2000). Samuel war in seinem Dienst zwar treu, aber letztendlich erfüllt sich diese Weissagung an den Nachkommen von Zadok aus der Familie Eleasars. Seine Nachkommenschaft wird eines Tages vor dem Messias („*meinem Gesalbten*") hergehen, in der Zeit seiner triumphalen Herrschaft im Millennium (vgl. Hes 44,15).

Was tat der Herr, nachdem der „*Mann Gottes*" dem Priester Eli die göttliche Botschaft übermittelt hatte (3,1-14)?

_____

_____

_____

Samuel war jetzt etwa zwölf oder dreizehn Jahre alt. Schon bald nachdem der „*Mann Gottes*" dem Eli die göttliche Botschaft übermittelt hatte, kam der Herr in einer Vision zu Samuel, um ihm das bevorstehende Gericht über das Haus Elis anzukündigen. Samuel hatte die Bosheit und den Weg gesehen, den die Söhne Elis eingeschlagen hatten, aber der Herr wollte, dass Samuel die Wege Gottes kennen sollte. Jetzt sah er noch deutlicher, welche Folgen die Sünde hatte. Gott vertraute ihm diese Wahrheit an, als die erste von vielen weiteren Wahrheiten zum Wohle Israels und zur Ehre Gottes.

✝ **Lesen Sie 1. Samuel 3,10.15-20. Wie reagierte Samuel auf diese göttliche Offenbarung?**

_____

_____

Lektion 1: Samuel

Worin bestand sein erster Auftrag? Was sollte er mit dem Gehörten tun?

_____

_____

_____

Als wahrer Diener Gottes hörte Samuel sorgfältig und aufmerksam auf jedes Wort, das der Herr zu ihm sprach. Dann gab er treu das Gehörte an Eli weiter. Damit begann sein Dienst als Prophet für Israel. In den nächsten Monaten und Jahren ging er seinen Weg mit dem Herrn, und wenn er von ihm eine Botschaft empfing, gab er sie präzise und in vollem Umfang weiter. Darin besteht die Aufgabe eines Propheten, und weil er das Wort des Herrn ausspricht, erfüllt es sich immer. Einen falschen Propheten erkennt man an Prophezeiungen, die mal eintreffen können und mal nicht. Samuel dagegen war ein wahrer Prophet, der in der Gegenwart Gottes lebte. *„Der Herr war mit ihm"*, und Gott bestätigte sein Wort durch Samuel. Keines seiner Worte blieb unerfüllt oder wie es wörtlich heißt: Gott *„ließ keins von seinen Worten auf die Erde fallen"* (3,19). Die Menschen in Israel, von Dan (der nördlichsten Region) bis Beerscheba (dem südlichsten Gebiet) wussten, dass Samuel ein Prophet war, weil Gott ihn in seinem Dienst bestätigte.

> **Sind Sie treu darin, Gott Wort zu hören und es anzuwenden? Bitten Sie den Herrn, Ihnen zu zeigen, in welchen Bereichen Sie ihm oder seinem Wort nicht die Ehre geben.**

> **Lesen Sie 1. Samuel 3,21 und 4,1a. Vergleichen Sie die Verse mit Psalm 99,6-7 sowie Jeremia 15,1. Welche anderen biblischen Figuren erwähnt der Herr zusammen mit Samuel?**

_____

_____

Welche Wesenszüge hatte Samuel?

_____

_____

_____

Der Herr nannte Samuel zusammen mit Mose und Aaron, Männern, die gekennzeichnet waren von einem aus dem Herzen kommenden Wissen über Gott. Sie hatten den Herrn voller Inbrunst gesucht, sein Wort gehört, und es war ihr Bestreben, das Volk Gottes mithilfe des göttlichen Wortes zu führen. Nach den Worten

---

Schon gewusst?
DER BUNDESGOTT ISRAELS

Jahwe oder Jehova ist der Eigenname des Bundesgottes. Das ist der Gott, den man im Alltag erkennen und erleben konnte. Hofni und Pinhas hatten nie ein Erlebnis mit Gott, sondern sie erlebten bloß eine Wechselbeziehung mit ihrem eigenen, von Bosheit erfüllten Herzen. Samuel, Hanna und Elkana unterschieden sich von diesen Männern. Sie kannten Gott aus einer persönlichen Beziehung heraus, und sie wollten, dass andere Menschen die gleiche Erfahrung machten.

Lehre
FALSCHE PROPHETEN

Was hatte Gott über falsche Propheten zu sagen? Zunächst einmal stimmten deren Aussagen nicht überein mit dem, was Gott bereits gesprochen hatte. Deshalb stammte ihre Botschaft nicht von ihm. Im fünften Buch Mose wird ein Prophet erwähnt, der ein Zeichen und Wunder ankündigt. Es trifft tatsächlich ein, verleitet die Menschen jedoch zur Anbetung von falschen Göttern. Hier handelt es sich um einen falschen Propheten. Aber was ist mit jenen Propheten, deren Weissagungen sich nicht erfüllt haben? Aus 5. Mose 18,21-22 geht hervor, dass Gott solche Menschen nicht gesandt hat. Wenn jemand aus eigener Anmaßung im Namen Gottes sprach, wenn jemand Worte aussprach, die Gott ihm nicht in den Mund gelegt hatte oder wenn jemand eine Weissagung im Namen eines anderen Gottes verkündete, hatte das ernste Folgen: „... dieser Prophet muss sterben" (5Mo 18,20).

PROPHETEN

in Psalm 99,6-7 gehörte Samuel zu jenen, *„die seinen Namen anriefen"* und von Gott eine Antwort erhielten. Er hörte sie, wenn sie beteten. Der Herr sprach zu diesen Männern in der Wolkensäule, und sie gehorchten seiner Weisung. Was war diese „Wolkensäule"?

In 1. Samuel 3,21 heißt es: *„Und der Herr erschien weiterhin in Silo"* (Schlachter 2000). An diesem Ort befand sich die Stiftshütte, und das Erscheinen des Herrn deutet darauf hin, dass er sich dort offenbarte, wie er es bei Mose und Aaron in der Wüste getan hatte. Das hebräische Wort für „erschien" in 1. Samuel 3,21 hat die gleiche Wurzel wie der Ausdruck „Aussehen" (oder Erscheinung) in 4. Mose 9,15. Hier ist die Rede von der göttlichen Herrlichkeit, die über der Stiftshütte schwebte – in Gestalt einer Wolke bei Tag und einer Feuersäule bei Nacht. An diesem Ort sprach der Herr und gab den Israeliten konkrete Anweisungen, wann und wohin sie aufbrechen und wie lange sie bleiben sollten. Er begleitete und unterrichtete sie in der Wüste. Schließlich sollten die Israeliten sein Wort kennen und danach leben, nicht nach der Denkweise und den Gewohnheiten der Ägypter. In der Zeit des Propheten Samuel brauchten die Menschen wieder dringend das Wort Gottes, so wie wir es in unserer heutigen Zeit brauchen.

> **Vergleichen Sie 1. Samuel 3,1 mit 3,21-4,1a. Welcher Unterschied fällt Ihnen auf?**

___

___

___

___

In 1. Samuel 3,1 lesen wir: *„Und das Wort des HERRN war selten in jenen Tagen; Visionen gab es nicht häufig."* In der englischen *New King James Version* wird dieser Satz so wiedergegeben: *„... es gab keine weit verbreitete Offenbarung."* Gott berief Samuel, einen Mann, der Gott hören und in treuem Gehorsam auf das Gehörte reagieren sollte. Wenn der Herr eine Wahrheit offenbarte, verkündete Samuel diese Wahrheit. Von Dan bis Beerscheba verbreitete sich die Nachricht, und so *„erging das Wort Samuels an ganz Israel"* (vgl. 4,1a). Das, was Samuel verkündete, war so eindeutig, dass *„das Wort Samuels"* mit dem Hören des Wortes Gottes gleichgesetzt wurde, weil er nur das aussprach, was der Herr ihm auftrug (vgl. dazu die Worte Jesu in Joh 8,28). Die Israeliten brauchten das Wort Gottes dringend, denn sie mussten sich dem Kampf gegen ihre Feinde stellen. Wir werden in der dritten Tageseinheit mehr dazu erfahren.

Dem Willen des Herrn folgen

Samuel
3. Tag

Obwohl sich das Wort des Herrn über das ganze Land verbreitete, stellten die Philister eine Bedrohung für Israel dar. Diese Küstenbewohner waren um 1200 v. Chr. ins Land gekommen. Mit ihrer „Eisen-Technologie" hatten sie einen entscheidenden Vorteil gegenüber den Israeliten, die ein Agrarvolk waren. Die Philister wollten das Land Kanaan erobern und trafen dabei auf die Israeliten. Wie würden sie sich dem Kampf stellen? Was würden die Israeliten gegen die Bedrohung durch die Philister unternehmen?

> **Lesen Sie 1. Samuel 4,1-11. Was unternahm Israel, und was waren die Folgen?**

_____

_____

_____

Zunächst wurde Israel in der Schlacht geschlagen, mit einem Verlust von 4.000 Mann. Dann entschlossen sich die Ältesten des Volkes, die Bundeslade mit auf das Schlachtfeld zu nehmen, als Zeichen für die Gegenwart und Macht Gottes. Als man sie aus Silo holte und ins Heerlager der Israeliten brachte, wurde sie von den Philistern erbeutet, und 30.000 Israeliten starben, darunter auch Hofni und Pinhas, die Söhne von Eli. Ihre Gedanken drehten sich nicht darum, Gott zu vertrauen; auf diese Idee kamen sie wohl erst, als es zu spät war.

Der namhafte Pastor und Bibellehrer Adrian Rogers vermittelt uns einen tiefen Einblick, indem er schildert, wie Gott auf das Handeln Israels und der Philister an der Bundeslade reagiert. Die Israeliten mussten erkennen, dass man Gott nicht als Zaubermittel *missbrauchen* kann (vgl. 4,5-11). Die Philister fanden schon bald heraus, dass man Gott nicht *einfangen* kann. Die Einwohner ihrer Städte wurden wegen der Bundeslade in Angst und Schrecken versetzt. Sieben Monate später schickten sie die Lade nach Israel zurück (vgl. 5,1-2; 6,1-18). Die Bürger von Bet-Schemesch mussten erkennen, dass man Gott nicht *verharmlosen* darf. Als sie sich gegen das eindeutige Gebot der Schrift wandten und in die Bundeslade hineinsahen, mussten siebzig Männer sterben (vgl. 6,19-21). Nur die Priester durften nach genauen Anordnungen mit der Bundeslade umgehen. Während die Lade zwanzig Jahre lang im Haus von Abinadab in Kirjat-Jearim blieb, hatten die Menschen in Israel trotzdem keine Ruhe, denn „*...das ganze Haus Israel wehklagte hinter dem HERRN her*" (7,2). Aus diesem Geschehen können wir eines lernen: Der Herr kann von seinen Kindern nicht *ignoriert* werden, wenn sie in seiner Freude leben wollen.

WER WAREN DIE PHILISTER?

Die Philister stammten ursprünglich aus der Ägäis und dem Mittelmeerraum (Kreta). Sie ließen sich um 1200 v. Chr. in Kanaan nieder. Ihr Hauptsiedlungsgebiet lag in den fünf Städten Aschdod, Gaza, Aschkelon, Ekron und Gat (dem Hauptort), die von jeweils einem „Fürsten" regiert wurden (vgl. 1Sam 6,17-18). Als Kulturvolk machten sich die Philister ihre großen Kenntnisse zu Wasser und zu Land zunutze (vgl. 1Sam 6,2.8.17-18; 13,19-22). Sie verehrten die Götter Dagon (einen Fischgott), Astarot (eine Fruchtbarkeitsgöttin) und Baal-Sebub („Herr der Fliegen"), einen der Baal-Götter (vgl. Ri 16,21-30; 1Sam 5,1-7; 31,10; 2Kön 1,1-16). Der heutige Name „Palästina" leitet sich von den assyrischen Wortstämmen für Philister ab.

PROPHETEN

> **Schon gewusst?**
> **DIE BUNDESLADE**
>
> Die Bundeslade war eine hölzerne, mit Gold beschlagene Truhe. Auf ihrem auch als „Gnadenthron" oder „Sühnedeckel" bezeichneten Deckel befanden sich zwei Cherubim, einer an jedem Ende, deren Flügel sich zur Mitte hinbogen. In der Lade lagen die beiden Gesetzestafeln, der goldene Krug mit dem Manna aus der Wüste, und der aus einem Mandelbaum geschnitzte, blühende Stab Aarons. Diese Gegenstände waren Sinnbilder für die Bundesbeziehung zwischen Gott und seinem Volk Israel. Die Bundeslade war das einzige Möbelstück im Allerheiligsten der Stiftshütte. An jeder ihrer vier Ecken waren Ringe befestigt, damit Priester Stangen hindurchziehen und sie auf diese Weise auf ihren Schultern tragen konnten (vgl. 2Mo 25,10-22; Hebr 9,4).

Zu jener Zeit forderte Samuel die Menschen in Israel auf, sich von ganzem Herzen dem Herrn zuzuwenden und die fremden Götter aus ihrer Mitte wegzutun. Die Israeliten meinten, es genüge, wenn sie ihre Zeit zwischen der Anbetung Gottes und der Verehrung einiger kanaanitischer Götter aufteilten. Samuel forderte sie jedoch auf, Gott *allein* zu dienen. *„So wird er euch aus der Hand der Philister retten"* (7,3).

✝ **Lesen Sie 1. Samuel 7,4-6. Fassen Sie den Inhalt kurz zusammen.**

_____

_____

_____

_____

Worauf legte Samuel den Schwerpunkt?

_____

_____

_____

Die Israeliten entfernten tatsächlich die fremden Götter und die Astarot aus ihren Häusern und entschieden sich, dem Herrn allein zu dienen. Zu diesem Zeitpunkt forderte Samuel die Israeliten auf, sich in Mizpa zu versammeln. Dort schöpften sie Wasser und gossen es vor dem Herrn aus, als Sinnbild der Umkehr und Hingabe, das seinen Ausdruck fand im gemeinsamen Fasten und dem Bekenntnis: *„Wir haben gegen den HERRN gesündigt!"* In Vers 6 wird erwähnt, dass Samuel das Volk Israel in Mizpa richtete. Offenbar befasste Samuel sich an diesem Versammlungsort mit allen Vergehen, Streitigkeiten, Sünden oder Fragen, mit denen die Israeliten zu ihm kamen. Sein Anliegen war es, dass die Menschen das Wort des Herrn kennen und ihm ohne Einschränkungen folgen sollten.

✝ **Als die Philister hörten, dass Israel sich in Mizpa versammelt hatte, zogen sie ihre Soldaten zusammen, um gegen die Israeliten zu kämpfen. Lesen Sie 1. Samuel 7,7-12. Wie reagierten die Israeliten auf diese Nachricht?**

_____

_____

_____

Lektion 1: Samuel

Wie verhielt sich Samuel? Was tat er, um das Volk in den Kampf zu führen?

_____

_____

_____

Wie wirkte der Herr?

_____

_____

_____

_____

Wortstudie
DIE FALSCHEN GÖTTER BAAL UND ASTAROT

Die Kanaaniter verehrten Baal als den Herrn über die Natur (Regen, Donner, Ernte und Fruchtbarkeit). Oft waren mit der Verehrung dieses Gottes moralisch anstößige Riten verbunden. Manche Anhänger Baals opferten sogar Kinder auf den Altarfeuern. Das Wort „Baal" bedeutet „Herr" oder „Ehemann", und manchmal wurde es mit weiteren Namen verbunden, wie zum Beispiel Baal-Zebub (später Beelzebul, vgl. Mt 10,25) oder mit Ortsbezeichnungen wie bei Baal-Peor. Astarot, eine kanaanitische Fruchtbarkeitsgöttin, war die Ehefrau von Baal und die Tochter von El und Aschera, weiteren kanaanitischen Gottheiten.

Die Kanaaniter, die Philister und die Einwohner von Sidon verehrten diese falschen Götter auf die eine oder andere Weise. Oft stellten sie eine Figur oder eine Aschera-Stele vor einen Altar (vgl. 1Sam 7,3-4; 12,10; 31,10; 2Kön 3,2; 10,27), eine Praxis, die der Herr verboten hatte (vgl. 3Mo 26,1; 5Mo 16,21-22).

Die Israeliten sagten zu Samuel: „*Lass nicht ab, für uns zu dem HERRN, unserm Gott, um Hilfe zu schreien, dass er uns aus der Hand der Philister rettet!*" (7,8). Samuel brachte ein Lamm als Brandopfer dar, als Sinnbild für die totale Hingabe an den Herrn und seine Wege. Er schrie zum Herrn, und dieser antwortete mit einem starken Donner, der die Philister verwirrte und zu ihrer Niederlage führte. Nach diesem Sieg errichtete Samuel einen Gedenkstein und nannte ihn „Stein der Hilfe" (*Eben-Eser*), denn: „*Bis hierher hat uns der HERR geholfen.*" Dieses Verhalten unterschied sich stark von der Art, wie die Israeliten vor einigen Jahren mit Gott und der Bundeslade umgegangen waren.

Denken Sie daran, was mit Israel geschah, als an der Spitze ein Mann stand, der sich vom Wort Gottes leiten ließ. Denken Sie darüber nach, wie unterschiedlich die Israeliten diesmal auf die Bedrohung durch die Philister reagierten. Sie versuchten nicht, Gott oder die Bundeslade für ihre Zwecke zu missbrauchen, und sie nahmen auch nicht Zuflucht zum Aberglauben. Diesmal folgten sie der Wahrheit des göttlichen Wortes und wandten sich von ganzem Herzen dem Herrn zu. Sie wollten im Einklang mit seinem Wesen und Willen leben. Der Herr reagierte darauf, indem er seine Macht und Fürsorge für sein Volk unter Beweis stellte. Die Philister waren für Israel keine so große Gefahr mehr. In der Zeit, als Samuel Richter war, war die Hand des Herrn gegen die Philister, und Israel nahm das von diesem Feind eroberte Land wieder ein. Darüber hinaus sorgte der Herr für einen Friedensschluss zwischen den Israeliten und den Amoritern (vgl. 7,13-14).

„DER HERR DONNERTE"

Der Philister-Gott Dagon (halb Fisch, halb Mensch) war der Vater von Baal, dem Gott der Natur, insbesondere des Sturms, Donners und Regens. Manche Darstellungen zeigen ihn mit einem Blitz in der Hand. In 1. Samuel 7,10 offenbarte der Herr, der Gott Israels, wer wirklich der Herr über den Donner und über alles ist. Er ist der Gott und Bewahrer seines Bundesvolks Israel.

PROPHETEN

In den folgenden Jahren tat Samuel weiter seinen Dienst als Richter. Er besuchte einmal im Jahr die Orte Bethel, Gilgal und Mizpa, um dort Recht zu sprechen. Die Israeliten hörten auf das Wort Gottes und konnten deshalb ihre Streitigkeiten und Probleme lösen. Wenn Samuel nicht auf Reisen war, diente er in seinem Heimatort Rama als Richter (vgl. 7,15-17).

Samuel
4. Tag

Den Wegen des Herrn folgen, auch bei der Wahl des Königs

Als Samuel älter wurde, ernannte er seine beiden Söhne Joel und Abija zu Richtern. Sie folgten jedoch nicht seinem Beispiel, sondern sie waren bestechlich und beugten das Recht (vgl. 8,3). Die Ältesten Israels kamen zu Samuel und konfrontierten ihn mit diesem Problem. Sie gingen sogar noch weiter und baten ihn, einen König über sie zu setzen, damit er Recht sprechen und ihre Kriege für sie führen sollte. Die Israeliten wollten sein wie die anderen Völker um sie herum. Was sollte Samuel tun?

Zur Vertiefung
WAR ES FALSCH, DASS ISRAEL EINEN KÖNIG WOLLTE?

Israels Bitte um einen König war an sich nicht verkehrt. Im Gesetz gab es sogar Verordnungen für die Ernennung eines Herrschers. In 1. Mose 49,10 prophezeite Jakob, dass eines Tages Könige aus Juda über Israel herrschen sollten. In 4. Mose 24,17 weissagte Bileam über einen König aus Israel, der sogar zum Herrscher über andere Völker werden sollte. In 5. Mose 17,14-15 klärt sich der scheinbare Widerspruch. Hier wird von dem Wunsch Israels nach einem König ausgegangen. Deshalb werden Anweisungen gegeben, wie ein König ausgewählt werden und welche Eigenschaften er haben soll. Die wichtigste Aussage lautet jedoch, dass Gott den König erwählen soll.

Lesen Sie 1. Samuel 8,4-20. Wie reagierte Samuel zunächst, und welche Maßnahmen ergriff er?

_____
_____
_____

Wie lautete das Wort des Herrn in dieser Angelegenheit?

_____
_____

Samuel war verärgert, weil er in der Bitte der Israeliten eine böse Absicht erkannte. Als er sein Anliegen zum Herrn brachte, teilte dieser ihm mit, er solle auf das Volk hören, denn nicht ihn habe es als Richter abgelehnt, sondern Gott als König. Gott beauftragte Samuel, den Vertretern des Volkes mitzuteilen, welche Folgen ein König für sie hätte und wie sie einen König und sein Reich auch finanziell unterstützen müssten. Wieder gab Samuel treu alle Worte des Herrn an die Israeliten weiter, aber sie wollten seine Warnungen bzw. die durch ihn übermittelten Warnungen des Herrn nicht hören. Noch immer wollten sie einen König, jemanden, der für sie Recht spricht, der für sie in den Krieg zieht und sie zu einem Volk macht wie alle anderen Völker um sie herum.

> **Lesen Sie 1. Samuel 8,21-22. Wie reagierte Samuel auf die Bitte des Volkes?**

___

___

___

Samuel hörte sich alles an. Dann ging er zum Herrn und wiederholte alles, was die Israeliten zu ihm gesagt hatten. Der Herr gab ihm bloß die Anweisung, ihren Wunsch zu erfüllen. Weil Samuel Gott und seinen Wegen vertraute, gehorchte er und machte sich auf die Suche nach dem Mann, den der Herr zum König erwählen würde.

Auf der Suche nach den verloren gegangenen Eselinnen seines Vaters kam ein Mann namens Saul zusammen mit seinem Diener nach Rama. Der Herr hatte dem Samuel bereits mitgeteilt, dass Saul dorthin kommen würde und er diesen Mann zum König salben sollte (9,15-16). Darüber hinaus verhieß er, dass er Saul dazu bestimmt habe, die Israeliten von der Unterdrückung durch die Philister zu befreien, weil er sich über die Not seines Volkes erbarmte (9,16). Nachdem Samuel die Anweisungen des Herrn befolgt und Samuel zum König gesalbt hatte, sprach er noch einmal zum Volk Israel über dessen Wunsch nach einem Herrscher. Er machte den Israeliten Vorwürfe, weil sie mit ihrer Bitte nach einem König ein großes Unrecht begangen hatten. Deshalb bat er den Herrn, Donner und Regen auf die Weizenernte herabzusenden, als Zeichen ihrer Bosheit. Der Herr antwortete mit einem Unwetter. *„Da fürchtete das ganze Volk den HERRN und Samuel sehr"* (12,18).

Dann forderte Samuel die Israeliten auf, dem Herrn von ganzem Herzen zu dienen und nicht den *„nichtigen Götzen"* zu folgen. Er versprach ihnen auch, dass der Herr ständig über sein Volk wachen würde, *„um seines großen Namens willen"* (12,22). In 1. Samuel 12,23 gab Samuel ihnen auch noch ein persönliches Versprechen, das kennzeichnend war für sein ganzes Leben: *„Auch was mich betrifft - fern sei es von mir, dass ich mich an dem HERRN versündigen und aufhören sollte, für euch zu bitten; sondern ich will euch den guten und richtigen Weg lehren"* (12,23). In seiner Eigenschaft als Prophet, Richter und Priester musste Samuel die Gelegenheit wahrnehmen, seine Zuhörer auf den Herrn hinzuweisen. Nachdem er ihnen versichert hatte, dass er für sie beten würde, ermahnte er sie: *„Fürchtet nur den HERRN und dient ihm in Wahrheit mit eurem ganzen Herzen! Denn seht, wie große Dinge er an euch getan hat! Wenn ihr aber dennoch böse handelt, so werdet ihr und euer König weggerafft werden"* (12,24-25). [Vgl. 1Sam 9-11 zur Wahl von Saul als König. Vgl. auch die tiefgehende Studie über das Leben von Saul in *Könige – Menschen der Bibel AT* (Lektion 1).]

> *„Auch was mich betrifft – fern sei es von mir, dass ich mich an dem HERRN versündigen und aufhören sollte, für euch zu bitten; sondern ich will euch den guten und richtigen Weg lehren."*
> **1. Samuel 12,23**

PROPHETEN

Nach der Salbung Sauls zum König gab Samuel ihm genaue Anweisungen, wie er sich verhalten sollte. Unter anderem sollte er nach Gilgal gehen und sieben Tage lang auf Samuel warten. Danach wollte Samuel Brand- und Friedensopfer darbringen und Saul weitere Aufträge erteilen.

✝ **Lesen Sie 1. Samuel 13,8-14. Was tat Saul?**

_____
_____
_____

Was waren die Folgen seines Handelns?

_____
_____

Saul wurde des Wartens auf Samuel überdrüssig, zumal es schon der siebte Tag war und viele seiner Männer weggingen oder sich vor den nahenden Philistern versteckten. Da er die Wege des Herrn weder kannte noch respektierte, nahm Saul die Sache selbst in die Hand und brachte die Opfer dar. Sobald er fertig war, erschien Samuel, tadelte Saul wegen seines törichten Handelns und teilte ihm mit, dass sein Königreich nicht von Bestand sein würde. Darüber hinaus suche der Herr einen Mann „*nach seinem Herzen*", der alle seine Weisungen befolgen würde.

✝ **Nach einer Weile empfing Samuel vom Herrn die Anweisung, er solle Samuel befehlen, die Amalekiter wegen ihrer Bosheit zu vernichten. Lesen Sie 1. Samuel 15,1-35. Zu welchen Erkenntnissen über die Verhaltensweise von Saul kommen Sie?**

_____
_____
_____

Wie bewerten Sie die Reaktion von Samuel?

_____
_____
_____

Zur Vertiefung
WAS LIEF BEI SAUL VERKEHRT?

Als er Saul wegen seines Ungehorsams zur Rede stellte, sprach Samuel von Rebellion, Wahrsagerei, Aufsässigkeit, Ungerechtigkeit und Götzendienst. Bei Rebellion lehnt man sich gegen Autorität auf und macht sich selbst zum Maß aller Dinge. Bei Wahrsagerei sucht man nach etwas anderem als Gott und nach etwas, was sich im Widerspruch zum Charakter Gottes befindet, während man bei Aufsässigkeit das eigene Ich zum Gott macht. Bei Ungerechtigkeit entscheidet man sich für alles Trügerische und Nichtige. Eng damit verknüpft ist der Götzendienst, bei dem man einem falschen, leblosen, hohlen Bild folgt. Nach Samuels Einschätzung war das Herz von Saul in diesen fünf Sünden verwurzelt.

Notieren Sie Ihre Gedanken über die Folgen des Geschehens um Saul und Samuel.

_____

_____

_____

Saul tötete alle Amalekiter, mit Ausnahme von König Agag. Er und seine Soldaten verschonten auch die „besten" Tiere des Viehbestands, um sie zu opfern. Der Herr hatte ihnen so etwas jedoch *nicht* geboten. Samuel stellte Saul wegen seines Ungehorsams zur Rede und verkündete das Gerichtshandeln Gottes. Das Königtum sollte von Saul weggenommen und einem anderen gegeben werden. In Vers 26 trifft Samuel den Kern des Problems: „*Denn du hast das Wort des HERRN verworfen*". Deshalb wurde Saul vom Herrn als König über Israel abgelehnt. Samuel „*hieb Agag in Stücke*" und führte auf diese Weise an ihm das Gericht Gottes über die Sünden dieses Königs aus. Dann reiste er zurück nach Rama und trauerte um Saul.

Aber der Herr hatte mit Samuel noch etwas vor. Er forderte Samuel auf, nach Bethlehem zu gehen und den von ihm erwählten König zu salben, einen Mann nach dem Herzen Gottes. Dieser Erwählte sollte den Willen des Herrn tun. Hier bot sich für Samuel eine weitere Gelegenheit, mehr über die Wege Gottes zu lernen und zu erkennen, wie wichtig es ist, auf den Herrn zu hören und seinen Wegen zu folgen.

Lesen Sie 1. Samuel 16,1-13. Notieren Sie die wichtige Wahrheit, die Samuel an jenem ereignisreichen Tag hörte, als er David zum König salbte.

_____

_____

_____

_____

Samuel lernte, dass das Äußere eines Menschen im günstigsten Fall zweitrangig ist. „*... der HERR sieht auf das Herz*" (16,7), und er trifft seine Entscheidungen nach dem, was er im Herzen eines Menschen vorfindet. Wenn Samuel den Herrn befragen würde, wen er als König haben wollte, würde er den richtigen Mann finden. Und genau das tat Samuel. Nach vielen Jahren des Dienstes war er noch immer lernfähig und demütig (diese beiden Eigenschaften trifft man immer gemeinsam an), und so entdeckte er in den Wegen und im Willen Gottes neue Dimensionen der Freude und Zufriedenheit.

„Der HERR hat sich einen Mann gesucht nach seinem Herzen."
1. Samuel 13,14

Zur Vertiefung
WAS LIEF BEI DAVID RICHTIG?

Als Samuel Israels nächsten König salben sollte, lehrte der Herr ihn eine weitere Wahrheit, die er zum Teil bereits kannte: „Sieh nicht auf sein Aussehen ... Denn der HERR sieht nicht auf das, worauf der Mensch sieht. Denn der Mensch sieht auf das, was vor Augen ist, aber der HERR sieht auf das Herz" (1Sam 16,7). Der Herr wünscht sich einen von Liebe geprägten, von Herzen kommenden Gehorsam, so wie Samuel ihn bei seinem Vater Elkana und seiner Mutter Hanna gesehen hatte, nicht aber bei Hofni und Pinhas. Samuel lehrte die Menschen in Israel, ein Leben des Gehorsams zu führen (vgl. 12,24), und in Bethlehem zeigte der Herr ihm erneut einen Widerhall davon in der Person des jungen David, denn er sah „einen Mann nach meinem Herzen, der meinen ganzen Willen tun wird" (Apg 13,22).

PROPHETEN

[Wenn Sie sich gründlicher mit dem Leben von David befassen möchten, empfehlen wir Ihnen das Kapitel „David, ein Mann nach dem Herzen Gottes" aus dem Kurs *Könige - Menschen der Bibel AT* (Lektion 2). Weitere Informationen über Samuels Biografie finden Sie im Schaubild am Ende dieser Lektion.]

„Und Samuel starb. Und ganz Israel versammelte sich und hielt ihm die Totenklage, und sie begruben ihn in seiner Heimat in Rama" (1Sam 25,1). Samuel hatte ein langes Leben im Dienst für Gott hinter sich. Seit seiner frühen Kindheit diente er dem Herrn in der Stiftshütte, und seit seiner Jugend begann er mit seinem Wirken als Prophet, Richter und Priester für das ganze Volk Israel. Sein Leben war geprägt von *Gebet* und dem festen Willen, *das Wort Gottes* auszuleben und zu verkündigen. Er war ein lebendiges Zeugnis für die Tatsache, dass Gott allein genügt, auch in einer Zeit des geistlichen Niedergangs. Gott machte ihn zu seinem Werkzeug, um Israel zu einer Zeit ungeahnter Größe hinzuführen, als Saul allmählich von der Bühne der Geschichte abtrat und David die Königswürde erhielt und sich auf seine Regierungszeit vorbereitete.

Samuel
5. Tag

Ich folge Gott nach

Bereits vor seiner Geburt wurde Samuel dem Herrn gegeben. Und als er heranwuchs, stellte sich heraus, dass er ein Leben der Hingabe führte, dem Wort des Herrn, seinem Willen und seinen Wegen gegenüber. Zunächst ging er seinen Weg mit Gott durch das Wort seiner Eltern, dann durch die priesterliche Anleitung von Eli in der Stiftshütte. An diesem Ort begann der Herr selbst, Samuel seinen Willen kundzutun. In Samuels Leben erkennen wir, dass er erstens zur Verfügung stand. Seitdem er drei Jahre alt war, tat er zusammen mit Eli seinen Dienst in der Stiftshütte, und er blieb jahrelang dort. Zweitens war er lernbereit. Als er zum ersten Mal die Stimme des Herrn hörte, drückte er seine Bereitschaft zum Zuhören aus, indem er sagte: *„Rede, denn dein Knecht hört!"* (1Sam 3,9-10). Diese Haltung behielt er sein Leben lang bei. Drittens war Samuel treu. Er folgte dem Herrn und seinem Wort zu jeder Zeit, von Jahr zu Jahr, und er führte das Volk auf den Weg mit Gott, indem er sie immer treu im Gebet begleitete und stets bei Gott für sie eintrat.

Stehen Sie dem Herrn zur Verfügung? Sind Sie lernbereit?

👣 **Wie sieht es in Ihrem Leben aus? Stehen Sie dem Herrn zur Verfügung? Gehören Sie ihm voll und ganz? Wenn nicht, dann ist jetzt der richtige Zeitpunkt, ihm Ihr Herz und Ihr Leben in die Hände zu legen. Hissen Sie die „weiße Fahne" der Kapitulation über dem Schlachtfeld Ihres Herzens. Unser Herr ist ein freundlicher Feldherr, und der Dienst in seiner Armee sichert Ihnen den wahren Sieg im Leben.**

Sind Sie lernbereit? Ein Jünger wird auch als „Lernender" bezeichnet. Haben Sie das Herz eines Lernenden, oder meinen Sie, dass Sie bereits alles wissen, was für Sie wichtig ist? Jesus sagte: „Kommt her zu mir, alle ihr Mühseligen und Beladenen! Und ich werde euch Ruhe geben. Nehmt auf euch **mein Joch, und lernt von mir**! Denn ich bin sanftmütig und von Herzen demütig, und **ihr werdet Ruhe finden für eure Seelen**; denn mein Joch ist sanft, und meine Last ist leicht" (Mt 11,28-30). Halten Sie jetzt einen Moment inne und beten Sie zum Herrn, damit er Ihnen zeigt, wo Sie nicht lernbereit sind. Dann bitten Sie ihn, mit dem Lernprozess zu beginnen.

Die Jünger erbaten sich von Jesus eine Belehrung darüber, wie man betet. Vielleicht sollten auch Sie an diesem Punkt beginnen. Hanna hat das ebenfalls getan, und es ist offensichtlich, dass Samuel einiges über das Gebet gelernt hat.

Darüber hinaus kannte Samuel das Wort Gottes, in dem Sie und ich vieles über unseren Herrn erfahren können. Wenn Sie in unserem Kurs bereits an diesen Punkt gelangt sind, befinden Sie sich auf dem richtigen Weg, von unserem Herrn zu lernen, wie man ihm folgen kann. Halten Sie durch. Lassen Sie sich nicht von Ablenkungen (wie dem System dieser Welt, der menschlichen Schwäche, dem Teufel) daran hindern, ihren Weg mit Gott weiterzugehen.

 Sind Sie treu? Folgen Sie konsequent dem Willen Gottes? Im Englischen kann man aus den Buchstaben des Wortes „Treue" (Faith) einen Satz bilden (Forsaking All, I Trust Him), der im Deutschen folgendermaßen lautet: „Ich verlasse alles und vertraue auf ihn (Gott)". Das bedeutet, dass ich jeden Tag, in jedem Augenblick, meinen eigenen Weg verlasse und dem Weg Gottes vertraue. Ich gebe meine eigenen Pläne auf und übernehme die Pläne Gottes. Ich überlasse Gott meine eigene Meinung und vertraue seinem Wort. Wenn Sie und ich diese Entscheidungen treffen, gehen wir unseren Weg mit Gott und bleiben ihm treu.

Gibt es auch in Ihrem Leben „Philister", d. h. Herausforderungen, die Ihnen die Freude, den inneren Frieden und Zeit rauben? Stützen Sie sich auf das Wort Gottes, wenn Sie sich diesen Herausforderungen stellen. Welche praktischen Auswirkungen hat diese Entscheidung auf Ihr Leben?

„Fürchtet nur den HERRN und dient ihm in Wahrheit mit eurem ganzen Herzen! Denn seht, wie große Dinge er an euch getan hat!"
1. Samuel 12,24

PROPHETEN

Gibt es Situationen, in denen Sie sich wie die Israeliten verhalten haben, als sie versuchten, die Bundeslade als „Glücksbringer" zu missbrauchen? Haben Sie versucht, Gott dazu zu bringen, Ihre eigenen Pläne „abzusegnen", ganz nach dem Motto: „Mein Wille geschehe auf Erden wie im Himmel"? Haben Sie versucht, Gott für sich *zu vereinnahmen* und ihn in Ihrem eigenen Weltbild „einzufangen"?

_____

_____

_____

_____

Haben Sie Gott oder seinen Willen für Ihr Leben *heruntergespielt*?

_____

_____

_____

_____

Haben Sie Gott und sein Wort *missachtet*?

_____

_____

_____

_____

Nehmen Sie sich Zeit und lassen Sie es zu, dass Gott Ihr Herz erforscht. Bitten Sie ihn, Ihnen zu zeigen, wann Sie diese Fragen mit einem „Ja" beantworten müssen.

_____

_____

_____

_____

Herr, bitte sprich zu mir. Ich brauche deine Hilfe, und ich will auf dich hören. Öffne mir die Augen für die wunderbaren Wahrheiten in deinem Wort, die Wunder der Schöpfung, die klugen Ratschläge der Kinder Gottes, die du als Begleiter für mich ausgewählt hast. Ich bin müde geworden vom Kampf gegen die „Philister" in meinem Leben. Bitte stärke du mich mit deiner Kraft und schenke mir deine Weisheit. Öffne mir die Augen, wenn ich versuche, dich für meine eigenen Pläne einzuspannen. Vergib mir, wenn ich dich nicht ernst genommen oder missachtet habe, weil ich der Meinung war, ohne dich zurechtkommen zu können. Du, Herr, bist doch mein ganzes Leben. Deshalb will ich in der Beziehung zu dir weiter wachsen, indem ich auf dich höre und in meinem Alltag dein Wirken erlebe. Darum bitte ich dich. Amen.

Wir sind jetzt am Ende dieser Wochenlektion. Um das Gelernte zu verarbeiten, schreiben Sie ein persönliches Gebet an den Herrn oder verfassen Sie einen Tagebucheintrag, der Ihnen als Markierungspunkt auf Ihrem Weg mit Gott dienen kann.

_____

_____

_____

_____

_____

_____

_____

_____

_____

_____

_____

PROPHETEN

Das Leben von Samuel im Überblick

Datum	Ereignis	Bibeltext
	Hannas Wunsch nach einem Sohn	1. Samuel 1,1-8
	Hannas Gebet um einen Sohn	1. Samuel 1,9-18
um 1105 v. Chr.	Gott erhörte Hannas Gebet mit der Geburt von Samuel („von Gott erbeten").	1. Samuel 1,19-20
1105-1102 v. Chr.	Samuel lebte in seinem Elternhaus, bis er entwöhnt war (im Alter von 3 Jahren).	1. Samuel 1,21-23
1102/1101 v. Chr.	Samuel kam zur Stiftshütte nach Silo (im Alter von 3 oder 4 Jahren).	1. Samuel 1,24-28
	Hanna sang ihr Loblied.	1. Samuel 2,1-10
Kindheit	Samuel begann mit seinem Dienst für den Herrn vor dem Priester Eli (vgl. dazu Elis Söhne: 2,12-17.22-25).	1. Samuel 2,11.18-21
um 1093 v. Chr.	Samuel wuchs zu einem jungen Mann heran, der Gott und den Menschen gefiel (vgl. Lk 2,52).	1. Samuel 2,26
	Gott verkündete sein Gerichtshandeln an Eli, seinen Söhnen und seinem Geschlecht.	1. Samuel 2,27-36
	Samuel hörte die Stimme Gottes (im Alter von 13 oder 14 Jahren).	1. Samuel 3,1-14
	Samuel gab die vom Herrn empfangene Weissagung an Eli weiter.	1. Samuel 3,15-18
	Samuel begann mit seinem prophetischen Dienst.	1. Samuel 3,19-21; 4,1a
	Krieg gegen die Philister	1. Samuel 4,1b-10
	Tod von Eli (98), Hofni und Pinhas; die Philister erbeuteten die Bundeslade.	1. Samuel 4,11–22
um 1073 v. Chr.	Die Bundeslade versetzte die Philister in Angst und Schrecken.	1. Samuel 5
	Nach sieben Monaten gaben die Philister die Bundeslade an Israel zurück.	1. Samuel 6
um 1073 bis 1053 v. Chr.	Die Bundeslade blieb 20 Jahre lang in Kirjat-Jearim. Das Volk Israel trauerte vor dem Herrn.	1. Samuel 7,1-2
	Samuel stellte das Volk wegen seines Götzendienstes zur Rede.	1. Samuel 7,3-4
um 1053 v. Chr.	In Mizpa wirkte Samuel als Richter über Israel. Er betete für die Errettung von den Philistern. Gott sandte einen starken Donner, und die Philister erlitten eine Niederlage.	1. Samuel 7,5-11
	Samuel stellte einen Gedenkstein auf und nannte ihn „Stein der Hilfe" (Eben-Eser), weil der Herr ihre Hilfe war.	1. Samuel 7,12
	„Und die Hand des HERRN war gegen die Philister alle Tage Samuels", und es herrschte Frieden mit den Amoritern.	1. Samuel 7,13-14
	Samuel verwaltete Israel als umherreisender Richter an den Orten Bethel, Gilgal, Mizpa und Rama.	1. Samuel 7,15-17
	Samuel war „alt" geworden (62 Jahre?). Er setzte seine Söhne Joel und Abija als Richter über Israel ein.	1. Samuel 8,1-3
um 1052 v. Chr.	Die Ältesten von Israel beklagten sich über die Ungerechtigkeit der Söhne von Samuel und forderten einen König. Samuel betete.	1. Samuel 8,4-9
	Samuel warnte die Israeliten vor den Folgen einer Königsherrschaft, aber als sie auf ihrer Bitte beharrten, gestattete Gott ihnen einen König.	1. Samuel 8,10-22
	Saul kam zu Samuel nach Rama.	1. Samuel 9,1-14
	Samuel hörte von Gott über Saul schon vor dessen Ankunft in Rama.	1. Samuel 9,15-17

Lektion 1: Samuel

Datum	Ereignis	Bibeltext
	Es kam zur ersten Begegnung zwischen Samuel und Saul.	1. Samuel 9,18-27
um 1051 v. Chr.	In Rama salbte Samuel den Saul zum König.	1. Samuel 10,1-16
	In Mizpa wurde Saul durch das Los zum König bestimmt.	1. Samuel 10,17-27
	Der Krieg gegen die Ammoniter wurde von Saul und Samuel (11,7) geführt.	1. Samuel 11,1-11
	Einige Israeliten wollten sich an jenen Israeliten rächen, die Saul untreu geworden waren.	1. Samuel 11,12-13
	Samuel führte das Volk nach Gilgal, um dort das Königtum Sauls erneut zu bestätigen.	1. Samuel 11,14-15
	Samuel wies die Israeliten zurecht, weil sie Gott als König abgelehnt hatten. Er ermahnte sie eindringlich, den Herrn zu fürchten und ihm zu folgen.	1. Samuel 12,1-25
	Krieg gegen die Philister	1. Samuel 13,1-7
	Samuel und Saul in Gilgal. Saul missachtete das von Samuel übermittelte Wort des Herrn. Es kam zur Ankündigung des göttlichen Gerichtshandelns. Das Königtum sollte Saul weggenommen werden.	1. Samuel 13,8-14
	Samuel in Gibea. Saul bereitete sich auf die Schlacht mit den Philistern vor.	1. Samuel 13,15-23
	Jonatan und die Israeliten besiegten die Philister.	1. Samuel 14,1-23
	Saul erteilte unkluge Befehle, und deshalb war der Sieg über die Philister nicht vollständig.	1. Samuel 14,24-34
	Saul drohte seinem Sohn mit der Hinrichtung, weil er Honig gegessen hatte, aber die Israeliten retteten Jonatan das Leben.	1. Samuel 14,35-46
	Saul und seine Befehlshaber führten viele Kriege gegen die Feinde Israels.	1. Samuel 14,47-52
	Samuel beauftragte Saul mit der Vernichtung der Amalekiter.	1. Samuel 15,1-9
	In Gilgal stellte Samuel den Saul zur Rede, weil er Agag und die „besten" Tiere aus dem Viehbestand verschont hatte.	1. Samuel 15,10-31
	Samuel tötete Agag, den König der Amalekiter.	1. Samuel 15,32-33
um 1030 (?) v. Chr.	Samuel reiste nach Rama zurück und trauerte um Saul.	1. Samuel 15,34-35
um 1029 v. Chr. (im Alter von 86 Jahren)	Der Herr beauftragte Samuel, nach Bethlehem zu reisen und einen neuen König zu salben (David).	1. Samuel 16,1-13
	Samuel kehrte nach Rama zurück.	1. Samuel 16,13
	David wurde zu Saul gebracht, um ihm zu dienen.	1. Samuel 16,14-23
um 1026 v. Chr.	David forderte Goliat zum Zweikampf heraus und tötete ihn.	1. Samuel 17,1-54
	Saul ließ David zu sich rufen.	1. Samuel 17,55-58
	Jonatan und David schlossen einen Bund der Freundschaft.	1. Samuel 18,1-4
	David bewährte sich als tapferer Krieger, aber Saul verachtete ihn. David heiratete Sauls Tochter Michal.	1. Samuel 18,5-30
	Jonatan machte sich vor Saul zu Davids Fürsprecher.	1. Samuel 19,1-7
	David zog erneut in den Krieg gegen die Philister. Saul trachtete ihm wieder nach dem Leben, aber David konnte entkommen.	1. Samuel 19,8-17

PROPHETEN

Datum	Ereignis	Bibeltext
	David reiste zu Samuel nach Rama, und die beiden gingen nach Najot.	1. Samuel 19,18-24
	David und Jonatan schlossen einen Bund, in dem Jonatan sich verpflichtete, David zu beschützen.	1. Samuel 20,1-29
	Sauls Zorn entbrannte gegen Jonatan und David, aber Jonatan stellte sich noch immer schützend vor David.	1. Samuel 20,30-42
	David floh nach Nob. Dort gab man ihm Zuflucht und Vorräte.	1. Samuel 21,1-10
	David floh zu Achisch, dem König von Gat.	1. Samuel 21,11-16
	David entkam in die Höhle Adullam. Dort schlossen sich ihm vierhundert Männer an.	1. Samuel 22,1-2
	David ging nach Mizpe in Moab und bat dort um Schutz für seine Eltern.	1. Samuel 22,3-4
	David reiste zur Bergfestung zurück und dann weiter in den Wald von Heret.	1. Samuel 22,5
	Auf den Befehl von Saul tötete Doëg, der Edomiter die Priester von Nob.	1. Samuel 22,6-23
	David besiegte die Philister in Keïla.	1. Samuel 23,1-5
	Saul verfolgte David in Keïla und dann in der Wüste Sif.	1. Samuel 23,6-14
	Jonatan ermutigte David.	1. Samuel 23,15-18
	Noch immer wurde David von Saul verfolgt.	1. Samuel 23,19-28
	David floh nach En-Gedi. Saul folgte ihm dorthin. David weigerte sich, Saul zu töten, als sich ihm die Gelegenheit bot.	1. Samuel 24,1-23
	Samuel starb. Er wurde in Rama beerdigt. *„Und ganz Israel versammelte sich und hielt ihm die Totenklage"*.	1. Samuel 25,1
um 1011 v. Chr.	Saul bediente sich eines spiritistischen Mediums, um (den verstorbenen) Samuel um einen Rat zu bitten.	1. Samuel 28,3-25

Lektion 2: # Elia

Gott folgen, auch gegen den Zeitgeist

Das Auftreten des Propheten Elia fällt mit einem entscheidenden Zeitpunkt in der Geschichte Israels zusammen. Wir wollen uns in einem kurzen Rückblick vergegenwärtigen, welche Entwicklungen zu der Zeit hinführten, in der Elia lebte. Salomo trat als König die Nachfolge von David an. In seinen letzten Lebensjahren verleiteten seine Frauen ihn zur Abkehr von Gott. „*Und Salomo tat, was böse war in den Augen des HERRN, und er folgte dem HERRN nicht so treu nach wie sein Vater David*" (1Kö 11,6). Daraufhin kam es zur Teilung Israels in zwei Reiche. Die zehn Stämme des Nordens folgten Jerobeam, einem Hofbeamten Salomos. Sie wandten sich der Anbetung falscher Götter zu, mit allem Drum und Dran wie Götzenbildern, heidnischen Altären, falschen Priestern und sogar verfälschten Festen. Das Nordreich stagnierte unter einer Reihe von gottlosen Königen. Jerobeam folgte sein Sohn Nadab, der in die sündhaften Fußstapfen seines Vaters trat (vgl. 1Kö 15,26). Auch sein Nachfolger Bascha folgte diesem Beispiel (vgl. 1Kö 15,34). Nach Bascha regierte der Trinker Ela, der von seinem Befehlshaber Simri ermordet wurde. Simri regierte nur sieben Tage lang, aber er folgte ebenfalls dem gottlosen Weg Jerobeams (16,19). Sein Nachfolger war Omri, der bisher schlimmste König von allen (16,25-26). Damit war der Boden bereitet für Ahab, den König in der Zeit des prophetischen Wirkens von Elia.

Elia wurde in der Frühzeit der Reichsteilung von Gott zum Dienst an den zehn nördlichen Stämmen berufen.

Wann wirkte er?

1050	1000	950	900	850
SAMUEL Richter und Prophet	GAD NATHAN		SCHEMAJA IDDO Hanani der Seher ODED ASARJA	OBADJA JOEL Jahasiel der Levit
Saul 1051-1011	David 1011-971	Salomo 971-931	Rehabeam 931-913 Asa 911-870 Joschafat 873-848	Joram 853-841 Ahasja 841 Joasch 835-796
			Abija 913-911	Atalja 841-835
	Ischboschet regiert über Israel 1011-1004		Jerobeam 931-910 Nadab 910-909 Ela 886-885 Simri 885	Ahasja 853-852 Jehu 841-814
		960 – Fertigstellung des Tempels	Bascha 909-886 Tibni 885-880 Ahab 874-853 Joram 852-841	
	David regiert von Hebron über Juda 1011-1004		AHIJA der Siloniter „Ein Mann Gottes aus Juda" Ein alter Prophet aus Bethel	Omri 885-874 JEHU, Sohn des Hanani
	David regiert von Jerusalem über ganz Israel und Juda 1004-971		▶ELIA MICHA	ELISA
	Hiram von Tyrus 981-947		Ben-Hadad I. von Syrien 900-860	Ben-Hadad II. von Syrien 860-841

PROPHETEN

Elia
1. Tag

Das Wort des Herrn

Wie ein Hintergrund aus schwarzem Samt einen Brillanten leuchten lässt, lässt die Schlechtigkeit der Menschen zur Zeit Elias den strahlenden Glanz des göttlichen Wirkens durch den Propheten umso heller erstrahlen. Heute werden wir feststellen: Das „Wort des Herrn" (vgl. 1Kö 17,2ff.), das zu Elia kam, war gleichzusetzen mit dem barmherzigen Eingreifen Gottes, um Israel von seiner Schlechtigkeit abzubringen und zur Rückkehr zum Weg mit Gott zu bewegen. Auf jeden Fall ging die Initiative von Gott aus. Sogar die von Elia prophezeite Dürre, ein Anzeichen für das drohende Gericht, ist ein Beweis für die Gnade Gottes. Er ist nicht bereit, uns zu verlassen, wenn wir uns von ihm abwenden, sondern er ruft uns immer zu sich zurück.

ELIA, DER TISCHBITER

In der Regierungszeit von Ahab, dem gottlosesten König Israels, taucht plötzlich Elia auf. Er ist ein Mann, dessen Vergangenheit so geheimnisvoll ist wie seine Zukunft. Wir wissen nichts über sein Leben aus der Zeit vor dem Beginn seines prophetischen Wirkens. Uns ist bloß sein Beiname „der Tischbiter" bekannt. Die meisten Wissenschaftler sind der Auffassung, dass Elia in der wilden, aber malerischen Gebirgsregion von Gilead aufgewachsen ist, dem Hochland am östlichen Ufer des Jordans. Im Gegensatz zu vielen anderen Propheten bleibt seine Abstammung im Dunkeln. Die Bibel berichtet uns, dass er den Tod nicht schmeckte, sondern in einem feurigen Wagen und einem Wirbelwind in den Himmel aufgenommen wurde, während sein Schüler und Nachfolger Elisa dabei zusah.

Seitdem sich das Nordreich (die zehn nördlichen Stämme Israels) von Juda und der königlichen Linie Davids abgespalten hatte, gab sich die dort lebende Bevölkerung voll und ganz dem Götzendienst hin. Ein König nach dem anderen folgte dem schlimmen Beispiel Jerobeams bei der Anbetung fremder Götter. In der Zwischenzeit erlebte Juda unter Asa und Hiskia eine Wiederbelebung des Glaubens. Aber Gott hatte sein Volk im Nordreich nicht vergessen. Als Ausdruck seiner Treue sandte er die Wahrheit zu den Menschen dort in Gestalt des Propheten Elia.

 Um Elia als Person einschätzen zu können, benötigen wir ein Verständnis der Umstände, die den Rahmen für sein Leben bilden. Lesen Sie dazu 1. Könige 16,29-34. Notieren Sie sich, was Sie über die Herrschaft von König Ahab erfahren haben.

_____

_____

_____

Ahab wurde König von Israel (den zehn Stämmen im Norden), als Asa die Königsherrschaft über Juda (die zwei Stämme im Süden) ausübte. Ahab tat mehr Unrecht als alle anderen Könige vor ihm. Im Vergleich zu seinen Freveltaten waren die Sünden von Jerobeam (vgl. 14,8-9) unbedeutend. Er heiratete eine heidnische Frau, und sie führte ihn tiefer in die Verehrung des Gottes Baal ein. Darüber hinaus ließ Ahab eine _Aschera_ (hölzernes Bildnis einer weiblichen Gottheit) anfertigen. Als ob das alles noch nicht genug gewesen wäre, erlaubte Ahab in der Zeit seiner Herrschaft den Wiederaufbau von Jericho, wie es in Vers 34 angedeutet wird, obwohl Gott beim Einzug Israels in das verheißene Land genau das verboten hatte. Als der Untergang Jerichos erreicht war, forderte Josua unter göttlicher Leitung von den siegreichen Israeliten einen Eid, dass derjenige, der es wagen würde, diese Stadt wiederaufzubauen, von dem Herrn verflucht sein sollte. Bei der Errichtung der

Fundamente sollte der Erbauer seinen Erstgeborenen, beim Einbau der Tore seinen jüngsten Sohn verlieren (vgl. Jos 6,26). Nach einem heidnischen Brauch sollten die Tore und Mauern einer neu erbauten Stadt den Göttern geweiht werden, indem man in den Fundamenten Kinder vergrub. Wie wir in diesem Fall feststellen können, geschah alles genauso, wie Gott es vorhergesagt hatte. Diese Ereignisse bereiteten den Boden für den neuen Propheten Elia.

Wie lautet nach 1. Könige 17,1 die Prophezeiung, die Elia über Israel ausspricht?

___

___

___

___

Elia begann seine Prophezeiung mit den Worten: „*So wahr der HERR, der Gott Israels, lebt* ..." Alles, was geschehen sollte, diente den untreuen Israeliten als Beweis, dass der Gott ihrer Väter noch immer lebt. Elia prophezeite, es solle im Land lange Zeit weder Tau noch Regen geben, es sei denn, auf sein Wort hin. In Jakobus 5,17 werden wir daran erinnert, dass diese Zeit der Dürre dreieinhalb Jahre dauerte.

Lesen Sie 1. Könige 17 gründlich durch. Markieren Sie, wo der Begriff „*Wort des HERRN*" auftritt, und schreiben Sie auf, was Sie daraus lernen.

___

___

___

In diesem Kapitel erscheint der Ausdruck insgesamt fünf Mal (in V. 2, 5, 8, 16 und 24). In Vers 2 ist es eine direkte Mitteilung von Gott an Elia. In Vers 5 gehorcht Elia dem Wort des Herrn. In Vers 8 sehen wir es wieder als direkte Mitteilung von Gott an Elia. In Vers 16 erfüllt sich das Wort des Herrn, das er durch Elia geredet hat. In Vers 24 bestätigt die Witwe aus Zarpat, dass das Wort des Herrn in Elias Mund die Wahrheit ist. Neben diesen direkten Hinweisen wird in Vers 9 angedeutet, dass das Wort des Herrn bereits zur Witwe in Zarpat gelangt sei („*ich habe dort einer Witwe befohlen*"), damit sie für Elia sorgt. Obwohl der Ausdruck „*Wort des HERRN*" in Vers 14 nicht vorkommt, spricht Gott auch hier durch Elia („*so spricht der HERR*"). In Vers 15 ist vom „*Wort Elias*" die Rede, wo er das „*so spricht der HERR*" aus Vers 14 weitergibt.

**Lehre
GEBET**

Jakobus verwendet die Person des Elia als Beweis für seine Grundannahme, dass „eines Gerechten Gebet in seiner Wirkung" viel vermag (Jak 5,16-18). Die von ihm aufgeführten Beispiele beinhalten Elias Gebet um die Dürre (dessen Wortlaut nicht in der Bibel niedergeschrieben ist) und sein Gebet auf dem Berg Karmel um das Ende der Trockenzeit. Aus 1. Könige 18,42-45 können wir entnehmen, dass dieses zweite Gebet nur ein paar Minuten dauerte und Elia Gott um das bat, was er dem Propheten bereits in 1. Könige 18,1 angekündigt hatte. Nicht die Länge unserer Gebete macht sie wirksam, sondern ihre Übereinstimmung mit dem Willen Gottes.

PROPHETEN

Wenn Sie von Ihren Feststellungen über das „Wort des HERRN" ausgehen, welche Schlussfolgerungen würden Sie dann bezüglich des Ursprungs der Prophezeiung über die Dürre ziehen?

_____

_____

_____

Offenbar war Elia als Prophet daran gewöhnt, Gottes Reden zu hören und die Botschaften weiterzugeben. Die Idee mit der Dürre kam ursprünglich von Gott, nicht von Elia.

Welche Lehren hat Gott dem Elia durch die Erlebnisse mit den Raben und der Witwe vermitteln wollen?

_____

_____

_____

Gott half Elia auf übernatürliche Weise in beiden Notsituationen. Elia gehorchte Gott, und deshalb wurde er von ihm versorgt: zuerst durch die Raben und dann durch das Öl und Mehl der Witwe. Weil er Gott folgte, geriet der Prophet in große Not, aber Gott war treu und half ihm. Selbst wenn er nicht den Weg mit Gott gegangen wäre, hätte Elia dieselben Notlagen erfahren (wegen der Dürre), aber dann hätte er nicht erlebt, wie Gott für ihn sorgte. Es ist beachtenswert, dass der Bach Krit austrocknete, bevor das Wort des Herrn über die Witwe von Zarpat zu Elia gelangte. In dem Geschehen um den Sohn der Witwe erleben wir, wie das Gottvertrauen Elias durch erhörtes Gebet aufgebaut wurde.

Elia
2. Tag

Gott als „Auslöser" für den Dienst

Wahrer Dienst für Gott wird von ihm „ausgelöst", und das bedeutet, dass er ein Geschenk Gottes ist und nicht das Verdienst eines Menschen. In Apostelgeschichte 20,24 sagt Paulus: *„Aber ich achte mein Leben nicht der Rede wert, damit ich meinen Lauf vollende und den Dienst, den ich von dem Herrn Jesus empfangen habe: das Evangelium der Gnade Gottes zu bezeugen."* Paulus hat erkannt, dass er seinen Dienst vom Herrn empfangen und nicht aus eigener Kraft erreicht hatte. Das, was er aus sich selbst heraus versuchte, entwickelte sich in Wirklichkeit zum Gegenteil dessen, was er empfangen sollte. Dieser Gedanke findet sich auch wieder in Kolosser 4,17. Darin erhält Archippus die Anweisung: *„Sieh auf den Dienst, den du im Herrn empfangen hast, dass du ihn erfüllst!"* Ein von Gott empfangener Dienst bedeutet, dass wir das Werk Gottes ausführen und nicht einfach nur gute Werke tun. Diese Wahrheit wird auch in 1. Petrus 4,10 verdeutlicht: *„Wie jeder eine Gnadengabe empfangen hat, so dient damit einander als gute Verwalter der verschiedenartigen Gnade Gottes!"* Zu den deutlichsten Ausdrucksformen eines von Gott empfangenen Dienstes gehören unsere geistlichen Gaben. Wir hatten kein Mitspracherecht bei den Gaben, die Gott uns geschenkt hat. Wir haben auch nichts tun können, um diese Begabungen zu verdienen oder zu erlangen. Wir haben sie von Gott empfangen. Ein von Gott ausgelöster Dienst kommt nur zustande, wenn wir auf unserem Weg mit ihm voll und ganz auf ihn angewiesen sind. Diese enge Beziehung beginnt mit Gott und dem Hören auf ihn. Deshalb brauchen wir die Nähe zu ihm. Nur darum geht es, wenn wir Gott folgen wollen. Dieses Prinzip wird auf wunderbare Weise veranschaulicht durch die Art, wie Elia die Propheten Baals herausforderte.

> **Lesen Sie 1. Könige 18, und gehen Sie noch einmal zurück zu Vers 1. Warum ging Elia zu König Ahab?**

___

___

Die daraus erkennbare Wahrheit lautet: Die Begegnung mit Ahab war nicht Elias eigene Idee gewesen, sondern wurde von Gott veranlasst. Elia gehorchte bloß dem *„Wort des HERRN"*.

> **Werfen Sie noch einmal einen Blick in Kapitel 18. Notieren Sie sich die Einzelheiten aus Elias Vorschlag an König Ahab und Israel.**

___

___

Elia forderte Ahab auf, eine Versammlung einzuberufen, damit es zu einer Machtprobe zwischen Gott und Baal kommen konnte. Das ganze Volk sollte mit den 850 falschen Propheten zusammentreffen (450 Propheten des Baals und 400 Propheten der Aschera – V.19). Dann sollte eine Art Wettbewerb stattfinden, um herauszufinden, welcher Gott der stärkste war. Elia schlug vor, dass sieben Ochsen geopfert und auf einen Altar gelegt werden sollten. Dann sollte jede Partei ihren Gott anrufen, damit er mit Feuer antworten konnte.

EMPFANGENER DIENST

In Kolosser 4,17 erhält Archippus die Anweisung: *„Sieh auf den Dienst, den du im Herrn empfangen hast, dass du ihn erfüllst!"* Wenn wir von Gott einen Dienst empfangen, dann vollbringen wir das Werk, zu dem Gott uns berufen hat, und tun nicht einfach nur gute Werke.

PROPHETEN

> **Was geschah nach diesem Vorschlag?**

> **Schon gewusst?**
> **VEREHRUNG DER ASCHERA**
>
> Die neben den Propheten Baals erwähnten Propheten der Aschera stehen in Verbindung zu einer kanaanitischen Göttin, die als Mutter von etwa siebzig verschiedenen heidnischen Göttern galt, darunter auch Baal. Für die Verehrung der Aschera wurde in der Regel ein Altar errichtet, und zwar neben einem heiligen Baum oder einem geschnitzten Holzpfahl, der als Götzenbild diente und vielleicht eine gewisse Ähnlichkeit mit den „Totempfählen" der nordamerikanischen Indianer hatte.

Die Propheten Baals riefen den ganzen Tag lang ihren Gott an, aber sie erhielten keine Antwort. Dann war Elia an der Reihe. Er rief das Volk zu sich, und dann baute er den Altar des Herrn wieder auf. Er ließ Wasser auf das Opfer gießen, und er sprach ein kurzes Gebet. Dann fiel *„Feuer vom HERRN"* herab und verzehrte das Opfer. Am Ende fielen die Menschen auf ihr Angesicht und erklärten: *„Der HERR, er ist Gott."* Nach Jahren des Niedergangs kehrte das Volk Israel zum Herrn zurück.

Die nächste Frage ist von entscheidender Bedeutung für die Betrachtung des Themas „empfangener Dienst". Wenn wir Vers 36 lesen, woher kam die Idee, die Propheten Baals herauszufordern? Von Elia oder von Gott?

> *„HERR, Gott Abrahams, Isaaks und Israels! Heute soll man erkennen, dass du Gott in Israel bist und ich dein Knecht und dass ich nach deinem Wort das alles getan habe."*
>
> **1. Könige 18,36**

Vers 36 verdeutlicht, dass Elia das alles *„nach deinem Wort"* getan hatte. Wie wir wiederholt feststellen können, dachte sich Elia nicht irgendetwas aus und bat Gott dann, seine Ideen zu segnen. Vielmehr lebte er in einer Beziehung zu Gott. Er folgte ihm und hörte auf das, was der Herr ihm sagte.

> **Vergleichen Sie Elias Gebet in den Versen 41-46 mit Vers 1 in Kapitel 18 und Jakobus 5,16-18. Notieren Sie, was Ihnen in diesen Texten auffällt.**

In Jakobus 5 wird das Gebet Elias als „wirksam" bezeichnet. Es ist bemerkenswert, dass er Gott nicht darum bat, eine vage formulierte Tat zu vollbringen, sondern nach 1. Könige 18,1 bat er Gott einfach darum, das zu tun, was er bereits beabsichtigt hatte. Beim wirksamen Gebet denken wir uns nicht etwas aus und bitten Gott dann, diese Idee zu verwirklichen. Wir vertrauen vielmehr darauf, dass Gott seinen Willen und Plan ausführt. Jesus unterstreicht diese Wahrheit mit seinen Worten in Johannes 15,7-8: *„… dann könnt ihr bitten, um was ihr wollt: Ihr werdet es bekommen."* Das kann aber nur geschehen, wenn wir in ihm und seine Worte (die Worte der Bibel) in uns bleiben.

Lektion 2: Elia

Höhen und Tiefen auf dem Weg mit Gott

Elia
3. Tag

Wenn wir Gott in einen von ihm empfangenen Dienst folgen, dann sollte uns bewusst werden, dass dieser Dienst nicht immer leicht ist, nur weil Gott der Initiator ist. In einem von Gott eingeleiteten Dienst gibt es Höhepunkte, bei denen Gott Dinge in Bewegung setzt und auf wundersame Weise wirkt. Aber es gibt auch Tiefpunkte. Häufig kommen solche Zeiten direkt nach Höhepunkten. Elias Begegnung mit den Propheten Baals auf dem Berg Karmel war zweifellos ein Höhepunkt, aber wie wir heute feststellen werden, war dieses Erlebnis nicht von Dauer.

> **Lesen Sie 1. Könige 19,1-8. Betrachten Sie dabei besonders die Verse 1-2. Schreiben Sie eine kurze Zusammenfassung der Umstände, die direkt auf den „Höhepunkt" der Ereignisse auf dem Berg Karmel folgen.**

_____

_____

Auch ein von Gott empfangener Dienst ist nicht immer leicht. In 2.Timotheus 3,12 werden wir daran erinnert: „Alle aber auch, die gottesfürchtig leben wollen in Christus Jesus, werden verfolgt werden."

Elia hatte keine Zeit, sich auf seinen „Lorbeeren" auszuruhen. Als Isebel von Elias Taten auf dem Berg Karmel und von der Hinrichtung aller Propheten hörte, beschwor sie ihren eigenen Tod, wenn Elia nicht innerhalb von vierundzwanzig Stunden getötet würde.

> **Wie reagierte Elia auf die Drohung von Isebel (s. V. 3-4)?**

_____

_____

Wir wissen, dass Elia ein Mann des Glaubens war und ein Vorbild, wenn es um wirksames Gebet geht. Wie genau lautet seine Bitte in Vers 4? Wird sein Gebet von Gott erhört oder angenommen?

_____

_____

Schon gewusst? GINSTERSTRAUCH

Ein Ginsterstrauch ist ein Wüstengewächs, das auch als „Besenginster" bezeichnet wird. Die Pflanze kann bis zu drei Meter hoch werden, und sie wächst in sämtlichen Wüstengebieten von Ägypten, dem Sinai und dem Heiligen Land. Sie bietet keinen besonderen Schutz vor der heißen Sonne, aber oft ist sie der einzige Schattenspender in der kargen Landschaft, in der sich Elia während seiner Wanderung aufgehalten hat.

Elias Reaktion kam nicht aus dem Glauben heraus. Er bekam Angst und rannte um sein Leben. Dann wanderte er eine Tagesreise weit in die Wüste, um sich zu verstecken. Dort setzte er sich niedergeschlagen unter einen Ginsterstrauch. In Vers 4

PROPHETEN

sagt Elia: „*Es ist genug.*" Im Grunde bedeutet das: „Ich gebe auf." Im selben Vers bittet Elia den Herrn, ihm das Leben zu nehmen. Es ist bezeichnend, dass die Bitte von Elia hier nicht mit einem „*Wort des HERRN*" beantwortet wird. Offenbar beachtete Gott sein Anliegen nicht, denn er ließ Elia am Leben.

Denken Sie daran, was Elia mit dem Herrn erlebt hat. Der Herr hatte ihn auf wundersame Weise durch eine dreieinhalb Jahre dauernde Dürreperiode am Leben erhalten. Elia beobachtete, wie Gott das Volk Israel demütigte und die heidnischen Propheten beschämte, indem er Feuer vom Himmel sandte. Elia erfuhr eine direkte und sofortige Erhörung seiner Gebete, als ein starker Regenfall die Dürreperiode beendete. Er erlebte sogar, wie der Herr ihn auf übernatürliche Weise befähigte, auf dem etwa 27 km langen Weg vom Karmel nach Jesreel vor dem Streitwagen Ahabs herzulaufen. Aber jetzt beobachten wir, wie er nach der Drohung einer einzigen, wütenden Frau um sein Leben rennt. Wir sehen, wie er in der Wüste umherwandert, versunken in Niedergeschlagenheit, und sich schließlich entmutigt unter einem Baum niederlässt, um seine eigene Existenz zu beklagen. Wie entscheidend doch ein einziger Tag sein kann! Hier wird uns eine tiefgründige Wahrheit offenbart: Wir können die Prüfungen von heute nicht mit unserem Glauben von gestern bestehen. Diese Geschichte enthüllt aber auch, wie hoch die Wahrscheinlichkeit ist, dass auf die Höhepunkte unseres Glaubenswegs Tiefpunkte folgen können. Meiner Meinung nach hat dieses Phänomen geistliche, emotionale und körperliche Ursachen. Bei einem Höhepunkt im Glaubensleben empfindet man eine gewisse Euphorie, die zu einer emotionalen und auch körperlichen Erschöpfung führt. Dazu kommt noch, dass wir bei Höhepunkten im Glaubensleben den Schwerpunkt eher auf die Wunder und das Wirken Gottes legen und weniger auf Gott selbst, der alles bewirkt hat. Dadurch werden wir angreifbar.

Schon gewusst? DER BERG HOREB

Horeb ist eine andere Bezeichnung für den Sinai, der manchmal auch „Berg Gottes" genannt wird. Auf diesem Berg hatte Mose eine Begegnung mit Gott und empfing dabei die Tafeln mit den Zehn Geboten und detaillierte Offenbarungen über die Stiftshütte sowie die Priesterschaft, die für Israel Hilfsmittel für die Anbetung Gottes sein sollten. Weil das dort geschehen war und weil Gott sich dort seinem Volk in einer Wolke der Herrlichkeit gezeigt hatte, war dieser Berg ein heiliger Ort. Mose ging in diese wie ein verzehrendes Feuer erscheinende Wolke hinein (vgl. 2Mo 24,16). So heilig war dieser Ort, dass das Volk den Berg noch nicht einmal berühren durfte.

✝ **Lesen Sie die Verse 5 bis 8 und notieren Sie, welche Maßnahmen Gott ergriffen hat, um Elia wieder mit neuer Kraft auszustatten.**

_____

_____

_____

Zuerst erlaubte Gott dem Propheten auszuruhen. Dann versorgte er Elia mit einer warmen Mahlzeit und genehmigte ihm erneut Ruhe. Es folgte eine weitere Mahlzeit, verbunden mit der Ermahnung, dass die vor ihm liegende Reise zu weit sei. Obwohl der biblische Text nicht erwähnt, dass Gott dem Elia die Anweisung gegeben hatte, er solle zum Berg Horeb gehen, können wir diese Schlussfolgerung ziehen, denn Elia hatte keine vorherigen Reisepläne, der Engel jedoch sprach von seiner bevorstehenden Reise. Horeb ist ein anderer Name für den Berg Sinai, den Berg Gottes. Man braucht von Beerscheba aus keine vierzig Tage und Nächte, um dorthin zu gelangen. Offenbar musste Elia heimlich und auf Umwegen reisen.

Was lernen Sie aus der Erfahrung Elias für Ihre eigenen Reisen von Höhepunkten zu Tiefpunkten des Glaubens?

_____

_____

Hier erkennen wir ein offenkundiges Prinzip: Manchmal ist das Beste, was Ihnen in Ihrem Glaubensleben passieren kann, dass Sie eine gute Mahlzeit einnehmen und sich ordentlich ausschlafen können. Ein zweites Prinzip schließt sich dem ersten an: Wir sollten uns nicht zu sehr auf unser eigenes Urteilsvermögen verlassen, wenn wir uns an einem Tiefpunkt befinden. Elia meinte, er könnte nur durch den Tod seinem Schicksal entrinnen, aber Gott wusste es besser. Ein drittes Prinzip lässt sich folgendermaßen formulieren: Sobald wir zur Ruhe gekommen sind, brauchen wir die Begegnung mit Gott, denn das war Sinn und Zweck der Reise zum Horeb (Sinai), dem Ort, an dem Mose Gott begegnet ist.

„Ich allein bin übrig ..."

Elia
4. Tag

Was war das doch für ein Abenteuer! Nach dreieinhalb Jahren der Dürre, in denen Elia sich vor Ahab versteckte und auf wundersame Weise am Leben erhalten wurde, kam die große Machtprobe am Berg Karmel. Elia erlebte, wie Gott auf seine Weise handelte. Feuer fiel vom Himmel und verzehrte das Opfer. Im Volk geschah eine Erweckung. Ein kurzes Gebet fand Erhörung, und die Dürreperiode fand schließlich ihr Ende. Aber dann schien sich für Elia das Blatt zum Schlechten zu wenden. Isebel beschloss seinen Tod. Elia war am Boden zerstört und niedergeschlagen. Seine vorherige Euphorie wurde von einer tiefen Hoffnungslosigkeit verdrängt. Dann schickte Gott ihm Hilfe und gab ihm Nahrung, aber Elias' Niedergeschlagenheit wich nicht sofort von ihm. Die nächsten vierzig Tage schlich er sich von Beerscheba bis zum Horeb. Elia hatte seinen Tiefpunkt fast überwunden, aber er brauchte noch immer die Begegnung mit Gott, damit er die Dinge aus dem göttlichen Blickwinkel sehen konnte.

Betrachten Sie 1. Könige 19,9-10. Notieren Sie, aus welcher Perspektive Elia die Situation sah und was an dieser Sichtweise nicht stimmen kann.

_____

_____

PROPHETEN

Zur Vertiefung
WIR SIND NICHT ALLEIN

Weil Elia unter Schwierigkeiten und Verfolgung litt, meinte er, als Einziger Gott noch zu folgen. Und doch gab es 7.000 andere, die Baal nicht verehrten. Wir sollten es nicht glauben, wenn man uns weismachen will, dass nur wir es ernst meinen mit Gott oder wir allein sind. Selbst wenn es damals keine 7.000 gegeben hätte, die Gott folgten, war Elia nicht allein, denn Gott ist immer bei denen, die ihm dienen.

Zunächst stellte Elia seinen eigenen Eifer für Gott der Haltung gegenüber, die das Volk Israel an den Tag legte, denn es hatte den Herrn verlassen. Er erinnerte Gott daran, dass alle anderen Propheten getötet worden waren, und dann sagt er in Vers 10: „*Und ich allein bin übrig geblieben, ich allein, und nun trachten sie danach, auch mir das Leben zu nehmen.*" Es scheint, als ob Elia sagen wollte: „Gott, du hast jetzt nur noch mich, und auch mich wollen sie noch umbringen!" Elia sieht sich selbst und nicht den Herrn, und er will andeuten, dass Gott die Hilfe des Propheten brauchte.

✝ **Was tut Gott in den Versen 11 und 12, um Elias Sichtweise zu ändern? Hatte diese Maßnahme die gewünschte Wirkung? Lesen Sie dazu Vers 14.**

_____

_____

_____

Gott zeigte sich Elia und stellte seine Macht unter Beweis. Man könnte meinen, dass die Machtbekundungen im heftigen Sturm, dem Erdbeben, dem Feuer und dem leisen Wehen dazu dienten, Elia eine umfassendere Sichtweise über Gott zu vermitteln. Aber wie wir in Vers 14 feststellen, hatte sich seine Sicht aus Vers 10 ganz und gar nicht geändert.

✝ **Lesen Sie die Verse 15 bis 18. Stellen Sie fest, welchen Zusammenhang es gibt zwischen dem Handeln Gottes und der Meinung Elias, nur noch er würde Gott folgen.**

ایلیا فکر می‌کرد که تنهاست ولی خداوند جواب او را اینگونه داد با اینکه چند نفر برای پادشاهی تعیین کرد او را اینکه ایلیا کمک کنند و ایلیا بداند که تنها نیست

> *Wir sollten uns vor falschem Stolz hüten und nicht meinen, dass Gott unsere Hilfe braucht, weil wir ihm folgen.*

Gott erteilte Elia den Auftrag, Hasael, Jehu und Elisa zu salben. Darüber hinaus gab Gott dem Propheten zu erkennen, dass siebentausend Männer übrig geblieben waren, die ihre Knie nicht vor Baal gebeugt hatten. Das war weit entfernt von Elias hochmütiger Annahme, er sei als Einziger Gott treu geblieben. Anstatt ihm schonungslos zu sagen, wie unrecht er hatte, war Gott so taktvoll, alle anderen in den Vordergrund zu rücken, die in Israel (dem Nordreich) für ihn einstanden.

Im weiteren Verlauf von Elias Leben und Wirken war Elisa für den Propheten ein Geschenk Gottes – als Freund, Schüler und Nachfolger im Dienst. Wenn wir Gott folgen und unsere Mitmenschen eine ablehnende Haltung gegenüber dem Evangelium haben, verfangen wir uns manchmal in der Falle des Stolzes. Dann meinen wir, dass Gott uns braucht, weil wir den Weg mit ihm gehen und andere das nicht tun.

Aber Gott ist nicht auf uns angewiesen. Wie ein liebender Vater erlaubt er uns, an seinem Wirken teilzuhaben, aber in Wirklichkeit braucht er unsere Hilfe nicht. Das kommt auch in den Worten Mordechais zum Ausdruck, als Königin Ester mit sich rang, ob sie sich beim König für die Juden einsetzen sollte. Er sagte zu ihr: *„Denn wenn du zu diesem Zeitpunkt wirklich schweigst, so wird Befreiung und Rettung für die Juden von einem andern Ort her erstehen. Du aber und das Haus deines Vaters, ihr werdet umkommen"* (Est 4,14). Anders ausgedrückt bedeutet das: „Glaube bloß nicht, du seist unentbehrlich, denn wenn du uns nicht hilfst, wird Gott uns auf eine andere Art beistehen, aber du und deine Familie werdet dabei keine Rolle mehr spielen." Wir sollten uns vor falschem Stolz hüten und nicht meinen, dass Gott unsere Hilfe braucht, weil wir ihm folgen.

Ich folge Gott nach

Elia
5. Tag

Nach einer bekannten Redewendung sind wir „die einzige Bibel, die manche Menschen zu lesen bekommen". Das bedeutet für uns eine enorme Verantwortung, aber auch ein großes Vorrecht. Wir sollten uns bewusst machen, dass unser Weg mit Gott Auswirkungen auf unsere Mitmenschen hat. In unserer Beziehung zu Gott steht mehr auf dem Spiel als nur unser eigener Weg, denn wenn wir unser Leben ganz in seine Hände legen, kann er durch uns an anderen Menschen wirken. Jakobus hat uns über Elia etwas Interessantes mitzuteilen. In Jakobus 5,17 schreibt er: *„Elia war ein Mensch **von gleicher Art wie wir** ...".* Wenn wir uns vor Augen führen, was Gott durch Elia bewirkt hat, dann könnten wir versucht sein, ihn in die Kategorie der „Super-Heiligen" einzuordnen. Aber er war ein Mensch **wie wir**! Als solcher ist er ein Beispiel dafür, wie Gott uns in unserer Zeit als Werkzeuge der Erneuerung benutzen möchte. Damit das geschieht, sollte unser Studium über Elia jedoch über das Sammeln von Informationen weit hinausgehen. Wir sollten die in dieser Woche betrachteten Wahrheiten aus dem Wort Gottes für uns in Anspruch nehmen und sie in unserem Alltag anwenden.

Eine der Lehren, die wir aus dem Leben des Propheten Elia ziehen können, lautet: Wir folgen dem Wirken Gottes, und nicht unseren eigenen Vorstellungen. Elias Dienst kam von Gott und nicht aus seiner eigenen Kraft. Er versuchte nicht, aus sich selbst heraus tätig zu werden, sondern er begegnete Gott, und dann reagierte er auf dessen Führung. Ein Dienst aus eigener Kraft, vom Menschen und nicht von Gott bewirkt, hat keine Auswirkung auf die Ewigkeit – und er ist auch viel schwieriger aufrecht zu erhalten. Wenn wir aus eigener Kraft heraus wirken, wird dieser Dienst zur Belastung, weil wir versuchen, unsere Aufgaben zu erfüllen, ohne die Vollmacht, die nur Gott uns geben kann.

PROPHETEN

👣 Gibt es in Ihrem eigenen Leben oder bei Ihren Mitmenschen Beispiele für einen Dienst, der aus eigener Kraft geschieht und nicht von Gott empfangen wird?

_____

_____

_____

Wenn wir von Gott einen Dienst empfangen möchten, sollten wir auf ihn hören, bevor wir handeln. Der oft wiederholte Leitsatz im Leben von Elia lautete: „… es geschah das Wort des HERRN zu ihm …" Daraus wird deutlich, dass das Wort vor dem Wirken kommen muss. Wir brauchen das Wort Gottes als regelmäßige Nahrung, damit wir erleben können, wie Gott durch uns an anderen Menschen wirkt.

Kreuzen Sie in der untenstehenden Liste an, woher Sie momentan Anregungen für Ihr persönliches Bibelstudium bekommen.

- ❏ Predigten
- ❏ Christliche Fernsehsendungen
- ❏ Konferenzen
- ❏ Bibelkreis
- ❏ Persönliche Lektüre der Bibel
- ❏ Sonntagsschule
- ❏ Bücher
- ❏ Zeitschriften
- ❏ Kursmaterial wie dieses
- ❏ Christliche Radiosendungen
- ❏ Kassetten
- ❏ Seelsorger

Sonstige: _____

Zur Vertiefung
UNSER WEG MIT GOTT

Drei wichtige Lehren aus dem Leben und Wirken des Propheten Elia:
- Gott zu folgen bedeutet, sein Werk zu tun, und nicht unser eigenes.
- Gott zu folgen bedeutet, aus seiner Kraft heraus zu leben, nicht aus unserer eigenen.
- Gott zu folgen bedeutet, auf ihn zu blicken und nicht auf uns selbst.

Jetzt sehen Sie sich noch einmal an, was Sie angekreuzt haben, und stellen Sie sich die Frage: „Helfen mir diese Quellen zu verstehen, was mir das Wort Gottes sagen will, oder lerne ich bloß, was Menschen über Gott zu sagen haben?"

_____

_____

_____

Welche Veränderungen in diesem Bereich legt Ihnen der Herr ans Herz?

_____

_____

_____

Ein weiteres Grundprinzip im Leben von Elia lässt sich so beschreiben: Wenn wir Gott folgen, bedeutet das, dass wir unsere Kraft aus ihm und nicht aus uns selbst heraus schöpfen. Als Elia in die Wüste ging, um zu sterben, war nicht mehr Gott seine Kraftquelle, sondern er ging diesen Weg aus eigener Kraft. Wenn wir unsere Lebenskraft nicht mehr aus Gott, sondern aus uns selbst beziehen, wird der Dienst für Gott zu einer Belastung. Auf der Flucht vor Isebel rannte Elia um sein Leben, obwohl er ein paar Stunden vorher den Propheten Baals ganz allein entgegengetreten war. Daraus können wir für uns eine wichtige Lehre ziehen: *Die Prüfungen der Gegenwart können wir nicht mit dem Glauben oder den Erfahrungen der Vergangenheit bestehen.*

Als Elia sterben wollte, hielt Gott für seine Mutlosigkeit zwei Lösungen bereit: Ruhe und göttliche Offenbarungen. Zunächst brauchte Elia neue Kraft für seinen Körper. Wir sollten körperliche Bedürfnisse nicht vergeistigen. Manchmal ist es für unser Glaubensleben am besten, wenn wir eine gute Mahlzeit zu uns nehmen und uns ordentlich ausschlafen.

Achten Sie auf Ihr körperliches Wohlbefinden, wenn Sie niedergeschlagen oder mutlos sind?

___

___

___

Was müsste sich bei Ihnen ändern?

___

___

___

Obwohl wir unseren Körper nicht außer Acht lassen sollten, können wir uns nicht allein darauf beschränken. Sobald für seinen Körper gesorgt war, brauchte Elia noch mehr. Deshalb rief Gott ihn zum Horeb (Sinai), dem Berg Gottes. Sind Sie von Ängsten geplagt, und türmen sich Hindernisse vor Ihnen auf? Sie brauchen die Begegnung mit Gott. Nehmen Sie sich die Zeit dafür.

___

___

___

PROPHETEN

Wenn wir uns von Gott Kraft holen wollen, müssen wir uns ganz in seine Hände begeben. Er sollte in unserem Herzen die erste Stelle einnehmen. Wenn er unser Leben lenkt, fehlt es uns nie an der Kraft für die Aufgaben, die er uns gibt. Haben Sie Gott Ihr ganzes Herz, alle Bereiche Ihres Lebens, überlassen? Wenn nicht, dann tun Sie es jetzt.

Im Leben des Propheten Elia erkennen wir ein drittes Prinzip: Gott zu folgen bedeutet, nicht uns selbst, sondern ihn in den Mittelpunkt zu stellen. Als Elia zum Horeb kam, um Gott zu begegnen, war sein Gebet geprägt von Selbstmitleid und Selbstdarstellung. Er sagte: „*Ich habe geeifert … Ich allein bin übrig …*" Sogar nach der majestätischen Gottesoffenbarung wiederholte Elia sein Gebet im gleichen Wortlaut. Im Grunde genommen wollte er damit andeuten: „Gott, du solltest jetzt endlich handeln, denn ich bin alles, was du noch hast, und sie wollen mich töten."

Elia hatte in Wirklichkeit ein mathematisches Problem. Er erkannte nicht die Wahrheit hinter dieser Gleichung:

Gott + Elia = Gott – Elia

Gott braucht unsere Hilfe nicht, aber er wünscht sie sich.

Gott erwählt uns zu seinen Werkzeugen, aber er ist nicht auf uns angewiesen. Er ist vollkommen und braucht keine Hilfe. Die Bibel lehrt uns, dass die Steine und Bäume schreien werden, wenn wir das Evangelium nicht verkündigen (vgl. Lk 19,40). Obwohl er uns Menschen nicht braucht, wünscht er sich als liebevoller Vater unsere Hilfe. Er lädt uns ein, an seinem Wirken teilzuhaben. Er will jedoch nicht, dass wir losgelöst und unabhängig von ihm tätig sind, denn einen solchen Dienst kann er nicht segnen.

 Nehmen Sie sich ein bisschen Zeit, und denken Sie darüber nach, wie Ihr Dienst für den Herrn aussieht. Meinen Sie manchmal auch, dass Gott auf Ihre Hilfe angewiesen ist und dankbar sein sollte, Sie in seinem Team zu haben? Wenn ja, dann bekennen Sie ihm Ihre Sünde des Stolzes.

Elia war nicht nur so sehr mit sich selbst beschäftigt, dass er meinte, Gott könne nicht ohne ihn auskommen. Er dachte sogar, Gott habe nur noch ihn und sonst niemanden mehr. Trotzdem sandte Gott ihn sofort aus mit der Anweisung, drei gottesfürchtige Männer zu salben. Gleichzeitig machte er ihm bewusst, dass siebentausend weitere Menschen Gott treu geblieben waren, ohne dass Elia von ihnen wusste.

Haben Sie schon einmal gebetet: „Ich allein bin übrig"?

Bitten Sie Gott, Ihnen diejenigen unter Ihren Mitmenschen zu zeigen, die ihm treu sind und die Sie vorher noch nicht wahrgenommen haben. Wenn wir Gott aus den Augen verlieren, werden wir in unserem Dienst für ihn (und in unserem Leben) sehr einsam sein. Sollten Sie ähnlich denken wie Elia am Horeb, dann hören Sie auf, sich nur um sich selbst zu drehen und lassen Sie Gott wieder den ersten Platz in Ihrem Herzen einnehmen.

Herr, danke für dieses Beispiel des Propheten Elia und seiner menschlichen Schwächen. Ich danke dir für den Dienst, den ich von dir empfangen habe. Hilf mir, dir darin treu zu bleiben. Bewahre mich davor, aus eigener Kraft für dich zu wirken. Schenke mir ein offenes Ohr, damit ich auf dich höre. Schenke mir Geduld, damit ich auf das *„Wort des Herrn"* warte, denn ich möchte doch *dein* Werk tun und nicht bloß gute Werke vollbringen. Ich möchte unbedingt Leben von dir empfangen, damit ich meinen Weg aus deiner Kraft und nicht aus mir selbst heraus gehen kann. Wenn ich das nicht tue, dann zeige es mir sofort. Schenke mir für heute Vertrauen zu dir. Hilf mir, meinen Blick auf dich zu richten und nicht auf mich selbst. Ich gebe zu, dass du meine Hilfe nicht brauchst, und ich lobe dich dafür, dass du sie dir dennoch von Herzen wünschst und mich an deinem Wirken teilhaben lässt. Hilf mir, dir treu zu bleiben. Amen.

Und jetzt schreiben Sie Ihr eigenes Gebet auf.

Lektion 3: # Elisa

Der Kampf gegen die Götzen in unserem Leben

In einer dunklen Zeit sandte Gott dem Königreich Israel (dem Nordreich) einen vor Eifer brennenden Propheten namens Elia der Tischbiter. Er erschien wie ein Blitz, und wie ein Donnerschlag verkündete er einem rebellischen König und einem betrogenen Volk das Wort Gottes. Sein Leben und seine Botschaft kulminieren in der Kampfansage am Berg Karmel: *„Wie lange hinkt ihr auf beiden Seiten? Wenn der HERR der wahre Gott ist, dann folgt ihm nach; wenn aber der Baal, dann folgt ihm nach!"* (1Kö 18,21). Nach der Konfrontation am Karmel erkannten die Israeliten zwar wieder die Herrschaft Gottes an, aber nur eine Zeitlang. Danach praktizierten sie wieder ihren Götzendienst. Ahab und Isebel behielten die Macht über Israel, und ihr zerstörerischer Einfluss verbreitete sich weiter. Gott war über den fortschreitenden moralischen Verfall betrübt und zugleich erzürnt. Sein Bundesvolk bewegte sich immer weiter weg von ihm und seinem Wort. Angesichts dieser Sünde war Gott jedoch bereit zu handeln, vor allem an den Führungsfiguren in Israel. Zu jener Zeit wurde Elisa in der Stadt Abel-Mehola geboren. Er wuchs dort auf und arbeitete auf dem Bauernhof, der seiner Familie gehörte. Wie Elia vor ihm sollte er im Kampf gegen Baal eine entscheidende Rolle spielen.

DAS WIRKEN DES PROPHETEN ELISA

Elisa wirkte im Königreich Israel (dem Nordreich) als Prophet während der gesamten oder teilweisen Regierungszeit der Könige Ahab, Ahasja, Joram, Jehu, Joahas und Joasch. Zu seinen Zeitgenossen gehörten Elia und Micha in Israel sowie Obadja und Joel in Juda. Der prophetische Dienst von Elisa begann etwa 858 v. Chr. und endete etwa 797 v. Chr.

Wann wirkte er?

1050	1000	950	900	850
SAMUEL Richter und Prophet	GAD NATHAN		SCHEMAJA IDDO Hanani der Seher ODED ASARJA	OBADJA JOEL Jahasiel der Levit

Saul
1051-1011
	David
	1011-971
		Salomo
		971-931
			Rehabeam Asa Joschafat
			931-913 911-870 873-848
			            Abija
			            913-911
				Joram Ahasja Joasch
				853-841 841 835-796
				Atalja
				841-835

	Ischboschet regiert über Israel
	1011-1004
			Jerobeam Nadab Ela Simri
			931-910 910-909 886-885 885
			            Bascha Tibni Ahab Joram
			            909-886 885-880 874-853 852-841
				Ahasja Jehu
				853-852 841-814

		960 – Fertigstellung des Tempels		
	David regiert von Hebron über Juda 1011-1004			
	David regiert von Jerusalem über ganz Israel und Juda 1004-971		AHIJA der Siloniter „Ein Mann Gottes aus Juda" Ein alter Prophet aus Bethel	Omri 885-874 JEHU, Sohn des Hanani ELIA MICHA ▶ELISA
	Hiram von Tyrus 981-947		Ben-Hadad I. von Syrien 900-860	Ben-Hadad II. von Syrien 860-841

PROPHETEN

Während Elia in Israel wirkte, erhielt der Prophet vom Herrn die Anweisung, Elisa zu salben und ihn als seinen Nachfolger einzusetzen. Elia wirkte *an* Elisa durch seinen Einfluss und seine Belehrung, und dann, als er ihm seinen Mantel überwarf, wirkte Gott *durch* Elisa. In dem ständigen Kampf gegen die Verehrung des Götzen Baal machte Gott den Propheten Elisa zu seinem Werkzeug, um dieses Krebsgeschwür aus dem Volk Gottes zu entfernen. Von Elisa können wir etwas über den verderblichen Einfluss der Götzen in unserem eigenen Leben lernen, und er kann uns auch zeigen, was es bedeutet, dem wahren und lebendigen Gott zu folgen.

Elisa
1. Tag

Dem wahren Gott folgen

Seit der Zeit von Mose hatte der Herr immer wieder vor der Verlockung gewarnt, die der Götzendienst der Völker um Kanaan herum darstellte. Im Laufe der Jahre fand ein ständiger Kampf um die Seele Israels statt. König Salomo machte Kompromisse und folgte vielen falschen Göttern, indem er vor ihren abscheulichen Abbildern Weihrauch opferte. Jerobeam, der erste König des Nordreichs, führte Israel in neue Tiefen der Verderbtheit durch die Verehrung der goldenen Kälber in Dan und Bethel. Seine Nachfolger trieben es noch schlimmer. König Omri bestieg den Thron des Reiches Israel, und er war noch verderbter als alle seine Vorgänger (1Kö 16,25), und als sein Sohn Ahab die Herrschaft antrat, hatte man Gott fast vergessen, so weit verbreitet war die Götzenanbetung. Um 862 v. Chr. sandte Gott den Propheten Elia, damit er Ahab mit seiner Sünde konfrontieren und gegen die Verehrung Baals vorgehen konnte. Durch Elia wirkte Gott wie ein erfahrener Chirurg, um Israel von diesem tödlichen Krebs der Götzenanbetung zu befreien. Nachdem Elia die Propheten Baals auf dem Berg Karmel herausgefordert und schließlich getötet hatte, floh er vor den Todesdrohungen der Königin Isebel (1Kö 18). Als er schließlich in einer Höhle auf dem Berg Horeb von seiner Flucht ausruhte, erhielt Elia Anweisungen vom Herrn.

> **Lesen Sie 1. Könige 19,9-18 und noch einmal genauer die Verse 15-17. Wen wollte der Herr zu seinem Werkzeug machen, um die Verderbtheit der Baalsanbetung weiter einzudämmen?**

Schon gewusst?
OMRI UND AHAB

So wie David aus Jerusalem die Hauptstadt eines vereinten Israel gemacht hatte, baute Omri Samaria als Hauptstadt des Nordreichs im geteilten Israel auf. Die wehrhafte, an der Handelsroute von Norden nach Süden gelegene Stadt erlebte eine Blütezeit. Nach der Anweisung des Herrn baute Salomo den Tempel für den wahren Herrn, während Omris Sohn Ahab den Tempel für den falschen „Herrn" Baal errichtete (*Baal* bedeutet „Herr", „Eigentümer", „Ehemann"). Er finanzierte auch die Priester und Propheten von Baal und sorgte so für die Durchsetzung des Götzendienstes in Samaria.

Wie machte der Herr dem Propheten Elia Mut (19,18)?

_____

_____

_____

Gott teilte Elia mit, dass nach seinem Willen Jehu zum König über Israel, Hasael als König in Syrien und Elisa zum Propheten gesalbt werden sollten. Gott hatte weder sein Wirken durch Elia noch sein Gericht über die Sünde Israels abgeschlossen. Mitten in der Zeit, als Elia über den hinter ihm liegenden Kampf entmutigt war, machte Gott ihm neuen Mut mit seiner Mitteilung, dass es 7.000 Menschen gab, die ihr Knie nicht vor Baal gebeugt und sein Götzenbild nicht geküsst hatten.

Welche Entdeckungen machen Sie über Elisa und seine Antwort auf den Ruf Gottes, wenn Sie 1. Könige 19,19-21 lesen?

_____

_____

_____

Elisa pflügte gerade mit seinem Ochsen-Gespann, als Elia auf ihn zutrat und seinen Mantel über ihn warf. Mit dieser symbolischen Handlung bekleidete er ihn mit dem Amt des Propheten. Wie reagierte Elisa auf diese Berufung? Eilig nahm er Abschied von seiner Familie und seinen Freunden. Seine Hingabe an den durch Elia offenbarten Willen Gottes zeigte sich, als er die Ochsen schlachtete und den Pflug als Brennholz verwendete. An diesem Ort gab er ein Festessen, und danach folgte er Elia als dessen Diener. Das alles geschah um das Jahr 858 v. Chr.

In den nächsten fünf oder sechs Jahren (588-582 v. Chr.) diente Elisa dem Propheten Elia. In 1. Könige 20,1-34 finden wir den Bericht über den (etwa zwei Jahre dauernden) Krieg, den Israel gegen Syrien führte. Darauf folgten drei Jahre des Friedens zwischen diesen beiden Reichen (1Kö 22,1). In diesem Zeitraum schloss sich König Ahab mit Ben-Hadad von Syrien zusammen, um gemeinsam mit ihm gegen Assyrien zu kämpfen. Danach kam es zu einer erneuten Schlacht zwischen Israel und Syrien.

Wie Micha prophezeit hatte, fiel Ahab in der Schlacht (1Kö 22,1-38). Sein Sohn Ahasja bestieg den Thron, folgte jedoch mit seinem Götzendienst und seinen Gräueltaten dem Beispiel seiner Eltern (1Kö 22,52-54). Nach dem durch Elia verkündeten Wort des Herrn starb Ahasja kurz nach seiner Inthronisierung als König Israels (2Kö 1,1-18).

ZWÖLF OCHSEN-GE-SPANNE

Es gibt zwei verschiedene Deutungen der Aussage über die zwölf Ochsen-Gespanne von Elisa. Wenn Elisas Familie zwölf Gespanne Ochsen brauchte, um ihre Äcker zu pflügen, muss es sich um ein großes Stück Land gehandelt haben. Elisa benutzte gerade das zwölfte Gespann. Die verwendete Ausdrucksweise könnte sich aber auch auf die Größe des Ackerlandes beziehen und darauf hinweisen, dass die Familienfarm aus Parzellen bestand und Elisa gerade den zwölften Teil bearbeitete. Beide Deutungen lassen vermuten, dass Elisas Familie über einen großen Grundbesitz verfügte.

PROPHETEN

📖 **Lesen Sie 2. Könige 2,1-8. Beantworten Sie dann die folgenden Fragen.**

Welche Entdeckungen machen Sie in 2. Könige 2,1-8 über die Beziehung zwischen Elia und Elisa?

_____

_____

_____

Welche Bedeutung haben die Wiederholungen in den Versen 2, 4 und 6?

_____

_____

_____

Was sagen uns diese Verse über Elisa?

_____

_____

Zur Vertiefung
DER MANTEL DES PROPHETEN

Wenn man einen Mantel auf die Schulter eines anderen legte, war das ein Sinnbild für die Berufung in den Dienst eines Propheten oder für die Adoption eines Sohnes. Elisa verstand diese Botschaft. Auf seine Bitte hin, seine Eltern zum Abschied küssen zu dürfen, antwortete Elia: „Geh, kehre um! Denn was habe ich dir getan?" Sich von den Eltern zu verabschieden war angemessen, aber es war klar, dass Elia den Schwerpunkt auf die göttliche Berufung Elisas legte. Mit den Worten „was habe ich dir getan?" wollte Elia dem Elisa vermitteln, was es bedeutete, die Rolle eines Propheten zu übernehmen und dieses Amt ernst zu nehmen. Nur Gott kann einen Menschen dazu berufen, ihm als Prophet zu dienen.

Elia und Elisa verließen Gilgal, den Ort, an dem sich eine der Prophetenschulen befand. Elia sagte zu Elisa, er könne in Gilgal bleiben. Damit gab er ihm offenbar die Möglichkeit, sich zu entscheiden, ob er zurückbleiben oder ihn begleiten wollte. Die Beziehung zwischen Elia und Elisa war anscheinend außergewöhnlich eng, wie bei einem Vater und seinem Sohn. An jedem Punkt ihrer Reise gab Elia dem Elisa die Erlaubnis zurückzubleiben, aber für Elisa war es am wichtigsten, bei Elia zu bleiben: *„So wahr der HERR lebt und so wahr deine Seele lebt, ich verlasse dich nicht!"* (Schlachter 2000). Diese Worte der absoluten Hingabe bedeuteten, dass Elisa treu bleiben wollte, und zwar dem lebendigen Gott, dem Ruf Gottes in sein Leben und dem Propheten, durch den Gott ihn lehrte. In der Zeit seines Zusammenseins mit Elia war Elisa immer präsent und lernbereit. Er wollte nichts verpassen, was der Herr durch Elia sagen oder tun würde, vor allem im Hinblick auf den bevorstehenden Weggang des Propheten. Diese Wahrheit hatte entweder Elia oder der Herr selbst dem Elisa offenbart. Elia sagte zu Elisa, dass der Herr ihn (Elia) nach Bethel gesandt habe. Dort befand sich eine weitere Prophetenschule. Von Jericho aus überquerten die beiden Männer den Jordan trockenen Fußes, als sie auf dem Weg zu dem Ort waren, an dem Elia dem Herrn und dem Wagen Israels mit dessen Gespann begegnen sollte. Dort fragte Elia den Elisa, was er für ihn tun sollte.

Lektion 3: Elisa

📖 **Lesen Sie 2. Könige 2,9-10. Wie lautete Elisas Bitte an Elia (2,9)?**

_____

_____

Wie lautete Elias Antwort (2,10)?

_____

_____

_____

Elisa erbat sich den zweifachen Anteil von Elias Geist. Damit deutete er an, dass er als „Sohn" Elias um den Segen des Erstgeborenen und somit um ein doppeltes Erbteil bat (vgl. 5Mo 21,17). Elia hatte keinen irdischen Reichtum zu vererben, und das, was Elisa sich wünschte, konnte nicht in Wagen oder Beuteln transportiert werden, weil es sich dabei um die geistliche Kraft und Vollmacht handelte, die Elia besaß. Die Bitte um einen zweifachen Anteil von Elias Geist war schwer zu erfüllen, und Elia konnte die Erfüllung nicht garantieren. Nur Gott konnte diesen geistlichen Segen spenden. Wahrscheinlich offenbarte Gott dem Elia, dass er diese Bitte erfüllen würde. Allerdings musste Elisa anwesend sein, wenn Gott den Propheten Elia abholte. Dann kam der Herr in einem Wirbelwind und nahm Elia zu sich. Dabei fiel sein Mantel dem Elisa vor die Füße. Der Mantel war ein Symbol für das Amt und die Vollmacht des Propheten Elia. Nachdem er die übernatürliche Wegnahme Elias beobachtet hatte, kehrte Elisa zum Jordan zurück.

📖 **Lesen Sie die Frage, die Elisa in 2. Könige 2,14 stellt. Was hat Elisa gefragt, und worin lag darin die Prüfung für den Propheten?**

_____

_____

Worüber war Elisa besorgt?

_____

_____

_____

Elisas Frage drehte sich darum, ob Gott in ihm gegenwärtig sein würde, wie es bei Elia der Fall gewesen war. Als er dem Beispiel Elias folgte und den Mantel wie einen Stab zusammenrollte (wie zur Erinnerung an den Stab Gottes, den Mose getragen hatte), stand Elisa seine bisher größte Prüfung bevor. Würde der Herr ihn mit seiner übernatürlichen Macht ausstatten, so wie er es bei Elia getan hatte? Im Glauben schlug Elia auf das Wasser, und es teilte sich. Die Männer aus der Prophetenschule sahen

---

Schon gewusst?
DIE BITTE DES ERSTGEBORENEN

Das Erbe des Erstgeborenen ist in 5. Mose 21,17 folgendermaßen geregelt: „... vielmehr soll er den Erstgeborenen ... anerkennen, dass er ihm zwei Teile von allem gibt, was sich bei ihm findet. Denn er ist der Erstling seiner Kraft, ihm gehört das Recht der Erstgeburt." Elisa gehörte zu den „Prophetensöhnen" und war zum Nachfolger von Elia erwählt worden. Weil er Elia als „Sohn" diente, erbat er sich den doppelten Anteil des Erstgeborenen.

Schon gewusst?
DIE PROPHETEN-SCHULEN

Die in Gilgal, Bethel und Jericho gelegenen Prophetenschulen waren Zentren, in denen die „Prophetensöhne" Belehrung durch Propheten erhielten. Samuel hatte solche Schulen in Gibeat (1Sam 10,5.10) und Najot (19,18-20). Die hundert Propheten, die Obadja versteckte und ernährte, könnten von einer dieser Schulen gekommen sein. Diese Prophetenschüler wohnten, aßen und lernten häufig gemeinsam (2Kö 4,38-44; 6,1-4). Zum Wirken von Elia und Elisa gehörte es, das Wort Gottes treu und persönlich und auch in und durch diese Schulen weiterzugeben. Angesichts des Götzendienstes und des Abfalls von Gott in dieser Zeit war das besonders wichtig. Es ist von großer Bedeutung, dass der Herr den Elia in diese Schulen schickte, bevor er ihn in den Himmel aufnahm.

PROPHETEN

dieses erste Wunder von Elisa und akzeptierten ihn als den Nachfolger Elias (2,15). Seine nächste Prüfung bestand im Umgang mit den Zweifeln dieser Männer, denn sie meinten, Gott habe den Propheten Elia auf einen entfernt liegenden Berggipfel gebracht. Sie baten ihn eindringlich, nach Elias Leichnam suchen zu dürfen. Obwohl er sie darauf hinwies, dass ihre Suche vergeblich sein würde, ließ er sie schließlich gehen. Als sie zurückkehrten, tadelte er sie wegen ihres Unglaubens (2,16-18).

> **Lesen Sie 2.Könige 2,19-22. Die Männer von Jericho wandten sich wegen einer Notlage an Elisa. Das war in der ersten Zeit seines Wirkens als Prophet eine weitere Prüfung. Worin bestand das Problem (2,19)?**

Wortstudie
ZWEI NAMEN, EINE BOTSCHAFT

„Elia" bedeutet „mein Gott ist Jah/der Herr". Dieser Name offenbart Elias Mission, die darin bestand, den Herrn als den einen und einzigen Gott zu verkünden und sich gegen jeden zu stellen, der Gott gegen einen falschen „Herrn" eintauschen wollte. „Elisa" bedeutet „mein Gott ist Heil/Errettung". Der Name enthält ebenfalls eine Botschaft an das Volk Israel: Nur bei Gott gibt es Errettung.

Was tat Elisa, um das Problem zu lösen (2,20-22)? Wodurch kam nach Vers 21 das Wunder zustande?

Schon gewusst?
DER MANTEL VON ELIA

Dieses Kleidungsstück war ein Umhang, der einen Mehrfachnutzen hatte. Meistens verwendete man ihn als Schutz vor Sonne, Regen oder Kälte, aber man konnte ihn auch zusammenfalten und als Sitzgelegenheit oder Kissen benutzen. Ausgebreitet diente er als Decke in der Nacht oder auch als Tasche, um etwas zu transportieren. Ein solcher Mantel galt als sehr wertvoll und konnte sogar als Anzahlung dienen, wenn man Schulden hatte.

Das Wasser von Jericho war verunreinigt. Offenbar waren die Ernten davon betroffen, und es kam sowohl bei Menschen als auch bei Nutztieren zu Unfruchtbarkeit oder Fehlgeburten. Auf ein Wort des Herrn hin warf Elisa Salz in die Quelle, und der Herr heilte das Wasser. Die Elisa-Quelle, wie sie heute genannt wird, versorgt die Gegend von Jericho noch immer mit frischem, reinem Wasser.

Elisa musste eine weitere Prüfung bestehen, und zwar in der Person von jungen Männern aus Bethel, dem Ort, an dem die beiden von Jerobeam I. erbauten Altäre für das goldene Kalb standen. Es waren keine Kinder, sondern höchstwahrscheinlich Männer um die Zwanzig. Als Elisa sie ansah, geschah das Wort des Herrn zu ihm, und er verfluchte die Gruppe auf dieses Wort hin. Gott sprach ein Gerichtswort über die jungen Männer aus, weil er wusste, was in ihren Herzen war und weil sie durch ihre Worte ihre Verachtung gegenüber Elia und Elisa sowie dem Herrn selbst zum Ausdruck brachten.

Am Anfang seines Wirkens machte Elisa eine Zeit der Prüfungen durch. Beim ersten Mal wurde er von Elia geprüft, und zwar auf seinen Wunsch und seine Entschlossenheit hin, dem Propheten Elia an jeden Ort zu folgen, an den Gott ihn sandte. Er entschied sich dafür. Die Prüfungen endeten nicht in Bethel oder Jericho. Sobald er den Jordan überquert hatte, folgte die nächste Prüfung über seine Wünsche für die Zukunft. Was wollte er wirklich als „Sohn" bzw. als „Erstgeborener" eines Propheten? Daraufhin prüften ihn die Prophetenschüler, als sie darauf bestanden, nach dem Leichnam Elias zu suchen. Dann prüften sie die Macht des Herrn über die unfruchtbar machenden Gewässer von Jericho, und schließlich stand die Autorität Elisas als Nachfolger Elias auf dem Prüfstand. Elisa unterzog sich allen Prüfungen mit dem Wunsch, Gott zu folgen. Nachdem Elia in den Himmel aufgenommen worden war, ging Elisa seinen Weg in der Vollmacht und Kraft eines von Gott gesandten Propheten. In unserer Betrachtung zu Tag 2 werden wir sehen, wie Gott in der vor ihm liegenden Zeit durch Elisa wirken wollte.

Dem lebendigen Gott folgen

Elisa
2. Tag

Elisa gewann an Bedeutung in einer Zeit, als der Gott des Wortes und das Wort Gottes von vielen Menschen in Israel missachtet wurden. Viele ließen sich täuschen und glaubten, dass sie Regen, gute Ernten und einen reichen Kindersegen dem Götzen Baal verdankten. Wie er es vorher durch Elia getan hatte, zeigte Gott den Menschen jetzt durch Elisa, dass er allein Herr und Gott war (vgl. 1Kö 18,39) und man ihm allein folgen und gehorchen sollte. Wir wissen, wie der Herr sich bei der Auseinandersetzung mit den Baalspropheten auf dem Berg Karmel im Feuer offenbarte. Aber wie zeigte Gott sich im Leben und Wirken des Propheten Elisa?

Als König Ahab starb, rebellierte Mescha, der König von Moab, der Ahab gegenüber tributpflichtig war, gegen den neuen König Ahasja und dann gegen König Joram. Wie Joschaphat, der König von Juda, musterte auch Joram die Männer in Israel, und dann zogen beide gemeinsam mit dem König von Edom gegen Mescha und sein Heer. Jorams Heer wählte einen Umweg südlich vom Toten Meer, um an einer strategisch günstigeren Stelle in Moab eindringen zu können. Aber nach sieben Tagen fehlte es an Wasser, dem wichtigsten Element für ein Heer auf dem Vormarsch. Joram hatte Angst um das Leben der drei Könige und ihrer Armeen. Dann stellte Joschaphat die kluge Frage: *„Ist hier kein Prophet des HERRN, dass wir den HERRN durch ihn befragen können?"* (3,11).

**Zur Vertiefung
DER „MANN GOTTES"**

Dieser Ausdruck wurde zuerst auf Mose angewendet und dann auf einige Propheten nach ihm. Im zweiten Buch der Könige wird Elia 29 Mal so genannt. Diese Bezeichnung ist ein Hinweis auf seine enge Beziehung zu Gott und seinen Dienst als Verkünder von Gottes Botschaften an sein Volk.

 Lesen Sie 2. Könige 3,11-25, und beantworten Sie die folgenden Fragen:

Was geschieht in den Versen 11 bis 12?

___

___

___

PROPHETEN

Wie reagierte Elisa auf den König von Israel (3,13) und auf König Joschaphat von Juda (3,14)?

Elisa befand sich in der Nähe. Vielleicht war er sogar mit dem Heer mitgezogen. Man erkannte ihn als Diener Elias, und Joschaphat wusste, dass der Herr durch ihn sprach. Die drei Könige (Joram, Joschaphat und der König von Edom) gingen zu Elisa, um ein Wort des Herrn zu hören. Elisa konfrontierte den König von Israel sofort mit seinem Unglauben und seiner noch immer bestehenden Verbindung mit den Baalspropheten, die von Ahab und Isebel anerkannt worden waren. Joram merkte, dass er sich in einer schwierigen Lage befand. Er meinte, der Herr habe sie alle in die Hände der Moabiter fallen lassen. Elisa hatte eine gute Meinung von Joschaphat, und deshalb war er bereit, sich die Bitte der drei Könige anzuhören. Sie baten Elisa um ein Wort des Herrn über das Problem mit den Moabitern.

 Wie lautet die Weissagung Elisas in den Versen 15 bis 19?

Wie handelte der Herr (3,20-25)?

Elisa gab ihnen die Anweisung, Gruben auszuheben, die der Herr mit Wasser füllen würde, obwohl sie weder Wind hören noch Regen sehen sollten. Dieses Phänomen war jedoch *„ein Geringes vor dem Herrn"* (3,18 Schlachter 2000). Ihr Wasserbedarf war damit gedeckt, und der Herr wollte ihnen auch noch die Moabiter ausliefern. Am nächsten Morgen sahen sie, wie sich die Gruben mit Wasser füllten, das aus Edom kam. Wahrscheinlich waren die ausgetrockneten Flussbetten durch starke Regenfälle übergelaufen, und das Wasser floss von Edom aus in das Heerlager. Als die Moabiter die Spiegelung der roten Morgensonne auf der Wasserfläche sahen, meinten sie, es sei Blut von den drei feindlichen Truppen, die sich wohl bekämpft und gegenseitig umgebracht hatten. Als sie angriffen, warteten die Heere bereits auf sie. Die Moabiter gerieten in einen Hinterhalt und wurden fast vollständig besiegt. Als der König von Moab jedoch seinen erstgeborenen Sohn auf der Stadtmauer opferte und die Heere diese abscheuliche Tat mit ansehen mussten, gingen sie auseinander.

Lehre
DER ZEITPLAN GOTTES

Gott offenbarte sich auch durch den Zeitpunkt, an dem bestimmte Ereignisse geschahen, wie z. B. das Wasser, mit dem sich die von den Soldaten bei Edom gegrabenen Gruben füllten. In 2. Könige 8 kam die Frau aus Schunem gerade an, als Gehasi dem König erzählte, dass Elisa ihren Sohn von den Toten auferweckt hatte. Dieses Geschehen sicherte der Frau die Unterstützung des Königs bei der Rückerstattung ihres Grundbesitzes nach der Hungersnot (2Kö 8,1-6). Der Zeitplan des lebendigen Gottes ist immer wirksam, damit sich seine Pläne erfüllen und seine Kinder versorgt werden.

Lektion 3: Elisa

Dennoch wussten die Kämpfer von Israel und Juda, dass der lebendige Gott ihnen Wasser gegeben hatte, damit sie und ihre Tiere überleben konnten. Wieder einmal hatte der Herr seine Macht offenbart und sich dadurch von den machtlosen Götzen Kanaans unterschieden.

> **Lesen Sie 2. Könige 4,1-37. Die restlichen Fragen zu Tag 2 beziehen sich auf diesen Bibelabschnitt.**

Bei einem anderen Vorfall zeigte sich der Herr selbst als der lebendige Gott, der jenen hilft, die ihn anrufen. Welche Entdeckung machen Sie in 2. Könige 4,1?

_____

_____

_____

Die Witwe eines Prophetenschülers wandte sich in ihrer großen Not an Elisa. Dieser kannte ihren verstorbenen Mann als jemanden, der den Herrn fürchtete. Durch seinen Tod war die Frau gezwungen, ihre beiden Kinder allein großzuziehen, aber sie geriet in finanzielle Schwierigkeiten und verschuldete sich. Offenbar schuldete sie einer bestimmten Person einen riesigen Geldbetrag. Dieser Gläubiger hätte ihre Kinder zu Sklaven machen können, bis nach 3. Mose 25,39-41 die Schulden im nächsten Jubeljahr beglichen waren. Bestimmt befand sich die Witwe in einer verzweifelten Lage.

Wie löste Elisa das Problem (4,2-7)?

_____

_____

Welche Prinzipien können Sie aus diesem Vorfall ableiten?

_____

_____

_____

_____

ELIA UND DAS ÖL FÜR DIE WITWE

Als in Israel eine von Gott verordnete Hungersnot stattfand, sagte der Herr zu Elia, er solle nach Zarpat gehen, zu einer Witwe, die für ihn sorgen würde. Durch Elia entdeckte die Frau die Macht Gottes, denn Gott versorgte sie mit Öl und Mehl, damit sie, ihr Sohn und Elia während der Hungersnot genug zu essen hatten (1Kö 17,8-16). Unter anderen Umständen erlebte Elisa, wie der Herr an einem einzigen Tag genug Öl zur Verfügung stellte, damit eine Schuld vollständig beglichen und für die Zukunft vorgesorgt werden konnte (2Kö 4,1-7).

Als Elisa die Frau fragte, was sie an Lebensmitteln im Haus hatte, konnte sie bloß einen kleinen Krug mit Öl vorzeigen, von der Menge her ausreichend, um als Salböl für den Körper benutzt zu werden. Elisa beauftragte sie, mit diesem Gefäß alle

PROPHETEN

Behälter zu füllen, die sie finden oder ausleihen konnte. Als die Frau diese Anweisung befolgte, stellte sie fest, dass das Öl für alle vorhandenen Gefäße ausreichte und weiter geflossen wäre, wenn sie noch mehr Behälter gehabt hätte. Elisa sagte zu ihr, sie solle das Öl verkaufen, ihre Schulden bezahlen und vom Rest ihren Lebensunterhalt finanzieren. Hier haben wir ein deutliches und eindeutiges Bild, wie sich der lebendige Gott um die Seinen sorgt und seine Fähigkeit offenbart, einer Witwe alles zu geben, was sie braucht. In einem Land, in dem viele Menschen auf Baal oder einen ähnlichen Götzen hofften, wenn sie gute Ernten oder Versorgung für den Lebensunterhalt erwarteten, offenbarte das Zeugnis dieser Witwe den wahren, lebendigen Gott, der immer treu zu seinem Bundesvolk steht.

Elisa reiste in Israel umher, um das Wort des Herrn zu verkünden und die Menschen zur Anbetung des einen, wahren Gottes zurückzuführen. Einer der Orte, die er besuchte, war Schunem. Dort wurde Elisa oft von einer bedeutenden Frau und ihrem Mann bewirtet. Schließlich bauten sie für ihn ein kleines Obergemach, in dem er übernachten konnte, wenn er nach Schunem kam. Elisa wollte diesem Ehepaar gegenüber seine Wertschätzung zum Ausdruck bringen. Als Gehasi, Elisas Diener, sie jedoch fragte, was man für sie tun könne, zeigte sie durch ihre Reaktion, wie zufrieden sie war. Sie sagte zwar, sie brauche nichts, aber Gehasi erwähnte, dass sie keinen Sohn habe (und deshalb unter dem Stigma der Unfruchtbarkeit litt) und ihr Mann schon alt sei. Wenn ihr Mann sterben würde, hätte sie niemanden, der für sie sorgen würde – und niemanden, der den Namen und das Erbe der Familie weiterführen könnte (2Kö 4,8-14).

Was weissagte Elisa über die Frau von Schunem (4,14-16), und was waren die Auswirkungen dieser Weissagung (4,17)?

_____

_____

Welches Problem trat plötzlich auf (4,18-20)? Wie reagierte die Frau (4,21-28)?

_____

_____

_____

Elisa prophezeite der Frau, sie würde innerhalb eines Jahres einen Sohn haben, und so geschah es auch. Das Kind wuchs auf und arbeitete mit seinem Vater auf den Feldern. Während der Erntearbeit erlitt der Junge offenbar einen Sonnenstich. Als man ihn zu seiner Mutter brachte, kümmerte sie sich bis um die Mittagszeit um ihn. Dann starb er. Obwohl es weder Neumond noch Sabbat war (besondere Zeiten, in denen man eher den Rat eines Propheten einholte), machte sich die Mutter sofort

---

ELISA UND JESUS CHRISTUS

Gott wirkte durch Elisa ähnliche Wunder, wie wir sie im irdischen Wirken Jesu Christi beobachten können. Jesus heilte viele Aussätzige, und Elisa erlebte, wie der aussätzige Naaman gesund wurde. Jesus erweckte die Toten zum Leben, und Elisa erlebte, wie ein toter Junge lebendig wurde. Jesus vermehrte die Brotlaibe, und Elisa sah, wie der Herr auf ähnliche Weise wirkte. Manche Ausleger haben die Milde und Freundlichkeit von Elisa mit der Sanftmut Jesu verglichen. Die von beiden gewirkten Wunder haben vielen Menschen Mut gemacht und Trost geschenkt.

auf den Weg zum Berg Karmel, um Elisa um Hilfe zu bitten. Als sie ihrem Mann mit den Worten *„Friede mit dir"* im Sinne von „Es wird gut werden" antwortete, offenbarte sie ihren Glauben an den Gott Elisas. Bei ihrer Ankunft schüttete sie Elisa ihr Herz aus. Sie wusste, dass er der erwählte Prophet des lebendigen Gottes war und Gott deshalb durch ihn wirken konnte.

Wie reagierte Elisa auf die Not der Frau? Was tat er (4,25b-37)?

_____

_____

_____

Welche Erkenntnisse über den lebendigen Gott kommen uns durch diesen Vorfall?

_____

_____

_____

Zur Vertiefung
GOTT SORGT FÜR UNS

Lesen Sie 2. Könige 6,1-7. Achten Sie darauf, wie Gott sich weiter als Versorger seines Volkes offenbarte. Inwiefern konnte diese Offenbarung den Prophetensöhnen Mut machen?

Elisa erkannte, dass Gott in dieser Situation auf einzigartige Weise wirkte, denn er hatte dem Propheten das Problem nicht kundgetan. Er war bereit, die Frau zu begleiten und den Herrn wegen des Kindes zu befragen. Als sie bei ihr zu Hause ankamen, rief Elisa den Herrn an und streckte sich sogar über dem Kind aus. Offenbar fühlte er sich durch den Geist Gottes zu dieser Handlung gedrängt. Nachdem er das zwei Mal wiederholt hatte, stand der Junge auf, und Elisa brachte ihn zu seiner Mutter. Wieder offenbarte sich der Herr als der lebendige Gott, der Leben spendet. Er kann einer Kinderlosen ein Kind schenken, und er kann Tote ins Leben zurückrufen. Kein Götze besitzt diese Fähigkeiten.

Der Herr offenbarte sich weiterhin auf vielerlei Weise, als Elisa durch das Land zog, in Prophetenschulen lehrte und den Menschen diente. In einer Zeit der Hungersnot kam Elisa zur Prophetenschule in Gilgal. Dort entdeckte er, dass er und die Schüler einen vergifteten Eintopf gegessen hatten, weil versehentlich wilder Kürbis dafür verwendet worden war. Elisa gab die Anweisung, etwas Mehl in den Topf zu geben, und das Gift wurde neutralisiert. Natürlich lag es nicht am Mehl, sondern am sanften Wirken des Geistes Gottes. Dadurch wurde der Eintopf zu einem nahrhaften und gesunden Gericht (4,38-41). Ebenfalls an diesem Ort brachte jemand ein Erstlingsopfer in Form von Gerstenbroten dar, aber für die einhundert Männer, die sich dort befanden, reichte das Brot nicht aus. Deshalb verkündete Elisa das folgende Wort des Herrn: *„Man wird essen und übrig lassen"*, und so geschah es dann auch (4,43-44). Die wundersame Neutralisierung des vergifteten Eintopfs und die Vermehrung des Gerstenbrotes sind zwei Beispiele für das Wirken Gottes in einer

PROPHETEN

Zeit der Hungersnot. Diese beiden Geschehnisse zeigen Gott als Lebensspender, im Gegensatz zu der Bosheit des Götzen Baal.

Elisa
3. Tag

Der Herr als Gott aller Völker

Die Macht des Herrn offenbarte sich in Israel. Wie zeigte sich Gott in den umliegenden Völkern? Ein Beispiel dafür ist erkennbar in Aram (Syrien), denn dort erregte ein Zeugnis über Elisa die Aufmerksamkeit des unter Aussatz leidenden Heerführers Naaman. Seine israelitische Dienerin versicherte ihm, dass er geheilt werden könnte, wenn er sich an den Propheten in Israel wenden würde. Naaman begab sich zunächst zum König von Israel, der befürchtete, dass dies eine Kampfansage vom König des Nachbarvolkes sein könnte. Elisa ersuchte den König jedoch, Naaman zu ihm zu schicken, damit der Heerführer erkennen sollte, *„dass ein Prophet in Israel ist"*. Natürlich meinte Elisa damit einen Propheten des wahren und lebendigen Gottes (5,1-8).

 Lesen Sie 2. Könige 5,1-13. Beantworten Sie dann die unten aufgeführten Fragen.

Wie war Naamans erste Reaktion (5,11-12)? Was sagt uns sein Verhalten über seine innere Einstellung?

_____

_____

Schon gewusst?
NAAMAN BAUT DEM HERRN EINEN ALTAR

In der Zeit, in der Naaman lebte, glaubten viele Menschen, man könne Gott nur an seinem Ort (in seinem Territorium) anbeten. Indem er Erde aus Israel nach Damaskus mitnahm, drückte Naaman seinen Wunsch aus, dem einen, wahren Gott zu folgen.

Naaman erwartete eine Sonderbehandlung, denn daran war er zu Hause wohl gewöhnt von seinen Soldaten, dem Volk und den Hofbeamten des Königs. Er meinte, dass Elisa herauskommen, den Herrn anrufen und vielleicht eine geheimnisvolle Zeremonie vollziehen würde. Aber Elisa wollte nicht im Mittelpunkt stehen. Er handelte nur nach der Anweisung des Herrn. Der Herr wollte die Aufmerksamkeit des Heerführers auf sich selbst lenken und darauf, was es bedeutete, Gott zu vertrauen und ihm zu folgen. Das, was der Herr von Naaman forderte, war einfach, fast kindlich, aber dafür war Gottvertrauen erforderlich.

Was musste Naaman ändern, um die Worte von Elisa und seinen eigenen Dienern zu beherzigen (5,13-14)?

_____

_____

Lektion 3: Elisa

Naaman musste sich vor den Dienern und schließlich „unter die mächtige Hand Gottes" demütigen, wie es in 1. Petrus 5,6 zum Ausdruck kommt. Gott ging es um weit mehr als die äußere Erkrankung des Aussatzes. Er wirkte am stolzen Herzen des Heerführers. Als er sich vor dem Propheten des Herrn demütigte, spürte Naaman die heilende Berührung durch die Hand Gottes, und zwar von innen und außen!

Werfen Sie noch einmal einen Blick auf 2. Könige 5,15-18. Welcher Unterschied fällt Ihnen bei der inneren Haltung von Naaman auf? Wie reagierte er auf das Wunder seiner Heilung?

___

___

Wie verhielt sich Elisa bei der Rückkehr von Naaman (5,15-19)?

___

___

Naaman, ein Heide aus Aram, bekannte sich zum Herrn als dem einzigen Gott in Israel und auf der ganzen Erde. Aus Dankbarkeit für das wundersame Wirken des Herrn wollte er Elisa reich beschenken. Elisa lehnte die Geschenke des Heerführers ab, weil er die ganze Aufmerksamkeit, die Ehre und Dankbarkeit auf den Herrn lenken wollte. Hier haben wir ein weiteres Beispiel, wie der Herr sich als der wahre und lebendige Gott gegenüber getäuschten Israeliten offenbarte, die noch immer an Baal als ihrem „Herrn" festhielten oder ihre Anbetung verwässerten und verunreinigten, indem sie versuchten, den Herrn *und* falsche Götter zu verehren. Für Naaman, einen Mann, der in Aram (Syrien) viele Götter angebetet hatte, gab es jetzt nur noch den Gott Israels. Er erbat sich sogar Erde aus dem Land Israel, damit er nach seiner Rückkehr in seiner Heimat einen Altar auf *israelitischer* Erde errichten konnte. Obwohl er fälschlicherweise glaubte, er brauche die Erde aus Israel für die wahre Anbetung, offenbarte seine Handlungsweise eine eindeutige Hinwendung zum wahren Gott Israels. Viele Israeliten hätten von diesem ausländischen Heerführer lernen können. Naaman, der Suchende, bat auch um Vergebung für die Aufgaben, die er als Diener des Königs in Damaskus bei einem religiösen Zeremoniell wahrnehmen musste. Elisa hatte dafür Verständnis, weil er die Aufrichtigkeit dieses Mannes erkannte. Deshalb sagte er zu ihm: *„Gehe hin in Frieden!"*

Bei einem weiteren Vorfall offenbarte sich der wahre und lebendige Gott sowohl Aramäern als auch Israeliten. Das Heer des Königs von Aram suchte häufig nach einem Anlass, Land und Güter von den Israeliten zu erbeuten. In 2. Könige 6,8-10 lesen wir einen Bericht über einen solchen Anlass. Jedes Mal, wenn der König von

> **Zur Vertiefung**
> **GEHASIS GIER**
>
> Lesen Sie 2. Könige 5,20-27, den Bericht über Gehasis Habgier und Betrug. Welche Bedeutung hatte für ihn das Silber von Naaman (5,26)? Wie sahen seine betrügerischen Machenschaften aus, und welche Folgen hatten sie?

PROPHETEN

Aram einen Schlachtplan entwarf, wusste Elisa davon, als ob er die Gespräche belauscht hätte. Deshalb warnte er den König von Israel, sobald die Aramäer etwas planten. Der König von Aram war wütend. Er fragte sich, wer aus seinem Heer die geheimen Kriegspläne weitergab. Als man ihm berichtete, dass Elisa dem König von Israel jedes Wort mitteilte, das der König von Aram in seinem eigenen Schlafgemach redete (6,12), war er fest entschlossen, mit dem Propheten fertig zu werden. Er schickte Streitwagen, Pferde und ein starkes Heer nach Dotan, um den Ort zu belagern und Elisa gefangen zu nehmen (6,13-14).

 **Lesen Sie 2. Könige 6,15-23.**

Was tat Elisa angesichts der Bedrohung durch das feindliche Heer (V. 18-19)?

Welche Lösung für den Umgang mit diesen Truppen schlug Elisa nach 2. Könige 6,20-23 vor?

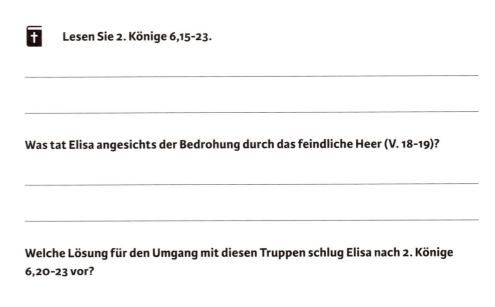

Zur Vertiefung
DER LEBENDIGE GOTT

Weitere Beispiele für die Art, wie sich der Herr in Israel und Syrien als der wahre Gott offenbarte, finden Sie in 2. Könige 6,24-33 und 7,1-20.

Elisa hielt seinen Blick auf den Herrn gerichtet. Er wusste, dass der Herr ihn mit seinen beschützenden Engeln umgeben hatte. Deshalb betete er, damit sein Diener das größere Heer sehen könnte, das über ihnen wachte, die feurigen Pferde und Wagen, die Gott an diesen Ort gebracht hatte. Außerdem bat er den Herrn, das feindliche Heer mit Blindheit zu schlagen. Nachdem der Herr diese Gebete erhört hatte, führte Elisa die Armee nach Samaria. Dort betete Elisa, dass dem ganzen Heer die Augen geöffnet werden sollten. Als das geschah und die Truppen des Königs von Aram sahen, wo sie sich befanden, setzte man ihnen zu ihrer Verblüffung ein Festmahl vor und ließ sie zurück nach Aram ziehen.

Dieser Vorfall mit dem Heer des Königs von Aram war ein Beweis, dass Elisa wirklich ein Prophet des wahren Gottes war und keine Macht, kein Heer, keine Kampfstrategie zu seiner Gefangennahme führen konnten. Der Herr öffnete Elisas Diener die Augen, damit er die feurigen Wagen, die die beiden Männer wie eine Schutzmauer umgaben, sehen konnte. Andererseits schlug er die feindlichen Krieger mit Blindheit, damit auch sie diesen souveränen Herrn als den Herrn erkennen konnten, nicht nur über ganz Israel, sondern über alle Völker der Erde.

Diese ausgewählten Vorfälle aus dem Leben Elisas zeigen uns, wie der Herr sich ständig offenbart hat, damit alle Beteiligten es sehen konnten. Nicht nur Israel sollte den Herrn als den allein wahren Gott erkennen, sondern auch die anderen Völker in der Welt sollten wissen, dass es einen wahren Gott gibt und dass auch sie ihn kennen und ihm folgen können.

Gott steht zu seinem Bund

Elisa
2. Tag

Als der Herr dem Propheten Elia am Berg Horeb begegnete, war Elia entmutigt über die schlimmen Zustände in Israel. Er glaubte, er allein sei von den Dienern des wahren Gottes übriggeblieben. Gott versicherte Elia, dass er einen Plan hatte, wie er mit dem Götzendienst und dem Unglauben seines Volkes umgehen wollte, und dass mindestens 7.000 Menschen ihm die Treue hielten. Er gab Elia den Auftrag, Hasaël zum König von Aram (Syrien), Jehu zum König von Israel und Elisa zum Propheten an seiner Stelle zu salben. Gleichzeitig gab ihm der Herr einen Ausblick auf das Wirken dieser Männer, bei dem Bundestreue und Gericht im Mittelpunkt stehen sollten: *„Und es soll geschehen: Wer dem Schwert Hasaëls entkommt, den wird Jehu töten; und wer dem Schwert Jehus entkommt, den wird Elisa töten"* (1Kö 19,17). Die durch Elia vorgenommene Reinigung vom Krebsgeschwür der Baalsverehrung sollte von Elisa weitergeführt werden. Heute werden wir erkennen, wie sich dieser Auftrag im Wirken des Propheten Elisa ausgewirkt hat.

Lehre
DIE TREUE GOTTES

In Römer 11,1-5 nutzt der Apostel Paulus das Wort Gottes an Elia über die 7.000, die Gott treu geblieben waren, um seine Leser über die Treue Gottes seinem Volk gegenüber zu unterweisen. Auch wir können uns darauf verlassen, dass Gott uns immer treu bleibt.

Um das Jahr 841 v. Chr. reiste Elisa nach Damaskus in Aram (Syrien). Dort lag König Ben-Hadad II. krank im Bett. Er hörte von der Ankunft Elisas und bat seinen Diener Hasaël, dem Propheten ein Geschenk zu bringen. Ben-Hadad wollte auch von Elisa wissen, ob er seine Erkrankung überleben würde. Hasaël gehorchte seinem Herrn und traf sich mit Elisa (2Kö 8,7-9). Der Prophet verkündete, Ben-Hadad werde genesen, aber trotzdem sterben, denn Elisa wusste vom Herrn, dass der König nicht an seiner Krankheit sterben sollte.

 Lesen Sie 2. Könige 8,7-15. Beantworten Sie dann die nächsten Fragen.

Warum musste Elisa weinen (8,11-12)?

___

Was sagte Elisa zu Hasaël (8,13)?

___

PROPHETEN

Durch die Offenbarung des Herrn wusste Elisa, dass Hasaël ein skrupelloser König sein würde und ein Werkzeug Gottes bei der Züchtigung Israels. Deshalb musste Elisa weinen. Mit der Ankündigung, dass Hasaël König werden würde, erfüllte sich das Wort, das Gott einige Jahre zuvor über die Salbung Hasaëls zum König über Aram (Syrien) zu Elia gesprochen hatte (1Kö 19,15-18). Hasaël sollte viele in Israel mit dem Schwert töten, weil die Israeliten ihrem Bundesgott untreu geworden waren. Gott wollte Israel wegen seiner Hinwendung zur Verehrung von Baal strafen. Hasaëls Versuche, Israel anzugreifen, werden zum ersten Mal in 2. Könige 9,14-15 erwähnt. Damals kämpfte er in Gilead gegen Ahabs Sohn, den König Joram von Israel. In diesen Schlachten war Joram verwundet worden, und deshalb musste er sich nach Jesreel zurückziehen.

DIE FREUNDLICHKEIT DES HERRN

Der Herr zeigte Israel seine Freundlichkeit viele Male und auf vielerlei Weise, weil er sein Volk zur Umkehr bringen und zu sich ziehen wollte. Das Gleiche gilt auch für unser Leben. Hören wir auf die mahnenden Worte in Römer 2,4: *„Oder verachtest du den Reichtum seiner Gütigkeit und Geduld und Langmut und weißt nicht, dass die Güte Gottes dich zur Buße leitet?"*

✝ **Hasaël kämpfte in vielen weiteren Schlachten gegen Israel und Juda. Welche Entdeckungen machen Sie über den König von Aram (Syrien), wenn Sie 2. Könige 10,32-33 lesen? Was entnehmen Sie diesen Versen über das Handeln des Herrn?**

_____

_____

_____

✝ **Was entdecken Sie, wenn Sie 2. Könige 12,18-19 und 13,3.22 lesen? Fassen Sie kurz zusammen, was Ihnen bei der Vorgehensweise des Königs Hasaël in Israel einfällt.**

_____

_____

_____

In der Zeit des Königs Jehu eroberte Hasaël Teile von Israel, vor allem die östlich des Jordans gelegenen Gebiete Gat und Baschan. Obwohl Hasaël das menschliche Werkzeug war, führte ihm der Herr die Hand (10,32). In seinem gerechten Zorn (13,3) gebrauchte er den König von Aram, weil sein Volk Kompromisse mit dem Götzendienst gemacht hatte. Im Auftrag Gottes eroberte Hasaël nicht nur Gebiete in Gilead und Baschan, sondern auch in Gat, südlich von Jerusalem. Er vollstreckte das göttliche Gericht über Jerusalem und Juda. Dabei erhielt er reiche Beute von Joasch, dem König von Juda (2Kö 12,18-19; 2Chr 24,17-25). Während der Herrschaft von Jehus Sohn Joahas unterdrückte Hasaël Israel weiterhin (13,3.22), obwohl der Herr dem Land eine Gnadenfrist gewährte, als Joahas ihn anrief (13,4-5). Für Gott war Hasaël eine von den „Menschenruten", mit denen er sein Volk züchtigte, wie er es bereits im Bundesschluss und durch seine Propheten warnend angekündigt hatte (2Sam 7,14).

Lektion 3: Elisa

Hasaël war nicht das einzige Werkzeug in der Hand des Herrn. Im Jahr 841 v. Chr., als Hasaël König von Aram wurde, sandte Elisa einen der Prophetenschüler aus, um Jehu zum König von Israel zu salben. So wird es uns in 2. Könige 9,1-6 berichtet. Welche Rolle sollte Jehu in Israel spielen (9,7-10)?

_____

_____

_____

Der Herr verkündete Elia, dass er das Schwert Jehus einsetzen würde, um die Anbeter von Baal zu strafen. Elisa sandte einen der Prophetenschüler zu Jehu nach Ramot in Gilead. Dieser junge Mann sollte durch ein Wort des Herrn dem Jehu den Auftrag erteilen, *„das Haus Ahabs zu erschlagen"*, um das Blut seiner Propheten und seiner treuen Diener wie Nabot zu rächen. Auch Königin Isebel sollte ihrer Strafe nicht entgehen.

Jehu begann mit dem Strafgericht bei dem Sohn Ahabs, dem König Joram von Israel, der gerade von einer Schlacht gegen Hasaël von Aram zurückkehrte. Jehu ritt nach Jesreel und tötete Joram. Hier zeigte sich unverkennbar die Erfüllung von 1. Könige 19,17. Joram war dem „Schwert" von Hasaël entkommen, aber er starb durch das „Schwert" von Jehu (2Kö 9,14-26). Danach versetzte Jehu dem König von Juda den Todesstoß. Es handelte sich um Ahasja, den Enkel von Ahab (9,27-28).

Jehu sah es als seine göttliche Berufung an, zunächst die Bosheit von Ahab und Isebel zu bestrafen, dann die Söhne Ahabs und schließlich alle, die mit der Verehrung Baals in Verbindung standen. Als er Joram, Isebel (9,22.30-37) und die Söhne Ahabs (10,1-10) tötete, wusste Jehu, dass er nach dem *„Wort des Herrn"* handelte (9,26.36; 10,10.17). Darüber hinaus erschlug er die Verwandten Ahabs in Bet-Eked und dessen gesamte Familie, die sich in Samaria befand (10,12-14.17).

✝ **Lesen Sie 2. Könige 10,18-30, und beantworten Sie die nächsten Fragen.**

Wie verfuhr Jehu mit dem Baalstempel in Samaria und mit den Götzenanbetern, die er dort vorfand (10,18-28)?

_____

_____

Welche Folgen hatten die Taten Jehus (10,30)?

_____

_____

„Und es geschah um die Wende des Jahres, dass ein Heer der Aramäer gegen ihn heraufzog. Und sie kamen nach Juda und Jerusalem und brachten aus dem Volk alle Obersten des Volkes um; und alle ihre Beute sandten sie zum König von Damaskus. Obwohl das Heer der Aramäer mit nur wenigen Männern gekommen war, so gab doch der HERR ein viel größeres Heer in ihre Hand, weil sie den HERRN, den Gott ihrer Väter, verlassen hatten. So vollzogen sie an Joasch das Strafgericht."
2. Chronik 24,23-24

PROPHETEN

„So tilgte Jehu den Baal aus Israel aus."
2. Könige 10,28

Unter dem Vorwand, ein treuer Anhänger Baals zu sein, versammelte Jehu alle Priester und Anbeter des Götzen im Tempel, den Ahab in Samaria hatte bauen lassen. Als alle eingetroffen waren, befahl Jehu seinen Männern, jeden Einzelnen zu töten. Dann rissen sie die heiligen Säulen Baals nieder, zerstörten den Tempel und machten ihn zu einer Müllkippe: *„So tilgte Jehu den Baal aus Israel aus"* (10,28). In anderen Bibelausgaben wie der *New American Standard Bible* (NASB) heißt es, dass Jehu den Götzen Baal aus Israel „ausradierte". Der Herr belohnte Jehu für seine konsequente Haltung, als er das gottlose Geschlecht Ahabs auslöschte, und deshalb verhieß er ihm, dass seine Nachkommen bis in die vierte Generation Könige Israels sein sollten.

Bei unserer Betrachtung über die Reinigung des Landes von der Baals-Verehrung dürfen wir Jerusalem nicht außer Acht lassen. Dort hatte sich das Krebsgeschwür des Götzendienstes ebenfalls ausgebreitet unter dem Einfluss von Atalja, der Tochter von Ahab und Isebel. Als Joasch zum König gekrönt wurde (835 v. Chr.), wurde Königin Atalja getötet. Die Menschen gingen zum Baals-Tempel und rissen ihn nieder, auch die Altäre und Götterbilder. Der Baals-Priester Mattan wurde hingerichtet. Als der heidnische Tempel zerstört und die führenden Anhänger des Götzen getötet wurden, verlor der Baals-Kult in Juda an Bedeutung.

Es ist interessant, dass wir nach der Salbung Jehus zum König im Jahr 841 v. Chr. nichts mehr von Elisa hören, bis er 797 dem Tod nahe war. Sein Wirken unter den *„Söhnen der Propheten"* führte er in den verschiedenen Prophetenschulen weiter, und der Einfluss von Hasaël und Jehu war im Land bestimmt spürbar. Als Elisa wieder erwähnt wird, ist Joasch König von Israel. Er besucht Elisa, als er auf dem Sterbebett liegt. Während dieses Besuchs wird die Bundestreue Gottes an seinem Volk erneut sichtbar.

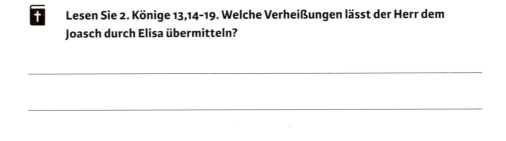 **Lesen Sie 2. Könige 13,14-19. Welche Verheißungen lässt der Herr dem Joasch durch Elisa übermitteln?**

_____

_____

_____

Elisa versprach König Joasch den Sieg über Aram (Syrien) durch „den Pfeil des Sieges" oder den *„Pfeil der Rettung von dem HERRN"* (13,17). Darüber hinaus befahl Elisa dem König, die Erde zu schlagen oder zu beschießen, und zwar mit allen Pfeilen, die er hatte, aber Joasch hörte beim dritten Pfeil auf. Der Zorn, mit dem Elisa darauf reagierte, ist ein Hinweis darauf, dass Joasch seinem Befehl nur zum Teil gehorchte, offenbar aus einem begrenzten Gottvertrauen heraus. Er sollte drei Siege über Aram erringen, aber sein Sieg wäre vollständig gewesen, wenn er den Befehl Elisas richtig ausgeführt hätte.

Lektion 3: Elisa

📖 **Lesen Sie 2. Könige 13,24-25. Was ist auffallend an König Joaschs Handlungsweise gegenüber Aram (Syrien)?**

_____

_____

Welcher Zusammenhang besteht zu Elisas Prophezeiung?

_____

_____

_____

Joasch errang drei Siege über Ben-Hadad III. von Aram, und er konnte mehrere Städte zurückerobern. Diese Ereignisse befanden sich in Einklang mit den Prophezeiungen, die Elia über Joasch ausgesprochen hatte. Gott war seinem Volk gegenüber treu und barmherzig.

Denken Sie an alles, was Gott in Israel getan hatte, um sein Volk zur Anbetung des wahren und lebendigen Gottes zurückzuführen. Wie wird die Bundestreue Gottes in 2. Könige 13,22-23 deutlich?

_____

_____

_____

> *„Aber der HERR war ihnen gnädig, erbarmte sich über sie und wandte sich ihnen zu wegen seines Bundes mit Abraham, Isaak und Jakob. Er wollte sie nicht vernichten und verstieß sie nicht von seinem Angesicht bis dahin."*
> **2. Könige 13,23**

Obwohl der Herr dem König Hasaël Macht verlieh, um die auf Abwege geratenen Menschen in Israel und Juda zu züchtigen, geschah das dennoch in einem vollkommenen Gleichgewicht seiner Heiligkeit und Barmherzigkeit.

Die Grundwahrheit, auf der das Handeln des Herrn beruhte, wird deutlich in den Worten: *„wegen seines Bundes mit Abraham, Isaak und Jakob"* (vgl. 13,23). Er hat seinem Volk Israel verheißen, auf ewig sein Gott zu sein (vgl. 1Mo 17,1-8), und er erfüllte diese Verheißung.

Gott offenbarte seine Treue und sein Wirken durch Elisa auch über den Tod des Propheten hinaus. Im Frühling bereiteten sich ein paar Israeliten auf das Begräbnis eines Mannes vor, als sie von einer moabitischen Räuberbande überrascht wurden. Rasch legten sie den Toten in das Grab von Elisa. Als der Leichnam des Mannes die Gebeine Elisas berührte, wurde er wieder lebendig. Das ist ein weiteres Beispiel dafür, wie Gott sich Israel durch Elisa als der einzig wahre Gott

> *„... indem du den HERRN, deinen Gott, liebst und seiner Stimme gehorchst und ihm anhängst! Denn das ist dein Leben und die Dauer deiner Tage"*
> **5. Mose 30,20**

PROPHETEN

offenbarte, um zu beweisen, dass er mit seinem Bundesvolk eine besondere Absicht verfolgte, wie es in 5. Mose 30,20 heißt: *„indem du den HERRN, deinen Gott, liebst und seiner Stimme gehorchst und ihm anhängst!* **Denn das ist dein Leben und die Dauer deiner Tage, dass du in dem Land wohnst, das der HERR deinen Vätern, Abraham, Isaak und Jakob, geschworen hat, ihnen zu geben"**. Der Gott Israels wollte, dass sein Volk ihn kennt und den Weg der Liebe und des Gehorsams mit ihm geht in einer täglich erlebten, lebendigen Erfahrung – nicht in einer verwässerten und verunreinigten, abergläubischen Verehrung falscher Götter wie Baal, die kein Leben spenden konnten. Im Gegenteil, dieser Betrug des Götzendienstes bringt immer Verfall und Tod mit sich. Gott wollte Israel Leben spenden und seinem Volk beweisen, dass er wirklich der lebendige Gott ist. Damals tat er das durch Elia und Elisa. Heute will er das auch durch uns, durch Sie und mich, bewirken.

Elisa
5. Tag

Ich folge Gott nach

Wie wichtig ist Gesundheit? Fragen Sie einen Kranken. Wie wichtig ist Wahrheit? Fragen Sie einen Geschäftsmann, der gerade einen Vertrag unterzeichnet hat. Ist das, woran wir glauben, wichtig? Fragen Sie jemanden, der jahrelang an eine Lüge geglaubt hat. In den *Pastoralbriefen* (1. und 2.Timotheus und Titus) spricht Paulus davon, wie wichtig die „gesunde" Lehre ist. Das griechische Wort für „gesund" lautet *hygies* oder *hygiaino*, und daher stammt unser moderner Begriff „Hygiene". Gemeint ist damit das, was lehrmäßige, geistliche und moralische Gesundheit fördert. Das Wirken der Propheten Elia und Elisa forderte die Menschen dazu auf, nach geistlicher und moralischer Gesundheit zu streben, indem sie die trügerischen Bilder und Praktiken der Verehrung Baals loswerden sollten.

Die Zeiten haben sich geändert, und die Ideologien, mit denen wir es heute zu tun haben, tragen andere Namen. Aber das menschliche Herz hat sich nicht verändert. Der Mensch neigt noch immer dazu, herumzuirren wie ein Schaf und alles in sich aufzunehmen, was er sieht, ohne auf giftige Gräser oder ungesunde Pflanzen zu achten. Deshalb brauchen Schafe einen Hirten, der deren Bedürfnisse kennt und weiß, welche Nahrung, welches Wasser und welcher Unterschlupf für sie am besten ist. Elisa war ein solcher Hirte für das Volk Israel. Sein Bestreben war es, die Menschen zurückzubringen zu dem einen, wahren Gott und sie mit der gesunden Wahrheit zu versorgen. Wir wollen sehen, welche Wahrheiten uns der Apostel Paulus vermitteln kann, damit wir unsere geistliche und moralische Gesundheit erhalten können. Diese Wahrheiten haben natürlich auch Auswirkungen auf unser körperliches Wohlbefinden.

Wie erklären Sie die Begriffe *„gesunde Lehre"* oder *„gesunde Worte"* aus 1. Timotheus 6,3 und Titus 1,9?

_____

_____

Was steht im Widerspruch zur *„gesunden Lehre"* (1Tim 1,9-10)?

_____

_____

Gesunde Lehre umfasst alle Worte unseres Herrn Jesus Christus, also seine Lehren, seine Worte an die Apostel und im Wesentlichen alle seine Offenbarungen in der Bibel. Es ist das von den Aposteln weitergegebene *„zuverlässige Wort"*, durch das der Heilige Geist uns ermahnt, ermutigt und aufbaut, uns aber auch überführt, wenn wir Unrecht tun. Der erste Timotheus-Brief erwähnt diejenigen, die sich der gesunden Lehre widersetzen. Genannt werden unter anderem Gesetzlose, Widerspenstige, Gottlose, Menschen, denen nichts heilig ist, Mörder, Menschen, die in sexueller Unmoral leben, Homosexuelle, Entführer, Lügner und Meineidige (1,9-10).

Worin besteht der Nutzen der *„gesunden Lehre"* (1Tim 4,6-8 und Tit 1,9)?

_____

_____

> *„... übe dich aber zur Gottseligkeit ... die Gottseligkeit aber ist zu allen Dingen nütze, weil sie die Verheißung des Lebens hat, des jetzigen und des zukünftigen."*
> **1. Timotheus 4,7-8**

Gesunde Lehre ist eine Lebensgrundlage für den Menschen, der auf sie hört und sie beachtet. Sie wirkt aufbauend für den Glauben und gibt klare Orientierung, indem sie einen Weg zeigt, der zum Leben und zu einer gottgemäßen Haltung führt, zu einer Gottesbeziehung, die *„zu allen Dingen nütze (ist), weil sie die Verheißung des Lebens hat, des jetzigen und des zukünftigen"*. Gesunde Lehre erlaubt uns auch, andere zu ermahnen, damit sie ihr Leben auf der soliden Basis der Wahrheit aufbauen und in der Freiheit Christi wachsen können. Diese *gesunde* Wahrheit gilt für alle Altersgruppen und alle Gesellschaftsschichten (vgl. Tit 2,1-8; 2Tim 4,1-4).

Beim Aufnehmen gesunder Lehre könnten wir jedoch mit einem ganz bestimmten Problem zu kämpfen haben. Die Wahrheiten, die wir hören, können in unserem Leben wirkungs- oder nutzlos werden. Wie kann das passieren? Die Antwort auf diese Frage wird veranschaulicht durch Israels Teilnahme an der Verehrung Baals in der Zeit Elisas. Jesus verdeutlichte diese Wahrheit mit Worten, die er in der Bergpredigt sprach: *„Ihr seid das Salz der Erde; wenn aber das Salz fade geworden ist, womit soll es gesalzen werden? Es taugt zu nichts mehr, als hinausgeworfen und von*

PROPHETEN

den Menschen zertreten zu werden" (Mt 5,13). Was wollte Jesus damit sagen? Salz verdirbt doch nicht, und es wird auch nicht schlecht. Wie kann Salz den Geschmack verlieren?

Das in der Zeit des Neuen Testaments verwendete Salz kam häufig aus einem Gebiet am Toten Meer. Manchmal war dieses Salz mit Gips oder einem anderen Mineral vermischt und war deshalb verdünnt oder verunreinigt. Wir Christen können die Wahrheit mit falschen „Gewürzen" vermischen, sodass unsere „Würzkraft" verwässert, verunreinigt oder sogar abgetötet wird. Unsere Beziehung zum Herrn wird fade; unser Zeugnis und unser Wirken für ihn wird unattraktiv und langweilig. Genau das geschah in Israel. Damals vermischten die Israeliten das Wort und die Anbetung Gottes mit den Lügen und trügerischen Ritualen, Zeremonien und dem Aberglauben der Baals-Verehrung. Schon bald waren die Lügen dieser falschen Anbetung so verbreitet, dass sie das reine Salz des Wortes Gottes außer Kraft setzten und zum geistlichen und moralischen Niedergang des Volkes führten. Manche Menschen ließen sich sogar so weit täuschen, dass sie ihre Kinder im Feuer des Baals-Altars opferten.

Die Beziehung Israels zum lebendigen Gott wurde in Mitleidenschaft gezogen. Wie ein unter Lepra leidender Mann, der allmählich das Gefühl in seinen Händen oder Füßen verliert, ging auch im Volk Israel die Empfindsamkeit gegenüber dem Herrn verloren. Das Gewissen der Menschen stumpfte ab und verhärtete sich bis hin zur Gefühllosigkeit. Ihre Liebe zum Herrn kühlte ab und wurde fade. Ihr Wandel wurde mehr und mehr von Aberglauben geprägt als von der offenbarten Wahrheit, und ihre Anbetung Gottes wurde im besten Fall zu einem leeren Ritual oder, schlimmer noch, zu unmoralischen heidnischen Kulten. Weil Gott sein Volk liebte, musste er die Israeliten aus diesem krankhaften Zustand herausreißen, notfalls auch durch ein hartes Eingreifen, wie ein Chirurg, der ein bösartiges Krebsgeschwür entfernt. Für Gott war das Problem der Sünde in Israel keine Kleinigkeit, und auch wir sollten in unserem Leben dieses Problem ernst nehmen.

Der Apostel Paulus hatte warnende Worte für diejenigen, die er zur vollen Reife in Christus führen wollte. Zu den Korinthern sagte er: *„Ich fürchte aber, dass, wie die Schlange Eva durch ihre List verführte, so vielleicht euer Sinn von der Einfalt und Lauterkeit Christus gegenüber abgewandt und verdorben wird"* (2Kor 11,3). Eine der größten Gefahren für die Hingabe eines Christen an Gott besteht darin, Meinungen und Philosophien der Welt mit dem Wort Gottes zu vermischen. Heute werden Christen aus allen Bereichen der Gesellschaft her förmlich bombardiert mit Sichtweisen, die in radikalem Widerspruch zu den Lehren des Wortes Gottes stehen. Der Kampf ist nicht gewonnen, wenn wir diesen Lügen aggressiv die Stirn bieten und auch dann nicht, wenn wir uns der Gesellschaft, in der wir leben, so stark anpassen, dass wir „dazugehören". Wir können dieses Problem nur lösen, indem wir in die göttliche Wahrheit eintauchen und sie in unserem Leben verkörpern. Sind wir in der Wahrheit verwurzelt, zeigt es sich, dass die Lügen in unserer Gesellschaft uns keine echten Lösungen anbieten können. Aber wir werden auch niemals „dazugehören". Wie treffend hat es einmal jemand mit diesen Worten formuliert: „Wenn die Welt zu dir passt, hat dein Glaube die falsche Größe."

Lektion 3: Elisa

 Aus welchen Bereichen bekommen Sie in einer normalen Woche Anregungen und Impulse aus der Bibel?

Bereich	Zeit für die einzelnen Bereiche?
Gottesdienst	
Bibelkreis	
Persönliches Bibelstudium	
Christliche Zeitschriften, Romane, Sachbücher	
Christliche Radio- und Fernsehsendungen	
Andere:	

Eine der größten Gefahren für die Hingabe eines Christen an Gott besteht darin, Meinungen und Philosophien der Welt mit dem Wort Gottes zu vermischen.

Bei der Verehrung Baals lag der Schwerpunkt auf dem Körperlichen (Gesundheit, Kraft), dem Materiellen (gute Ernten, geschäftlicher Erfolg) und sogar dem Sinnlichen. Manche Menschen waren bereit, in Verbindung mit ihrer „Anbetung" oder mit ihren Opfern unmoralische Riten zu praktizieren. Manchmal gingen sie sogar so weit, im Feuer des Baals-Altars ein Kind zu opfern.

 Lesen Sie die nachfolgend aufgeführten Bibelverse. Welche Möglichkeiten des Götzendienstes in Ihrem eigenen Leben entdecken Sie darin? Notieren Sie die in den Versen enthaltenen Wahrheiten und deren Anwendung auf Ihr Leben.

Epheser 5,5

_____

_____

Kolosser 3,5

„Kinder, hütet euch vor den Götzen!"
1. Johannes 5,21

_____

_____

1. Korinther 10,5-14

_____

_____

- 69 -

PROPHETEN

1. Johannes 5,21

Worauf legen Sie heute mehr Wert? Auf das Körperliche, das Materielle oder das Sinnliche? Wie weit würden Sie bei Ihrem persönlichen „Götzendienst" gehen?

Wie Elia vor ihm wollte auch Elisa die Menschen dazu bringen, sich von den Götzen in ihrem Leben abzuwenden und zum wahren und lebendigen Gott zurückzukehren. Das Zeugnis dieser beiden Propheten sollte uns anspornen, gegen die Götzen in unserem Leben ebenfalls den Kampf aufzunehmen.

Verbringen Sie am Ende dieser Lektion ein wenig Zeit im Gespräch mit Gott. Denken Sie darüber nach, wo Sie sich in Ihrer Beziehung zum Herrn gerade befinden. Verpflichten Sie sich, die Götzen niederzureißen, die in Ihr Leben getreten sind.

> Herr, ich danke dir für deine Treue deinem Wort, deinen Verheißungen, deinem Volk und mir gegenüber. Danke, dass du es mir immer wieder bewusst machst, wenn ich einen „Götzen anbete", wenn ich mich mehr auf diesen „Götzen" verlasse, als auf dich und dein Wort. Ich danke dir für deine liebevolle Zurechtweisung. Du vergibst mir auch meine törichten Entscheidungen und meinen Eigenwillen. Ich lobe und preise dich, dass du mich mit allem versorgst, was ich brauche. Danke, dass du mich nicht aufgibst, sondern mich dazu bringst, mich in Demut vor dir zu beugen. Immer wieder erweist du mir deine Gnade und Barmherzigkeit. Sei mir weiterhin gnädig, damit ich dich besser kennenlerne, dich noch mehr liebe und meinen Weg mit dir konsequenter gehe. Amen.

Schreiben Sie hier ein eigenes Gebet auf.

Lektion 4: # Jona

Gott folgen, ohne es zu wollen

Nur wenige biblische Figuren genießen eine größere Berühmtheit als der Prophet Jona. Fast überall kennt man seine Geschichte, wie er von einem großen Fisch verschlungen und von ihm auf eine dreitägige Pauschalreise durch das Mittelmeer mitgenommen wurde. Hat es den Propheten Jona tatsächlich gegeben? Manche Theologen vertreten die Meinung, dass das Buch Jona kein historischer Bericht ist, sondern eine jüdische Allegorie über Israel im babylonischen Exil. Diese Ansicht entspricht jedoch nicht den Tatsachen. Das Buch selbst ist verfasst wie ein einfaches Geschichtsbuch. Aus assyrischen Inschriften wissen wir, dass während der Regierungszeit von König Adad-nirari III. ein Umschwung zum Monotheismus, dem Glauben an einen einzigen Gott, stattgefunden hat. In 2. Könige 14,25 wird Jona als authentische Person bezeichnet, als anerkannter Prophet aus Gat-Hefer, einem Ort in der Nähe von Nazareth. Außerdem erwähnt Jesus den Namen von Jona, schildert ihn als historische Figur und seine Begegnung mit dem „großen Fisch" als Tatsache (vgl. Mt 12,39-41). Am bemerkenswertesten im Buch Jona ist wohl die darin enthaltene, offene und ehrliche Darstellung der menschlichen Natur. Mit seinen deutlich erkennbaren Schwächen trübte Jona den Ruf Israels. Gott berief ihn zu einem ungeliebten Dienst an einem Volk, das er nicht mochte, und seine Reaktion auf diese Berufung war alles andere als gottgemäß. Wir wollen von ihm lernen, was es bedeutet, Gott zu folgen. Die wichtigsten Lehren ziehen wir aus der Art, wie Gott mit dem rebellischen Verhalten Jonas umging.

Während der Regierungszeit von König Jerobeam II. wirkte Jona von 793 bis 753 v. Chr. als Prophet im Nordreich Israel. Bis auf die im Buch Jona niedergeschriebenen Geschehnisse weiß man von ihm nur wenig.

Wann wirkte er?

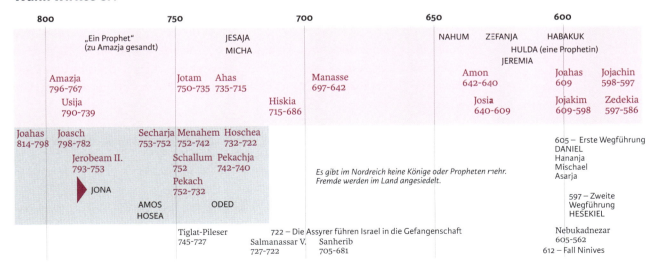

PROPHETEN

Jona
1. Tag

Prophet wider Willen

Oft betrachten wir die Figuren des Alten Testaments durch eine rosarote Brille. Wir meinen, ihnen sei der Gehorsam Gott gegenüber leichtgefallen und ihr Gottvertrauen sei unerschütterlich gewesen. Gerne heben wir sie auf ein Podest, denn wir gehen davon aus, dass sie Gott näher waren, als wir es für uns erhoffen. Dadurch verlieren wir die Fähigkeit, uns mit diesen biblischen Gestalten zu identifizieren. Wenn wir jedoch näher hinschauen und die ehrliche Auseinandersetzung mit ihnen nicht scheuen, erkennen wir, wie sich unsere eigenen inneren Kämpfe und unser Fehlverhalten im Leben dieser Personen widerspiegeln. Wenn wir heute mit unserer Betrachtung über das Leben von Jona beginnen, werden wir feststellen, dass er ein Prophet wider Willen war. In 2. Könige 14,25 wird das Wirken von Jona in Verbindung gebracht mit der Herrschaft von Jerobeam II. von Israel (793-753 v. Chr.), einem gottlosen, aber militärisch erfolgreichen König jener Zeit. In außerbiblischen Quellen ist für das Gebiet von Ninive im Jahr 765 v. Chr. eine Seuche verzeichnet, gefolgt von einer Sonnenfinsternis im Jahr 763 und einer weiteren Seuche im Jahr 759. Für die Menschen im Altertum waren solche Geschehnisse Zeichen des göttlichen Zorns. Vielleicht wollte der Herr die Bewohner von Ninive so auf die Botschaft von Jona vorbereiten. Die Predigt des Propheten war der größte evangelistische Erfolg, den das Alte Testament verzeichnet. Die Wirkung dieser Botschaft war umso erstaunlicher, weil Jona nicht nach Ninive gehen wollte. Obwohl der Name „Jona" übersetzt „Taube" bedeutet, wollte er für dieses gottlose, heidnische Volk kein Botschafter des Friedens sein.

Schon gewusst?
NINIVE

Ninive war die Hauptstadt von Assyrien, der Weltmacht Nummer eins in der damaligen Zeit. Der Name der Stadt ist eine Übersetzung des assyrischen Wortes für die Göttin Ischtar. Die Stadt lag ungefähr einen Kilometer vom Ostufer des Flusses Tigris entfernt. Ihre Einwohnerzahl betrug etwa eine Million, und man brauchte drei Tage, um die Stadt zu Fuß zu durchqueren (Jon 3,3). Ninive wurde im Jahr 612 v. Chr. zerstört, etwa 150 Jahre nach dem prophetischen Wirken von Jona.

Lesen Sie Jona 1,1-2. Welchen Auftrag erteilte Gott dem Propheten Jona?

_____

_____

Das „Wort des Herrn" kam zu Jona mit der Anweisung, zur großen Stadt Ninive (damals die Hauptstadt von Assyrien) zu gehen und das göttliche Urteil über ihre Sünde auszurufen. Obwohl nicht berichtet wird, wie es geschehen ist, ist es doch bedeutsam, dass Gott gesprochen hat. Wenn Gott für uns eine Aufgabe hat, übernimmt er die Verantwortung, uns diesen Auftrag auf eine für uns verständliche Weise mitzuteilen.

Wie reagierte Jona auf diesen Auftrag, den er vom Herrn empfangen hatte (V. 3)?

_____

_____

_____

Anstatt Gott zu gehorchen plante Jona seine Flucht nach Tarsis, *„weg vom Angesicht des Herrn"*. Obwohl Jona wusste, dass er der Gegenwart Gottes nicht entkommen konnte (vgl. Ps 139,7-12), war er offenbar der Meinung, er könnte vor der Absicht Gottes fliehen. Die Wiederholung der Worte *„weg vom Angesicht des Herrn"* verdeutlicht, dass Jona vor Gott und vor der ihm anvertrauten Aufgabe weglaufen wollte.

Wenn man den von Jona gefassten Plan in seiner vollen Tragweite einschätzen will, muss man die geografischen Gegebenheiten verstehen. Ninive lag etwa 800 km östlich von Israel, Tarsis befand sich nach der Auffassung der meisten Wissenschaftler etwa 3.200 km westlich von Israel an der Südküste des heutigen Spaniens, bei Gibraltar. Jona lief in die genau entgegengesetzte Richtung, und zwar so weit wie möglich vom eigentlichen Ziel entfernt. In seiner Zeit lag Spanien an der äußeren Grenze der damals bekannten Welt.

Zur Vertiefung
VOR GOTT WEGLAUFEN

Wenn man vor Gott wegläuft, ist man immer auf der Verliererseite. Sehen wir uns an, was Jona verlor, als er vor dem Herrn davonrannte:
1. Er verlor sein Gebetsleben.
2. Er verlor sein Mitleid.
3. Er verlor sein Zeugnis.
Ein Christ, der Nein zu Gott sagt, ist für die Menschen in der Welt abstoßender als ein Heide, der ein gottloses Leben führt.

 Sobald Jona entschlossen war, vor dem Plan Gottes davonzulaufen, wurde alles nur noch schlimmer. Lesen Sie die Verse 3 bis 5 und notieren Sie sich die Stellen, an denen vom „Hinabgehen" die Rede ist.

_____

_____

Zunächst ging er *hinab* nach Jafo, und dann ging er *hinab* an Bord des Schiffes. Als der Sturm aufkam, stieg er *hinab* in den untersten Schiffsraum, und schließlich ging er noch weiter *hinab*, als er ins Meer geworfen wurde, in den *„Bauch des Fisches"* (2,3). Hier wird uns symbolisch vorgeführt, was geschehen kann, wenn wir vor Gott davonlaufen.

 Lesen Sie die Verse 4 bis 13. Wie reagierte Gott auf das widerspenstige Verhalten des Propheten Jona?

_____

_____

_____

Lehre
DIE EIGENSCHAFTEN GOTTES

Die Unendlichkeit Gottes lässt sich in drei Haupteigenschaften zusammenfassen: Gott ist allmächtig, allwissend und allgegenwärtig. In Psalm 139,7-12 stellt David die rhetorische Frage: „Wohin sollte ich gehen vor deinem Geist, wohin fliehen vor deinem Angesicht?" Die Antwort lautet: Nirgendwo hin. „Wenn ich in den Himmel gehe, bist du da. Wenn ich in die Hölle gehe, bist du da. Wenn ich bis an die äußersten Enden des Meeres fliehe, bist du da. Sogar in der finstersten Nacht bist du da." Wie töricht war Jona, als er meinte, er könnte vor Gott davonlaufen.

Gott warf einen gewaltigen Wind auf das Meer und schickte einen so starken Sturm, dass das Schiff beinahe auseinanderbrach. In seiner Herrschaft über die Natur zeigte Gott seine Macht und unterstrich damit, wie vergeblich es ist, wenn man vor ihm und seinen Plänen davonläuft. Jona war diese Tatsache sehr wohl bewusst, denn er bringt es in Vers 9 zum Ausdruck, wenn er sagt, sein Gott habe *„das Meer und das trockene Land gemacht"*. Obwohl in Vers 4 der Sturm das Schiff fast zum Kentern gebracht hätte, wurde es in Vers 11 noch schlimmer, und in Vers 13 wird das Meer als *„immer stürmischer"* beschrieben.

PROPHETEN

In diesem spannungsvollen Abschnitt wird einerseits deutlich, wie vergeblich es ist, vor Gott davonzulaufen, und andererseits, welche Folgen falsche Entscheidungen für uns selbst und das Leben anderer Menschen haben können. Als er zu Gott Nein sagte, bedeutete das für Jona zunächst das Ende seines Gebetslebens. Es ist bezeichnend, dass sogar die Heiden an Bord des Schiffes beteten, als sie in Todesgefahr waren. Jona dagegen sprach kein Gebet. Als Nächstes verlor er sein Mitleid für andere Menschen. Obwohl er ein Prophet Gottes war, schien es ihn kalt zu lassen, als die Schiffsbesatzung ihr Leben aufs Spiel setzte. Er suchte sich bloß einen Platz, an dem er die furchterregende Wirkung des Sturmes nicht so stark spürte. Jona fand vorübergehend Zuflucht im Laderaum oder Bauch des Schiffes, der tiefsten Stelle dort. Indem er Nein zu Gott sagte, verlor Jona als Drittes die Kraft seines Zeugnisses. Schließlich musste er den Seeleuten erklären, dass er vor Gott davongelaufen war. Die Männer reagierten darauf mit der Frage: *„Was hast du da getan?"* (V.10). Ein Christ, der Nein zu Gott sagt, ist für die Menschen in der Welt abstoßender als ein Heide, der ein gottloses Leben führt.

Jona
2. Tag

Der richtige Zeitpunkt für eine Umkehr: jetzt, nicht später!

WARUM HASSTE JONA DIE EINWOHNER VON NINIVE?

Ninive war die Hauptstadt von Assyrien, der damaligen Weltmacht. Die Assyrer waren die Nazis des Altertums. Sie waren grausam und mächtig, gefürchtet von anderen Völkern wegen ihrer Barbarei. Historische Quellen berichten von Gräueltaten wie dem Bau einer Pyramide aus menschlichen Schädeln. Ihren Feinden raubten sie das Augenlicht, schnitten ihnen Gliedmaßen ab und Gefangenen rissen sie die Zunge heraus. Sie spießten ihre Opfer auf Pfählen auf, zogen ihnen bei lebendigem Leib die Haut ab und hängten diese an die Stadtmauern. Sie waren nicht nur grausam und gottlos, sondern Propheten wie Jesaja, Hosea und Amos sagten voraus, dass sie Israel schließlich zerstören würden. Jona hatte gute Gründe, wenn er nicht wollte, dass diese Menschen die Gnade Gottes erfahren sollten.

Jona wollte vor Gott davonlaufen. Haben Sie das auch schon versucht? Jona wusste, wozu Gott ihn berufen hatte, aber diesen Auftrag wollte er nicht ausführen, weil er die Bewohner von Ninive hasste. Ihre von Bosheit und Tyrannei geprägte Herrschaft hatte den Menschen in Israel das Leben schwergemacht. Deshalb war es für den Propheten unvorstellbar, dort das Wort des Herrn zu verkündigen. Gott rief Jona in das östlich von Israel gelegene Ninive, aber er wollte in den Westen, nach Tarsis. In seiner Torheit meinte er, er könne vor Gott davonlaufen, indem er sich dem göttlichen Willen entzog. Aber Gott ist allgegenwärtig. Jedes Mal, wenn wir vor ihm davonlaufen, laufen wir zu ihm zurück. Gott schickte einen Sturm, um Jona auf sich aufmerksam zu machen, aber noch immer wollte Jona nicht darauf reagieren. Aber er sollte noch die gleiche Erfahrung machen wie wir auch. Wenn wir uns weigern, Gott zuzuhören, ist das für ihn bloß eine Einladung, noch lauter zu uns zu reden. Wir können daraus für uns die folgende Lehre ziehen: „Wenn wir nicht den richtigen Weg einschlagen **wollen**, sobald Gott den Sturm schickt, dann werden wir es aber tun **müssen**, wenn die Schwierigkeiten noch viel größer werden!"

Wie sah Jonas Plan für die Lösung des Dilemmas aus (1,12), und welche Haltung ließ er damit erkennen?

Jona wollte Selbstmord begehen, denn er gab der Besatzung die Anweisung, ihn ins Meer zu werfen. Bezeichnend sind hier nicht seine Worte, sondern das, was er nicht sagte. Es gab keine Anzeichen für eine Umkehr oder gar Reue. Obwohl er den Männern von der Schiffsbesatzung gestand, dass er vor Gott davonlief, erfüllte er nicht ihre Bitte, seinen Gott anzurufen (V. 6).

Jona hasste die Bewohner von Ninive, und deshalb wollte er ihnen auch keine Umkehr ermöglichen. Offenbar hatte er es sich so gedacht: Wenn er Selbstmord begehen würde, müsste er nicht nach Ninive reisen, und dann könnten die Menschen dort nicht zu Gott umkehren. Obwohl Gott dem Propheten Jona durch den Sturm die weiteren Fluchtmöglichkeiten nahm, wollte er sich Gott nicht wieder zuwenden. Sogar die heidnischen Seeleute legten mehr Ehrgefühl an den Tag als Jona. Sobald sich die stürmische See beruhigte, fürchteten die Männer *„den HERRN mit großer Furcht, und sie brachten dem HERRN Schlachtopfer dar und gelobten ihm Gelübde"* (V. 16).

Gott ließ nicht zu, dass Jonas egoistischer Plan gelingen sollte. Hier regierte nicht der Zufall, denn der Herr bestellte (oder bestimmte) einen großen Fisch, der Jona verschlingen sollte. Obwohl wir von der traditionellen Auslegung her diesen Fisch für einen Walfisch halten, ist die hebräische Bezeichnung nicht konkret. Es hätte sich auch um einen großen Haifisch handeln können, aber das ist in diesem Zusammenhang nicht relevant. Wichtig ist dagegen, dass Gott eingriff, als Jona gegen ihn rebellierte.

 Lesen Sie Jonas Gebet (2,2-10), und notieren Sie, was Ihnen auffällt.

_____

_____

Offenbar machte Jona einen Sinneswandel durch, als er im Bauch dieses gewaltigen Fisches saß. In Vers 5 sehnte er sich nach *„deinem heiligen Tempel"*, dem Ort, an dem man Gott suchte. In Vers 8 dachte er an den Herrn und betete, und in Vers 10 war seine Umkehr vollständig. Jetzt war er bereit, der Weisung Gottes zu gehorchen.

 Lesen Sie Vers 4 und notieren Sie, an welchen Stellen Jona erwähnt, dass Gott die Macht über seine Situation hat.

_____

_____

Beachten Sie, wie Jona erwähnt, wer in seiner Situation die Führung übernimmt. Er sagte: *„Und du hattest mich in die Tiefe geworfen"*, und: *„Alle deine Wogen und deine Wellen gingen über mich dahin."* Jona erkannte, dass Gott alles herbeigeführt hatte. Er zog die Verbindung zwischen den Umständen in seinem Leben und der Souveränität Gottes.

Schon gewusst?
KANN EIN MENSCH IM INNEREN EINES FISCHES ÜBERLEBEN?

In der Ausgabe der Zeitschrift National Geographic vom Dezember 1992 erschien ein Bericht des an der Universität von Maryland tätigen Meeresbiologe Eugene Clark, der sich in seinen Forschungen intensiv mit dem Walhai befasst hatte. Darin bestätigt er jeden Punkt der Jona-Geschichte. Professor Clark schreibt: „Der ungewöhnliche Verdauungsapparat des Walhais eignet sich bestens für Geschichten, wie sie Jona erlebt hat. Es ist durchaus vorstellbar, dass man unabsichtlich in das Maul eines Walhais hineingezogen werden kann." In der Jona-Geschichte spuckte der große Fisch den Propheten aus (Jon 2,11). Professor Clark: „Haie können große, versehentlich verschluckte und unverdauliche Gegenstände auf gewaltlose Weise loswerden. Bei einem Vorgang, der bekannt ist als Magenausstülpung, kann ein Hai seinen Mageneingang langsam entleeren, indem er ihn umstülpt und ihn durch das Maul schiebt."

PROPHETEN

 Lesen Sie noch einmal das ganze Kapitel und achten Sie darauf, wann das Wort „und" vorkommt. Erklären Sie kurz, was die Verwendung dieses Wortes an den entsprechenden Stellen bedeutet.

Zum ersten Mal wird das Wort „und" in Vers 1 verwendet. Erst als Jona im Fisch war, begann er zu beten. Zum letzten Mal kommt das Wort „und" am Ende des Kapitels vor. Erst als Jonas Umkehr vollständig war, befahl der Herr dem Fisch, Jona auf das trockene Land auszuspeien. Wenn Gott uns wegen unserer rebellischen Haltung ein Unheil schickt, lässt er nicht nach, bis wir zu ihm umkehren.

Jona
3. Tag

Wie sich eine Umkehr zu Gott auswirkt

Wenn wir Gott folgen, macht es uns Mut, zu wissen, dass Gott uns trotz unseres Versagens immer wieder einen Neuanfang ermöglicht. Dafür erforderlich ist einzig und allein die Umkehr zu ihm. Jona versagte jämmerlich, aber der Herr brachte ihn wieder zum Ausgangspunkt zurück und lud ihn erneut ein, eine Rolle im göttlichen Plan zu spielen. Sein Auftrag war der gleiche geblieben. Das im Alten Testament verwendete und mit „umkehren" wiedergegebene hebräische Wort (*schuw*) malt ein schönes Bild vom Verhalten des Propheten Jona. Wörtlich übersetzt bedeutet es „zurückkehren". In der englischen *King James Bibel* wird es oft mit „umwenden" oder „zurückkehren" wiedergegeben. Wie sein griechisches Gegenstück im Neuen Testament (*metanoio*) beinhaltet es die Vorstellung einer gedanklichen Kehrtwende, die sich in einer Richtungsänderung auswirkt. Heute werden wir feststellen, wie sich die Veränderung im Denken von Jona ausgewirkt hat.

 Lesen Sie Jona 3 mit besonderem Augenmerk auf die Reaktion des Propheten. Vergleichen Sie diese mit seinem Verhalten in Kapitel 1,3.

یونس در نینوا این بار دعوت دید که مردم ایمان آوردند اما در خود کی
اینگونه نبود براین جهت یونس تعجب کرد و ناراضی شد

Diesmal machte Jona seine Sache gut. Er erhob sich nicht, um zu fliehen, sondern um zu gehorchen. In Jakobus 4,17 heißt es: *„Wer nun weiß, Gutes zu tun, und tut es nicht, dem ist es Sünde."* Das nicht zu tun, was Gott sagt, ist eine genauso ernsthafte Sünde wie das zu tun, was er uns verboten hat. Wenn Gott uns durch seinen Geist dazu auffordert, eine Aufgabe zu übernehmen, dann müssen wir dieser Aufforderung folgen!

Lektion 4: Jona

Was ist der Inhalt von Jonas Botschaft in Kapitel 3,4?

یونس از اینکه در سه روز آینده نینوا از بین خواهد رفت می‌گوید

Die von Jona verkündete Botschaft war einfach und klar: „Das Gericht Gottes kommt." Es fehlte jede Überredungskunst, und es wurde auch nicht mit den Gefühlen der Menschen gespielt. Heute legen wir oft zu viel Wert auf die Überzeugungskraft einer Botschaft, aber Jona vertraute auf Gott als Quelle seiner Worte. Deshalb war es auch offensichtlich, dass die Menschen auf Gott und nicht auf den Propheten reagierten. Hier haben wir ein gutes Beispiel für das, was der Apostel Paulus in 1. Korinther 2,4-5 erwähnt. „... und meine Rede und meine Predigt bestand nicht in überredenden Worten der Weisheit, sondern in Erweisung des Geistes und der Kraft, damit euer Glaube nicht auf Menschenweisheit, sondern auf Gottes Kraft beruhe."

Wie reagierten die Bewohner von Ninive auf die von Jona verkündete Botschaft?

آنها با اولین دعوت ایمان آوردند

In Vers 5 erfahren wir, dass die Menschen in Ninive an Gott glaubten. Alles andere in diesem Bericht ergibt sich aus dieser einen Tatsache. Die Bewohner von Ninive zeigten den Glauben in seiner reinsten Form. Wahrer Glaube nimmt Gott beim Wort, im Vertrauen darauf, dass er das ausführt, was er sagt. Außerdem reagierten die Menschen in Ninive auf die richtige Art. Weil sie glaubten, dass Gott nach seinem Wort handeln würde, kehrten sie um, kleideten sich in Sacktuch, begannen zu fasten, riefen ernsthaft zu Gott und wandten sich von ihren Sünden ab.

✝ Lesen Sie Vers 10. Wie reagierte Gott auf die Umkehr der Menschen in Ninive?

وقتی که خداوند اعمال آنها را دید، بلایی که بر آن قوم ایشان کرده بود بر سرشان نیاورد

„Und Gott sah ihre Taten, dass sie von ihrem bösen Weg umkehrten. Und Gott ließ sich das Unheil gereuen, das er ihnen zu tun angesagt hatte ..." Wenn Gott uns züchtigt, dann will er nicht an uns Rache üben oder uns bestrafen, sondern er will uns zu sich zurückholen. Deshalb wird es für uns viel leichter, wenn wir schnell zu Gott umkehren. Auch wenn sein Gericht bereits angekündigt ist, finden wir zahlreiche Beispiele in der Bibel, dass dieses Gericht weniger streng ausfällt, wenn die Menschen tatsächlich eine Umkehr vollziehen.

DAS GRÖSSTE WUNDER?

Das größte Wunder im Buch Jona ist nicht die Tatsache, dass Jona von einem großen Fisch verschluckt wurde, sondern dass die gesamte heidnische Bevölkerung von Ninive nach der nur einen einzigen Satz langen Predigt des Propheten zu Gott umgekehrt ist. Es handelt sich um den größten evangelistischen Erfolg, von dem die Bibel berichtet, und zwar weitaus größer als jedes Ereignis in der Apostelgeschichte. Der bemerkenswerte Bibelausleger G. Campbell Morgan hat es einmal so ausgedrückt: „Die Menschen haben sich so stark auf den großen Fisch konzentriert, dass sie den großen Gott übersehen haben."

PROPHETEN

> ✝ **Lesen Sie Matthäus 12,41. Notieren Sie Ihre Gedanken über die Umkehr der Menschen in Ninive.**

[Handschriftliche Notizen auf Persisch/Farsi]

مردم نینوا در روز داوری مقابل آنها خواهند ایستاد، چرا که آنها با موعظه یونس ایمان آوردند، حالی که آنها با موعظه مسیح بزرگتر از یونس ایمان نیاوردند.

Im Verlauf seiner Geschichte haben die Menschen in Israel gemeint, sie hätten ein Vorrecht auf das Wohlwollen Gottes, ohne darauf zu achten, wie sie sich ihm gegenüber verhalten. Jesus dagegen sagte, dass Ninive das ungläubige Israel im Gericht verdammen würde, weil die Bewohner dieser Stadt zu Gott umkehrten, als ein mit Fehlern behafteter und unwilliger Prophet Jona zu ihnen sprach. Israel dagegen vollzog keine Umkehr, als ihr vollkommener Herr, Jesus Christus selbst, zu seinem Volk kam (vgl. Mt 12,41; Lk 11,32).

Jona
4. Tag

Stolz und Vorurteil

Jona war zwar ein Prophet Gottes, aber das bedeutet nicht, dass sein Verhalten immer gottgemäß gewesen ist. In Kapitel 4 kommt die Geschichte von Jona zu einem bittersüßen Ende, das uns eine Tatsache verdeutlicht: Obwohl Gott uns dazu bringen kann, seinen Willen auszuführen, selbst wenn wir das nicht wollen, müssen wir uns dennoch dafür entscheiden, Gott zu folgen. Gehorsam aus Furcht ist nicht dasselbe wie eine gelebte Beziehung zu Gott. Nachdem Jona beinahe im Sturm ums Leben gekommen war und drei Tage im Bauch eines großen Fisches verbracht hatte, war er endlich Gott gehorsam. Aber seine Einstellung gegenüber den Menschen in Ninive blieb unverändert.

AUF NACH WESTEN, JUNGER MANN!

In Kapitel 4 des Buches Jona geht der Prophet in östlicher Richtung aus der Stadt hinaus, um abzuwarten, ob Ninive zerstört wird. Es ist bedeutsam, dass im Alten Testament der Weg nach Westen ein Sinnbild ist für den Weg zu Gott, während der Weg nach Osten ein Bild für die Gottesferne ist. Wenn der Priester den Tempel oder die Stiftshütte durch den einzigen Eingang (der immer auf der Ostseite lag) betrat, bewegte er sich nach Westen, wenn er zum Altar oder ins Heiligtum ging. Umgekehrt ist der Weg nach Osten immer ein Weg in die Gottesferne. Das war auch bei Adam und Eva der Fall, als sie den Garten Eden verließen.

> ✝ **Lesen Sie die Verse 1 bis 5 und beschreiben Sie, was Jona sich für die Einwohner von Ninive gewünscht hat.**

[Handschriftliche Notizen auf Persisch/Farsi]

یونس گفت: بخاطر اینکه آنها روزه گرفتند تو بزرگی خودت را نشان دادی، چون من دیگر خدمت نینوا را نابود می کند.

Weil er sich noch immer die Vernichtung Ninives wünschte, „missfiel" Jona die Umkehr der Bewohner sehr. Aus Vers 2 geht hervor, dass er den Menschen in Ninive von Anfang an den Neubeginn mit Gott und die Erfahrung mit seiner Barmherzigkeit nicht gönnte. Sogar jetzt noch bat er Gott, nicht einzulenken. Er ging sogar so weit, sich lieber den Tod zu wünschen als mit ansehen zu müssen, wie Gott die Stadt segnete. Jona ließ sich östlich von Ninive nieder, um abzuwarten, ob Gott die Stadt zerstören würde.

Warum wollte Jona nicht, dass die Bewohner von Ninive zu Gott umkehrten? Warum hasste er diese Menschen so sehr? Warum empfand er für sie nicht das gleiche Mitleid wie Gott? Ein Problem, das Jona (und auch Israel) hatte, lag in ihrem Denken, die Juden als auserwähltes Volk Gottes seien besser als alle anderen Völker, weil sie das göttliche Gesetz hatten. Dadurch hatten sie jedoch bloß eine höhere Verantwortung vor Gott als andere Menschen. Obwohl sie das Gesetz kannten, gehorchten sie ihm auch nicht viel mehr als die heidnischen Völker, die kein Gesetz hatten. Jona erkannte nicht, dass Israel die göttliche Botschaft empfangen hatte, um sie weiterzugeben, und nicht, um sie für sich zu horten. Nach der Auffassung vieler Theologen rührte das von Jona gehegte Vorurteil wohl auch von einer prophetischen Erkenntnis, nach der Gott die Niniviten (Assyrer) zum Werkzeug machen wollte, um Israel zu züchtigen. Jona ging wohl davon aus, dass er selbst Israel mehr liebte als Gott. In seiner Torheit wollte er Israel beschützen, und zwar ausgerechnet vor etwas, das die Israeliten wieder zu Gott zurückführen würde. Dabei übersah er jene Eigenschaften Gottes, die er in Vers 2 erwähnte, als er betete: *„Denn ich wusste, dass du ein gnädiger und barmherziger Gott bist, langsam zum Zorn und groß an Güte, und einer, der sich das Unheil gereuen lässt."* Jona vertraute nicht darauf, dass Gott dieselben Eigenschaften in seinem Handeln an Israel offenbaren würde.

Was bezweckte Gott mit der Pflanze, die er für Jona wachsen ließ (V. 6-11)?

گیاه نشانه ای بود که ویش متجسم شود خداوند بر بنده ای که ایمان می آورد دل می سوزاند حون هم بنهگان او هستند

Gott nutzte die Pflanze als Anschauungsunterricht für Jona. Er wollte ihm die folgende Lehre erteilen: Wenn Jona im Recht war, weil er Mitleid mit einer Pflanze hatte, die er weder gepflanzt noch kultiviert hatte, dann hatte Gott tatsächlich Recht mit seinem Erbarmen über mehr als einer halbe Million Bewohnern von Ninive, über Menschen, die er geschaffen hatte und deren ewiges Schicksal auf dem Spiel stand. Die von Gott in Vers 11 erwähnte Zahl von 120.000 bezieht sich auf sehr kleine Kinder, die noch nicht das sogenannte „Alter der Mündigkeit" erreicht haben (vgl. Hebr 5,13.14). Dieser Vers verdeutlicht, dass der Herr der Gott aller Völker ist, nicht nur der Gott Israels. Jona steht stellvertretend für die vielen Menschen in Israel, die diese Wahrheit vergessen haben. Später versuchten Propheten wie Jesaja, den Blick der Menschen zu erweitern, mit dem Hinweis auf die Zeit, in der die Botschaft Gottes zu allen Völkern gelangen würde. Der Missionsauftrag, den Jesus seinen Jüngern gab, stellte sicher, dass dies tatsächlich geschehen sollte (Mt 28,19-20; Mk 16,15; Lk 24,46-47).

Das hebräische Wort für die Pflanze, die Jona Schatten spendete, lautet „ekelerregend", und damit scheint auch die innere Haltung des Propheten ausgedrückt zu werden. Wahrscheinlich handelte es sich um eine Rizinusstaude, einen sehr großen Busch, der etwa drei Meter hoch werden kann und breitflächige Blätter hat. Die Pflanze ist sehr empfindlich und kann schon bei der leisesten Berührung verwelken.

> *„Und er betete zum HERRN und sagte: Ach, HERR! War das nicht meine Rede, als ich noch in meinem Land war? Deshalb floh ich schnell nach Tarsis! Denn ich wusste, dass du ein gnädiger und barmherziger Gott bist, langsam zum Zorn und groß an Güte, und einer, der sich das Unheil gereuen lässt."*
>
> **Jona 4,2**

PROPHETEN

Wie beurteilen Sie die in den Versen 8 bis 9 von Jona geäußerte Selbstmordabsicht?

مردم باید لباسی ساده بپوشند و از کارهای بد دست کشیده و بنیاد بریزند ترسیم
کنند تا اینکه خدا به‌هم آید و خشم خود را بازدارد

Selbstmord gehört zu den selbstsüchtigsten Handlungen, für die sich ein Mensch entscheiden kann. Für Jona war das noch die letzte Möglichkeit, selbst über sein Leben zu bestimmen. Selbstbestimmung wird zum Götzen für jene Menschen, die sich Gott nicht unterordnen wollen. Wie wir bei der Lektüre des gesamten Buches Jona festgestellt haben, wollte Jona lieber sterben, als Werkzeug Gottes bei einem Plan zu sein, mit dem er nicht einverstanden war. Weil er seine eigenen Ansichten zum Maß aller Dinge gemacht hatte, misstraute er der Souveränität Gottes.

Jona
5. Tag

Ich folge Gott nach

Das Buch Jona endet mit einer Menge offener Fragen. Jona hat vielleicht wegen seiner inneren Haltung Buße getan, aber darüber wird nichts berichtet. Wir sollten uns jedoch in Erinnerung rufen, dass er selbst diesen Bericht über sein Versagen verfasst hat, und zwar mit schonungsloser Ehrlichkeit. In seiner Erzählung fehlen Schuldzuweisungen, weil er offenbar die volle Verantwortung für sein Versagen übernommen hat. Das ist ein sicheres Zeichen für ein reumütiges Herz. Obwohl uns Jona nichts davon erzählt, wissen wir doch aus historischen Quellen, dass Gott Ninive damals nicht zerstörte, sondern die Bewohner der Stadt später zu seinen Werkzeugen machte, um sein Volk Israel zu züchtigen. Leser und Leserinnen dieses Buchs verlieren häufig den Respekt vor Jona. Es gibt jedoch ganz „weltliche" Gründe, den Propheten positiv zu sehen. Er erlebte im Bauch des Fisches ein großes Wunder, und schließlich folgte er den Anweisungen Gottes. Sein prophetischer Dienst hatte erstaunliche Wirkungen. Aber wenn Sie jeden dieser Lichtblicke im Leben dieses Propheten genauer unter die Lupe nehmen, zeigt es sich, dass keiner dieser Vorfälle ein gutes Licht auf Jona als Mensch wirft. Das Wunder mit dem Fisch war Gottes Werk, nicht das von Jona. Jona gehorchte Gott widerwillig und nur teilweise. Sein Gehorsam gründete sich auf seiner Angst davor, was Gott tun könnte, und nicht auf ein von Liebe geprägtes Mitleid mit den Bewohnern von Ninive. Die Wirkungen seines prophetischen Dienstes kamen von Gott, nicht von Jona, denn der Prophet wünschte sich sogar, dass sie rückgängig gemacht werden sollten. Am Ende ist für uns alle nur eine Sache wert, respektiert zu werden: ein Herz, das Gott in liebevollem Gehorsam folgt. Diese innere Haltung fehlt bei Jona. Das Bild vom Weg des Propheten Jona mit Gott ist befleckt und verschmutzt von menschlichem Eigensinn, vom Fleisch. Aber damit wir Jona nicht vorschnell verurteilen, sollten wir uns bewusst machen, dass dieser Eigensinn, dieses Fleisch, in jedem von uns vorhanden ist und wir im Großen und Kleinen die gleiche rebellische Haltung wie Jona an den Tag legen.

Lektion 4: Jona

Sind Sie selbst oder jemand, den Sie kennen schon einmal vor dem Willen Gottes davongelaufen? Nennen Sie Beispiele.

_____
_____

Was waren (sind) die Gründe für den Wunsch, vor dem Willen Gottes davonzulaufen?

_____
_____

Wie hat Gott in dieser Situation gehandelt?

_____
_____

Damit wir keine falschen Schlussfolgerungen ziehen, ist es wichtig, die gute Absicht Gottes zu erkennen, wenn er uns nicht dabei hilft, vor ihm davonzulaufen. Der Herr ist kein kosmischer Tyrann, der Menschen ohne Grund seinen Willen aufzwingt. Wenn Gott uns züchtigt, dann ist das ein Zeichen seiner Liebe zu uns.

Lesen Sie Hebräer 12,5-11. Beantworten Sie dann die folgenden Fragen.

Welche Bedeutung hat es für unsere Beziehung zu Gott, wenn er uns züchtigt (V. 5-6)?

این خداوند است که بزرگی، جلال را چوکی که بخواهدی دهم

Was bedeutet es für uns, wenn wir die Züchtigung des Herrn nie erfahren würden (V. 7-8)?

بار اینکه اطاعت کردن رابا مریم بیار است که تخت دعاهم وطرا
چوکه یادکنم

Was sollten wir tun, wenn der Herr uns züchtigt (V. 9)?

خوش از سر اطاعت طندکات ابدی بایم

> *„.... und habt die Ermahnung vergessen, die zu euch als zu Söhnen spricht: ‚Mein Sohn, schätze nicht gering des Herrn Züchtigung, und ermatte nicht, wenn du von ihm gestraft wirst! Denn wen der Herr liebt, den züchtigt er; er schlägt aber jeden Sohn, den er aufnimmt.'"*
>
> **Hebräer 12,5-6**

PROPHETEN

Welches Motiv hat Gott, wenn er uns züchtigt (V. 10)?

چون فرزند او را در این مقام تعیین کرده است

Zu welchen Ergebnissen führt die göttliche Züchtigung (V. 11)?

گوش انسان ها بار شنیدن این مسائل سنگین است گوش مجادیب با خدا دارد نه انسان می تواند رگ گردن گوش جدایش خوی نفی کنود.

Wenn Gott uns züchtigt, ist das ein Zeichen seiner Liebe zu uns. Sollten wir diese Züchtigung niemals erfahren, wenn wir sündigen, dann könnte das ein Hinweis darauf sein, dass wir keine wahren Kinder Gottes sind. Aber wie züchtigt uns Gott? Wie bei Jona erkennen wir oft seine Hand in den schwierigen Umständen, die Gott in unser Leben hinein bringt. Schließlich war es der Herr, der Jona einen Sturm in den Weg geschickt hat, und wieder war es der Herr, der den großen Fisch geschickt hat. Wenn Gott einen Sturm aufkommen lässt, dann will er uns damit nicht bestrafen, sondern es ist ein Akt der Gnade, um ein verirrtes Lamm wieder zum Hirten zu führen. Wenn wir auf das züchtigende Handeln Gottes nicht reagieren, beschwören wir weitere Schwierigkeiten herauf. Wir sind seine Kinder, und deshalb geht Gott uns so lange nach, bis wir zu ihm zurückkehren. Er möchte, dass wir Anteil an seiner Heiligkeit haben, damit wir die *„friedvolle Frucht der Gerechtigkeit"* erleben können.

Es ist traurig, dass der Ungehorsam des Propheten Jona auch durch sein Vorurteil gegenüber den Bewohnern von Ninive verursacht wurde. Obwohl diese Menschen gottlos waren, hätte Jona sich dadurch bestärkt fühlen sollen, sie zur Umkehr zu führen statt sich über das Gerichtshandeln Gottes an ihnen zu freuen. Kreuzen Sie in der Liste die Gruppen von Menschen an, bei denen es Ihnen schwerfällt, mit ihnen Kontakt aufzunehmen, weil Sie gegen sie voreingenommen sind.

- ❏ Ausländer
- ❏ Juden
- ❏ Muslime
- ❏ Araber
- ❏ Asiaten
- ❏ Homosexuelle
- ❏ Obdachlose
- ❏ Menschen mit geringer Schulbildung

Andere: _____

Da wir uns aus eigener Kraft nicht ändern können, sollten wir den Herrn um Veränderung bitten, vor allem bei Dingen, die ihm nicht gefallen, wie zum Beispiel bei unbegründeten Vorurteilen gegenüber anderen Menschen. Wir Menschen neigen dazu, unser Augenmerk auf Äußerlichkeiten zu legen, aber Gott sieht auf das Innere, auf das Herz (vgl. 1Sam 16,7). Diese Wahrheit lehren uns auch die Worte in 1. Korinther 5,16: *„So kennen wir denn von nun an niemand mehr nach dem Fleisch ..."* Wir können nicht den Weg mit Gott gehen und andere Menschen noch immer durch die „Brille" unseres alten, von Sünde geprägten Wesens sehen.

 Wenn Sie die Lektionen dieser Woche abschließen, bekennen Sie dem Herrn alle Vorurteile, die er Ihnen bewusst gemacht hat und unterstellen Sie sich neu seiner Führung. Bitten Sie ihn, Ihr Herz umzuwandeln, damit Sie ihm immer ähnlicher werden, auch auf diesem Gebiet. Wir können unser Leben nicht in die Hände Gottes legen und gleichzeitig an unseren Vorurteilen festhalten.

Wir wollen diese Woche mit einem Gebet abschließen.

 Herr, ich danke dir, dass du mich so klar und deutlich an deine große Liebe erinnerst. Weil du mich so sehr liebst, kann ich einfach nicht vor dir und deinem Willen davonlaufen. Hilf mir, zu dir zu kommen, statt vor dir wegzurennen. Lass mich erkennen, dass du immer das Beste für mich willst. Hilf mir, auf dich zu hören, wenn du durch meine Lebensumstände zu mir reden willst. Hilf mir auch, meine Vorurteile abzulegen und mich den Menschen zuzuwenden, an denen du durch mich wirken willst. Schenke mir Freude, wenn du meinen Mitmenschen gegenüber barmherzig bist, denn ich weiß, wie sehr auch ich deine Barmherzigkeit brauche. Schenke mir die Kraft zur Umkehr, wenn ich von meinem Weg mit dir abweiche. Vielleicht berufst du mich nicht zu einer so bedeutenden Aufgabe wie es bei Jona der Fall war. Dennoch bitte ich dich: Hilf mir, treu zu sein in jeder Art von Dienst zur Förderung deines Reiches. Amen.

Und jetzt notieren Sie alles, was der Herr Ihnen in dieser Woche aufs Herz gelegt hat. Bringen Sie diese Anliegen vor den Herrn.

Lektion 5: # Hosea

Rückkehr zu Gott

Nach dem Tod von König Salomo traf sein Sohn und Nachfolger Rehabeam viele törichte Entscheidungen. Die tragischste Folge dieses Verhaltens war die Teilung Israels in zwei Reiche. Rehabeam herrschte über das Reich Juda (die südlichen Stämme Juda und Benjamin), während Jerobeam das Reich Israel oder „Ephraim" (die zehn nördlichen Stämme) regierte. Weil er befürchtete, seine Untertanen könnten zur Anbetung Gottes nach Jerusalem zurückkehren, ließ Jerobeam in Bethel und Dan goldene Kälber aufstellen. Dadurch verführte er die zehn Nordstämme zum Götzendienst. Diese neu entdeckte Religion war eine Mischung aus jüdischen Bräuchen und heidnischem Götzendienst, durchgeführt mit ungezügelter Sittenlosigkeit, aber den Menschen gefiel das. Gott berief Hosea in den prophetischen Dienst an diesem Nordreich, und zwar von 760 bis 720 v. Chr. Israel erlebte zwar eine Blütezeit, aber Hosea erkannte die Sünde seines Volkes und dessen vollkommene Gleichgültigkeit Gott gegenüber, und er warnte die Menschen vor dem kommenden Gericht. Hosea war treu, indem er die Wahrheit verkündete, aber seine Warnungen stießen auf taube Ohren. Im Jahr 772 v. Chr. erreichte der Niedergang Israels seinen Tiefpunkt in der Kapitulation vor dem assyrischen Weltreich. Durch Heiraten mit Assyrern entstand das Mischvolk der Samariter. Obwohl Israel die Botschaft des Propheten Hosea nicht hören wollte, können wir uns ihr öffnen und aus den Fehlern Israels lernen.

Das Wirken des Propheten Hosea erstreckte sich über die Regierungszeiten der letzten sechs Könige im Nordreich Israels (760 bis 720 v. Chr.). Er erlebte 722 v. Chr. die Niederlage und die Gefangennahme der Menschen im Nordreich durch die Assyrer.

Wann wirkte er?

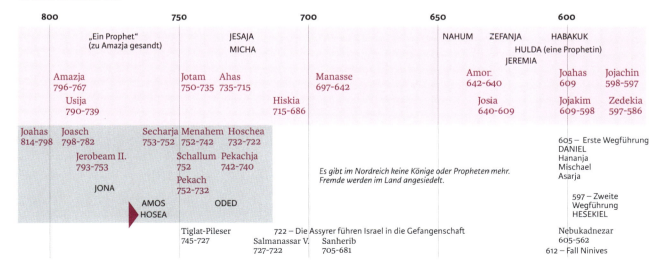

PROPHETEN

Hosea
1. Tag

Harte Worte

Gott gibt manchmal seinen Boten den Auftrag, zu extremen Mitteln zu greifen, damit ihre Botschaft aufgenommen und verstanden wird. Einige Jahre lang brachte Jesaja seine Landsleute in Verlegenheit, weil er sich wie ein Kriegsgefangener kleidete und so in der Öffentlichkeit erschien. Jeremia trug eine Zeitlang ein Joch auf den Schultern, und dann kaufte er einem Verwandten einen Bauernhof ab, obwohl sich das Anwesen in einer vom Feind besetzten Gegend befand. Keiner dieser Propheten konnte jedoch an die Eigenheit von Hosea heranreichen. Gott beauftragte ihn, Israel mit seiner Untreue ihrem Gott gegenüber zu konfrontieren. Der Apostel Paulus hat es in 2. Korinther 11,2-3 mit diesen Worten ausgedrückt: *„Denn ich eifere um euch mit Gottes Eifer; denn ich habe euch einem Mann verlobt, um euch als eine keusche Jungfrau vor den Christus hinzustellen. Ich fürchte aber, dass, wie die Schlange Eva durch ihre List verführte, so vielleicht euer Sinn von der Einfalt und Lauterkeit Christus gegenüber abgewandt und verdorben wird."* Wie der Apostel Paulus in der Ära des Neuen Testaments dazu berufen war, die Menschen mit ihrer Untreue Gott gegenüber zu konfrontieren, war Hosea dazu berufen, Israels Schuld als untreue Braut Gottes aufzudecken. Aber Gott zeigte ihm einen einzigartigen Weg, um den Menschen den göttlichen Standpunkt zu verdeutlichen. Heute werden wir feststellen, wie Hosea seine Botschaft durch sein Leben verkörperte.

† **Lesen Sie Hosea 1,2.**

Welche Absicht hatte Gott mit Hosea?

_____
_____
_____
_____

Warum gab Gott dem Propheten diesen speziellen Auftrag?

_____
_____
_____
_____

„Als der HERR anfing, mit Hosea zu reden …" Das war zu Beginn seines prophetischen Dienstes. Gott gab Hosea die Anweisung, eine Prostituierte zu heiraten und mit ihr „Kinder der Hurerei" zu zeugen. Manche Ausleger vertreten die Meinung, dass Hoseas Frau zunächst unbescholten war und später zur Hure wurde, aber aufgrund der Parallele zu Israel war sie wohl seit ihrer ersten Zeit als Frau eine Prositutierte.

> *„Denn ich eifere um euch mit Gottes Eifer; denn ich habe euch einem Mann verlobt, um euch als eine keusche Jungfrau vor den Christus hinzustellen. Ich fürchte aber, dass, wie die Schlange Eva durch ihre List verführte, so vielleicht euer Sinn von der Einfalt und Lauterkeit Christus gegenüber abgewandt und verdorben wird."*
> **2. Korinther 11,2-3**

Nach dem Plan Gottes sollte diese Hure im Leben von Hosea zu einem Bild für den Götzendienst und die Untreue Israels dem Herrn gegenüber werden. Gott gab dem Propheten Hosea auf diese Weise die Möglichkeit, seinem Volk offen und ehrlich mitzuteilen, was Gott am Herzen lag.

✝ **Lesen Sie Hosea 1,3-9. Notieren Sie die Namen der Kinder von Hosea und die Botschaft, die Gott damit verbunden hat.**

___

___

___

Gott beauftragte Hosea, seinem ersten Sohn den Namen *Jesreel* zu geben, nach einer bekannten Ebene in Nordisrael. Der Name bedeutet „Gott sät" oder „Gott zerstreut". In jener Ebene ermordete Jehu den Sohn von König Ahab, um den Königsthron an sich zu reißen. Die mit diesem Namen verbundene prophetische Botschaft lautet, dass Gott *„dem Königtum des Hauses Israel ein Ende"* machen würde. Hoseas Tochter wurde *Lo-Ruhama* (Nicht-Erbarmen) genannt. Das war ein Sinnbild für die Notlage, in der sich Israel befand. Das dritte Kind erhielt den Namen *Lo-Ammi* – „Nicht-mein-Volk", ein Sinnbild für die Zurückweisung Israels durch Gott. Da es sich um *„hurerische Kinder"* handelte, ist es fraglich, ob Hosea überhaupt der Vater der letzten beiden Kinder war.

✝ **Lesen Sie jetzt Hosea 2,1-3. Obwohl Hosea eine Botschaft über das göttliche Gericht verkündete, sprach er von einer hoffnungsvollen Zukunft. Betrachten Sie die Verse genauer und notieren Sie, wie diese Zukunft aussehen soll.**

___

___

Hier wird für uns die Gnade Gottes sichtbar. Obwohl Israel nicht zu ihm umkehrte, sollten sich die in den Namen von Hoseas Kindern ausgedrückten, negativen Prophezeiungen eines Tages ins Positive umwandeln. Das „Jesreel" des Zerstreuens sollte zu einem Ort der Saat werden. Diejenigen, die *„nicht mein Volk"* genannt wurden, sollten *„Söhne des lebendigen Gottes"* heißen. Und natürlich sollten diejenigen, die kein Erbarmen erfahren hatten, bei Gott Erbarmen finden. Wen der Herr liebt, den weist er zurecht. Aber er vergisst seinen Bund nicht. Auch wenn wir untreu sind, bleibt er treu, denn er kann sich selbst nicht verleugnen (2Tim 2,13).

Gott hat eine vollkommene Einheit zwischen dem Boten und seiner Botschaft geschaffen. Jedes Mal, wenn Hosea an seine eigene, untreue Frau dachte, erinnerte er sich an Israels Untreue dem Herrn gegenüber. Auf eine einzigartige Weise konnte

DAS LEID DES PROPHETEN HOSEA

„Hosea konnte bis ins Innerste der von ihm behandelten Themen vordringen, weil während seiner Ausbildung zum prophetischen Dienst sein eigenes Inneres von Kummer geplagt war. Wer viel zu lehren hat, muss auch viel leiden. Wenn ein Mensch über die Tiefen des göttlichen Heilsplans reden kann, muss er früher oder später mit Gott in die Gemeinschaft des Leidens eintreten. Hosea kam durch sein eigenes Leiden in diese Leidensgemeinschaft, und aus diesem gemeinsam erlebten Leid verkündete er in seiner Zeit die göttliche Botschaft. Meiner Meinung nach liegt darin der Schlüssel zu allem, was in dieser wunderbaren Prophezeiung so ansprechend und kraftvoll ist."
– G. Campbell Morgan

PROPHETEN

er den Schmerz Gottes wegen Israel nachempfinden. Jetzt konnte Hosea voller Leidenschaft die Untreue Israels anprangern und die Gedanken Gottes über sein Volk genau und präzise vermitteln.

Hosea
2. Tag

Die Sünden Israels

Zu den Pflichten, die Hosea und alle anderen Propheten erfüllen mussten, gehörte es auch, die Sünden im Volk Gottes aufzudecken – eine unangenehme, aber notwendige Aufgabe. Das Volk Israel war dem Herrn, seinem Ehemann, untreu geworden und hatte sich anderen Göttern zugewandt, wie eine Dirne, die ihren Liebhabern nachläuft. Gestern haben wir festgestellt, dass Hosea am eigenen Leib erfuhr, welche Sünden Israel gegen seinen Gott begangen hatte. Gott gab dem Propheten eine Hure zur Ehefrau, damit er Gott aus dem Herzen sprechen konnte, wenn er Israels Untreue anprangerte. Bei unserer heutigen Betrachtung von Kapitel 2 werden wir erkennen, um welche konkreten Sünden es sich gehandelt hat.

 Lesen Sie Hosea 2,4-7 und 4,11-19. Fassen Sie mit Ihren eigenen Worten zusammen, welcher Sünde sich Israel schuldig gemacht hat und wie sich diese Sünde im Verhalten von Gomer widerspiegelt.

> *„Ich aber bin der HERR, dein Gott, vom Land Ägypten her. Einen Gott außer mir kennst du nicht, und es gibt keinen andern Retter als mich."*
> **Hosea 13,4**

Wie die ehebrecherische Gomer war Israel dem Herrn untreu geworden. Jedes Mal, wenn die Menschen in Israel hölzerne Götzenbilder befragten (4,12), auf heidnischen Altären Opfer darbrachten (4,13) oder sich mit Tempelprostituierten in sündhaften Handlungen verbanden (4,14), begingen sie Ehebruch an Gott. Israel, die Ehefrau Gottes, war ihrem Ehemann, dem Herrn, untreu. In Hosea 13,4 sagt Gott: „Ich aber bin der HERR, dein Gott, vom Land Ägypten her. Einen Gott außer mir kennst du nicht, und es gibt keinen andern Retter als mich." Im Buch Hosea kommen das Wort „Hurerei" und ähnliche Ausdrücke zwanzig Mal vor.

 Lesen Sie Hosea 2,7-11 und ergänzend dazu 13,4-11. Schildern Sie kurz mit Ihren eigenen Worten, wie die Sünde Israels in der Sünde von Gomer bildlich dargestellt wird.

Lektion 5: Hosea

In Hosea 2,1-11 wird geschildert, wie Gomer sich wegen ihrer Versorgung an ihre Liebhaber wandte und nicht an ihren Ehemann. Sie wollte nicht erkennen, dass sie ihr Wohlergehen ihrem Mann Hosea verdankte. Auf die gleiche Weise zeigen uns die Worte in Hosea 13,4-11, dass Israel seinen Gott vergessen hatte und sich einen anderen Retter suchte (13,4). Israel kämpfte sogar gegen Gott, seinen Helfer (13,9). Deshalb wollte Gott seinem Volk seinen Segen entziehen, damit es erkennen sollte, wem es diese Wohltaten verdankte. Die ersten Schritte zur Rebellion und zur Untreue Gott gegenüber geschehen dann, wenn wir uns weigern, Gott zu danken für die Gaben, die er uns jeden Tag so reichlich zuteilwerden lässt (vgl. Röm 1,21).

 Lesen Sie Hosea 2,12-15 und ergänzend dazu Kapitel 6,6 und 7,13-16. Schildern Sie kurz mit Ihren eigenen Worten, mit welcher anderen Sünde Israel in der Person der untreuen Ehefrau Gomer konfrontiert wird.

_____

_____

_____

Diese Verse schildern die Gottesanbetung Israels als ein banales, von Heuchelei geprägtes Ritual. Die Menschen brachten zwar Opfer dar, aber sie übten keine Bundestreue Gott gegenüber (6,6). Sie schrien zwar zum Herrn, aber ihre Gebete kamen nicht von Herzen (7,14). Gemeinsam baten sie zwar um Getreide und Wein, aber sie wandten sich vom Geber dieser Gaben ab (2,13; 7,14). Durch ihr leeres, gedankenloses Geplapper ehrten sie Gott zwar mit ihren Lippen, aber ihr Herz war weit von ihm entfernt (vgl. Mt 15,8).

Der Aufruf zur Umkehr

Hosea
3. Tag

„Wie Schafe hatten wir uns alle verirrt ..." (Jes 53,6). Mit diesen Worten zeichnete Jesaja ein beeindruckendes Bild von unserer menschlichen Schwäche, denn unsere Neigung, in die Irre zu gehen, ist so stark wie die von Schafen. In der Agrargesellschaft des Landes Israel mit ihrer Vielzahl von Hirten konnten die Menschen diese Bildersprache sofort verstehen und auf ihr eigenes Leben anwenden. Ein Schaf, das sich vom Schutz seines Hirten entfernte, konnte leicht von wilden Tieren gerissen werden. Wegen dieser allgegenwärtigen Gefahr war ein Hirte im Alten Orient immer darum bemüht, streunende Schafe aufzuspüren. Als Jesus in Matthäus 18 über Gemeindezucht spricht, erzählt er auch das Gleichnis vom Hirten, der seine neunundneunzig Schafe im Pferch zurücklässt, um ein einziges verlorenes Schaf zu finden. Wenn ein bestimmtes Lamm dazu neigte, die Herde zu verlassen, musste

PROPHETEN

> *„Wir alle irrten umher wie Schafe, wir wandten uns jeder auf seinen eigenen Weg; aber der HERR ließ ihn treffen unser aller Schuld."*
>
> **Jesaja 53,6**

der Hirte manchmal dem Lamm ein Bein brechen, damit es nicht herumstreunen konnte. Während der Knochen wieder zusammenwuchs, trug der Hirte das Lamm in den Armen, um das Vertrauensverhältnis wiederherzustellen. Sobald das Tier gesund war, suchte es immer die Nähe des Hirten. Im Buch Hosea lesen wir, wie Gott, der gute Hirte, auf der Suche nach seiner umherirrenden Herde Israel ist. Er fordert sein Volk auf, zu ihm zurückzukehren. Diese Botschaft verkündet Gott durch den Propheten Hosea, aber er wollte auch, dass Hosea dieses Gotteswort an sich selbst erfährt. Heute befassen wir uns weiter mit Hoseas Familiengeschichte und den schwierigen Lehren, die Gott dem Propheten dadurch vermittelte.

Lesen Sie Hosea 3,1. Beantworten Sie dann die folgenden Fragen:

Welchen Weg sollte Hosea nach der Anweisung Gottes einschlagen?

_____

_____

_____

Warum?

_____

_____

Wortstudie
HOSEA UND DAS WORT „RÜCKKEHR"

Im Buch Hosea erleben wir mit, wie Gott, der gute Hirte, auf der Suche nach seinem verirrten Schaf Israel ist. Er fordert sein Volk auf, zu ihm zurückzukehren. Das Schlüsselwort im Buch Hosea lautet Rückkehr oder zurückkehren. Der hebräische Begriff (*schuw*) taucht in dieser Prophezeiung 22 Mal auf. Mit seinem gesamten Handeln an Israel hat Gott nur ein Ziel: nicht die Erniedrigung seines Volkes, sondern die Rückkehr zu ihm.

Nach einiger Zeit forderte Gott den Propheten Hosea auf, seine Frau ausfindig zu machen und sie zurückzuholen. Gott sagte zu ihm: *„Geh nochmals hin und liebe eine Frau, die von ihrem Freund geliebt wird ..."* (Schlachter 2000). Die Worte *„von ihrem Freund geliebt"* beziehen sich nicht auf Hosea und auch nicht auf unsere heutige Vorstellung von einem Ehemann, sondern sollten besser so übersetzt werden: „die von einem verbotenen Liebhaber geliebt wird". Die englische *New International Version* gibt diesen Vers so wieder: *„Geh, zeig deine Liebe wieder deiner Frau, obwohl sie von einem anderen geliebt wird und eine Ehebrecherin ist."* Hosea sollte die Liebe Gottes zum treulosen und götzendienerischen Israel in seinem eigenen Leben widerspiegeln.

Nehmen Sie sich etwas Zeit und lesen Sie Hosea 3,2-5.

Was musste Hosea tun, um die Liebe seiner Frau Gomer erneut zu gewinnen?

_____

_____

Lektion 5: Hosea

Was sagen diese Verse über Israel?

_____

_____

Hosea musste seine Frau für fünfzehn Silberschekel und etwas Getreide zurückkaufen. Obwohl sie juristisch gesehen seine Frau war, hatte ihre Hurerei sie in eine so schlimme Lage gebracht, dass sie schließlich auf dem Sklavenmarkt landete. Der übliche Preis für einen Sklaven betrug dreißig Silberschekel (vgl. 2Mo 21,32), und deshalb war sie offenbar zu einem Sonderpreis zu haben. Hosea zahlte den Preis für ihre Rettung in einem schönen, alttestamentlichen Bild vom errettenden Tod Jesu Christi am Kreuz. Dort kaufte er uns aus der Sklaverei der Sünde zurück, obwohl wir bereits zu Gott als unserem Schöpfer gehörten. Die Frau gehörte jetzt in einem zweifachen Sinn zu Hosea. Aber ihr musste Zeit gegeben werden, damit sie zur Vernunft kommen konnte, bevor sie zu einer treuen Ehefrau wurde. Hier haben wir ein Bild für den Prozess der Heiligung. Israel sollte auf die gleiche Weise wiederhergestellt werden, aber zunächst sollte es eine Zeit der Züchtigung erleben – mit dem assyrischen Weltreich als Werkzeug Gottes.

✝ **Lesen Sie jetzt Hosea 2,16-25. Notieren Sie, wie Gott die Wiederherstellung Israels vollbringen wird. Beachten Sie die mit „ich will" beginnenden Verheißungen in diesen Versen.**

„… ich will sie locken" (2,16; Schlachter 2000)

_____

_____

Gott wollte sein treuloses Volk für sich gewinnen, indem er es in die Wüste (einen öden, unfruchtbaren Ort) bringen und dort gütig zu ihm reden wollte. Nach Römer 2,4 führt uns die Güte Gottes zur Umkehr. Obwohl er die Initiative ergreift, um eine Beziehung zu uns aufzubauen, liegt die endgültige Entscheidung noch immer bei uns. Gott zwingt seine Kinder nicht, ihm zu folgen.

„… und ich will … wieder geben" (2,17; Schlachter 2000)

_____

_____

Diese Verheißung bezieht sich auf die Rückgabe des Landes („Weinberge") und darauf, dass das Tal Achor zu einem _„Tor der Hoffnung"_ werden sollte. Achor war ein Ort des

„Oder verachtest du den Reichtum seiner Gütigkeit und Geduld und Langmut und weißt nicht, dass die Güte Gottes dich zur Buße leitet?"
Römer 2,4

PROPHETEN

göttlichen Gerichts, denn dort erlitt das Heer Israels eine Niederlage wegen der von Achan begangenen Sünde. Jetzt sollte dieses Tal zu einem Ort der Hoffnung werden.

„… (ich) will … wegtun" **(2,18-19; Luther 2017)**

_____

_____

Gott gelobte, Israel den Götzendienst wegzunehmen. Das hebräische Wort *ischi* bedeutet „mein (Ehe-)Mann", und *baali* bedeutet „mein Besitzer". Gott will, dass sein Volk mit ihm gemeinsam den Weg geht, aber in einem Bund der Liebe und nicht einem Bund des Gesetzes.

„… ich will dich mir verloben" **(2,20-22; Schlachter 2000)**

_____

_____

In diesem Bibelabschnitt verheißt Gott eine neue Ehe auf der Grundlage von Gerechtigkeit, Recht, Gnade und Erbarmen. Obwohl die Zeit von Gomers Irrweg und Verstoßung auf die Wegführung Israels durch die Assyrer hindeutet, ist sie in einem weiteren Sinn eine prophetische Vorschau auf Gottes Zurückweisung seines Volkes nach dem ersten Kommen Jesu und die Wiedereinsetzung Israels und dessen herausragende Bedeutung im Tausendjährigen Reich nach der Wiederkunft Jesu.

„… (ich) … will … antworten" **(2,23-24; Schlachter 2000)**

DER GUTE HIRTE

Wie ein guter Hirte wartet Gott nicht ab, bis wir ihn suchen, sondern er sucht uns. Sechs Mal in diesem Kapitel sagt Gott „Ich will". Er ergreift die Initiative bei Israel, genauso wie bei uns. Nicht wir „finden" Gott, sondern er findet uns, wie es auch in Römer 3,11 heißt: *„… da ist keiner, der Gott sucht"*.

_____

_____

Gott verheißt sein Reden zur Schöpfung, damit diese Überfluss hervorbringt. *„An jenem Tag …"* deutet auf die Zeit hin, in der das geschehen wird, und zwar dann, wenn Israel in Treue mit dem Herrn verlobt werden wird.

„Und ich will … ansäen" **(2,25; Schlachter 2000)**

_____

_____

Der Name Jesreel bedeutet „Gott sät", und hier verheißt er, dass er sein Volk erneut im Land Israel ansäen wird. Die drei Bestandteile seiner Verheißung entsprechen den Namen der drei Kinder von Hosea.

Das Schlüsselwort im Buch Hosea lautet „zurückkehren" oder „umkehren". In dieser Prophezeiung erscheint das gleichbedeutende hebräische Wort (*schuw*) zweiundzwanzig Mal. Das gesamte Handeln Gottes an Israel hat nur ein Ziel: nicht die Erniedrigung seines Volkes, sondern seine Rückkehr zu ihm. Wie ein guter Hirte wartet Gott nicht auf uns, sondern er macht sich auf, um uns zu suchen. Sechs Mal in diesem Kapitel sagte Gott: *„Ich will"*. Er wird auch bei Israel die Initiative ergreifen, so wie er es bei uns tut. Nicht wir „finden" Gott, sondern er findet uns, denn in Römer 3,11 heißt es: *„.... da ist keiner, der Gott sucht."*

Gründe für eine Rückkehr zu Gott

Hosea
4. Tag

Vielleicht gibt es in der ganzen Bibel keinen anderen Vers, der die dunklen Wolken unserer menschlichen Verwirrung durchdringt und das Wesentliche des Weges mit Gott besser aufzeigt als die einfachen Worte in 1. Johannes 4,19: *„Wir lieben, weil er uns zuerst geliebt hat."* Obwohl wir, seine treulosen Kinder, dazu neigen, vom Weg abzuirren, ist er ein gütiger Gott, denn nicht sein richtendes Handeln ruft uns zu ihm zurück, sondern seine Liebe. Das Buch Hosea ist durchflutet von der Liebe Gottes. Das hebräische Wort, das in Hosea 2,21 verwendet wird und auch in Kap. 4,1 sowie in 6,4.6, und in 10,12 lautet *chesed*, und das bedeutet Gottes unerschütterliche, loyale Liebe, die den Bund hält oder kurz gefasst seine treue Liebe zu seinem untreuen Volk. Im Deutschen wird dieses Wort manchmal auch mit „Güte" oder „Gnade" übersetzt. Im letzten Kapitel des Buches Hosea schildert uns Gott mit seinen eigenen Worten, warum wir zu ihm zurückkehren sollten.

✝ Lesen Sie Hosea 14,2-4 und notieren Sie die Bestandteile des darin vorgeschlagenen Gebets.

_____

_____

_____

_____

PROPHETEN

Welche Herzenshaltung wünscht sich Gott von Israel?

_____

_____

„Wir lieben, weil er uns zuerst geliebt hat."
1. Johannes 4,19

In Vers 3 wird uns ein eindrucksvolles Bild von der Rückkehr zum Herrn vermittelt. Wir werden aufgefordert, „Worte mit uns zu nehmen". Anders formuliert: Seid bereit, eure Verfehlungen zu bekennen. Man könnte meinen, dass bei unserer Rückkehr zum Herrn keine Worte nötig sind, denn er weiß schließlich, was wir getan haben. Wenn wir unsere Fehler bekennen, hat nicht Gott einen Nutzen davon, sondern es ist gut für uns, denn wir müssen für begangenes Unrecht die Verantwortung übernehmen. Und wir müssen auch bereuen und umkehren. Das bedeutet nicht nur eine Rückkehr zum Herrn, sondern auch eine Abkehr von den anderen Göttern, denen wir nachgelaufen sind. Wir können nicht die Hand Gottes ergreifen und gleichzeitig an unserer Sünde festhalten.

 Lesen Sie Hosea 14,5. Notieren Sie, welche Folge es hat, wenn wir aufrichtigen Herzens zum Herrn zurückkehren.

_____

_____

Zur Vertiefung
RÜCKKEHR ZU GOTT

Wie kehren wir zum Herrn zurück? Es gibt zwei Hauptkomponenten einer Umkehr:
- Ich wende mich Gott zu.
- Ich wende mich von meiner Sünde ab.

Wir können nicht die Hand Gottes ergreifen, solange wir noch an unserer Sünde festhalten.

Gott sagt zuerst, dass er unsere „Abtrünnigkeit heilen" wird. Umkehr ist eine Herzenshaltung, die Gott von uns akzeptieren muss. Dann gibt er uns die Kraft, diese Umkehr in die Tat umzusetzen. Wir können unsere Abtrünnigkeit genauso wenig aus eigener Kraft heilen, wie wir den Preis für unsere eigenen Sünden zahlen können. Wenn wir zu Gott zurückkehren, wird er auch unser Leben in Ordnung bringen. Zweitens verheißt Gott uns, dass er uns „aus freiem Antrieb lieben" wird. Gott hört niemals auf, uns zu lieben, aber unsere Sünden können uns daran hindern, seine Liebe zu erfahren. Die Sonne scheint zwar immer, aber Wolken können manchmal ihre Strahlen verdecken. Im Gleichnis vom verlorenen Sohn (Lk 15) hörte der Vater nie auf, seinen Sohn zu lieben, aber als der Sohn sein Elternhaus verließ, konnte er die Wohltaten dieser Vaterliebe nicht mehr genießen.

 Lesen Sie Hosea 14,6-9. Notieren Sie sich jedes Bild, das Gott hier verwendet, um das Leben nach der Umkehr anschaulich darzustellen.

_____

_____

_____

Das erste Bild vom „Tau" ist ein Hinweis auf den Schutz Gottes. Dann spricht Gott vom „Blühen", vom „Wurzeln schlagen" und von Trieben, die sich ausbreiten – das sind Bilder vom neuen Leben des Frühlings, der auf die „tote" Zeit des Winters folgt. Wenn ein Mensch zum Herrn umkehrt, entsteht etwas Neues in ihm. Dieses neue Leben führt zu Schönheit, zu einem Wohlgeruch, es bringt Frucht und Ansehen hervor. Die Umkehr zu Gott bringt immer Segen mit sich!

✝ **Lesen Sie Hosea 14,10. Welche Möglichkeiten zeigte Gott dem Volk Israel auf?**

___

___

___

Ähnlich wie bei der Aufforderung, die Gott durch Mose übermittelte, als Israel sich auf den Einzug ins Gelobte Land vorbereitete, werden wir auch hier aufgefordert, Gott zu folgen. In 5. Mose 30,19 lesen wir: „*Ich rufe heute den Himmel und die Erde als Zeugen gegen euch auf: Das Leben und den Tod habe ich dir vorgelegt, den Segen und den Fluch! So wähle das Leben, damit du lebst, du und deine Nachkommen*". Im Grunde genommen gibt es nur zwei Möglichkeiten im Leben: Entweder wir rebellieren gegen Gott und stürzen auf unserem Weg, oder aber wir kehren zu Gott zurück und erfreuen uns seines Segens.

Der Rat des Propheten an Israel lautete: „*Pflüget ein Neues*". Die Herzen der Menschen in Israel waren hart geworden wie ein Feld, das seit Jahren nicht mehr gepflügt wird. Auf diesem brachliegenden Feld kann man keine Saat ausbringen, wenn man Frucht erwartet. Ähnlich ist es bei uns. Unser Herz muss ebenfalls „bearbeitet" werden. Wenn Gott an unser Herz den Pflug anlegt, ist es bereit für die Saat seines Wortes, und wenn wir uns entscheiden, zu ihm zurückzukehren, muss unser Herz wieder weich und aufnahmefähig werden. Aber zum Glück ist es niemals zu spät für eine Rückkehr zum Herrn.

Ich folge Gott nach

Hosea
4. Tag

Wenn Gott einen seiner Propheten heute zu uns schicken würde, wie würde seine Botschaft dann lauten? Welche Sünde würde er anprangern? Welche Sünde würde er vorfinden? Die Botschaften der Propheten sind zeitlos, weil der Mensch sich nicht geändert hat. Sünde ist noch immer Sünde, und jeder von uns hat ständig mit ihr zu kämpfen. Jakobus, der Bruder des Herrn, hat es so formuliert: „*Denn wir alle straucheln oft*" (Jak 3,2). Oder anders ausgedrückt: Die Straße des Lebens ist übersät

PROPHETEN

mit Hindernissen, die uns straucheln oder abirren lassen. Früher oder später hört jeder von uns den Ruf Gottes zur „Rückkehr". Aber es ist die Güte Gottes, die uns zu ihm zurückzieht. In der letzten Strophe des großartigen Liedes *Komm, du Quelle allen Segens* werden wir daran erinnert.

„Denn wir alle straucheln oft."
Jakobus 3,2

O, welch großer Schuldner bleib' ich,
du erhältst mich Tag für Tag!
Nimm dies Herz, denn das verschreib' ich
dir bis zu dem letzten Schlag!
Arm und schwach ist's, Herr, du weißt es,
immerdar zum Fall bereit.
Gib das Siegel deines Geistes
mir für Zeit und Ewigkeit.

Gerne singen wir aus vollem Herzen: „Arm und schwach ist's, Herr du weißt es, immerdar zum Fall bereit." Aber wissen wir, wie wir zum Herrn zurückkehren, wie wir zu unserer ersten Liebe zurückfinden können?

Gibt es in Ihrer eigenen Beziehung zu Gott Bereiche, in denen Sie sich wie ein untreuer Ehepartner verhalten?

_____

_____

_____

Welche Auswirkungen könnte Ihre Sünde auf Gott haben?

_____

_____

_____

In welchen Bereichen Ihres Lebens hat Gott Ihnen gezeigt, dass Sie etwas verbessern müssen?

_____

_____

_____

_____

Lektion 5: Hosea

📖 **In Lukas 15 erzählt Jesus die Geschichte, die bekannt geworden ist als das Gleichnis vom „verlorenen Sohn". Nehmen Sie sich ein paar Minuten Zeit und lesen Sie Lukas 15,11-32. Dann beantworten Sie die nächsten Fragen.**

Wie ging der Sohn mit dem vorzeitig ausgezahlten Erbe um (V. 12-13)?

_____

_____

Wie sah sein Leben aus, nachdem er das ganze Vermögen verprasst hatte (V. 14-16)?

_____

_____

Warum wollte er zum Vater „zurückkehren" (V. 17)?

_____

Dieser Sohn nahm das Vermögen, das sein Vater ihm gegeben hatte und vergeudete es, „indem er verschwenderisch lebte". Am Schluss war nichts mehr davon übrig, und dann machte er eine schlimme Zeit durch. Im Land herrschte eine gewaltige Hungersnot. Er selbst lernte nach einem Leben in Überfluss den Mangel kennen. Für diesen missratenen Sohn wurde die Not immer größer, und er konnte sich nur noch als Schweinehirte verdingen. Schon bald merkte der junge Mann, dass die Schweine mehr zu essen hatten als er. Die Geschichte erreichte jedoch ihren Höhepunkt, als er sich daran erinnerte, wie es im Haus seines Vaters gewesen war. Plötzlich kam er zur Vernunft. Er erkannte, dass es zu Hause sogar den Dienstboten besser ging als ihm in seinem jetzigen Zustand. Die Rückkehr zum Herrn beginnt immer mit der Erinnerung. Im Sendschreiben Jesu an die Gemeinde in Ephesus in Offenbarung 2 tadelt der Herr die Gemeinde, weil sie ihre erste Liebe verlassen hat. Seine Lösung für dieses Problem lautet: „_Denke nun daran, wovon du gefallen bist, und tue Buße und tue die ersten Werke!_" (Offb 2,5). Wenn Sie jetzt, in diesem Moment, weit weg sind von Gott, nehmen Sie sich ein wenig Zeit und erinnern Sie sich daran, wie es war, als Sie Gott nahe waren.

Notieren Sie Ihre Erinnerungen.

_____

_____

> _„Denke nun daran, wovon du gefallen bist, und tue Buße und tue die esten Werke!"_
> **Offenbarung 2,5**

PROPHETEN

Welche Reaktion erwartete der „verlorene" Sohn bei seiner Rückkehr von seinem Vater (V. 18-19)?

_____

_____

Wie nahm der Vater seinen Sohn auf (V. 20-24)?

_____

_____

Als der verlorene Sohn sich entschloss, zu seinem Vater zurückzukehren, machte er den gleichen Fehler, den wir in unserer Beziehung zum Herrn begehen. Er wollte „auf Bewährung" zurückkommen. Weil er sich als Sohn unwürdig fühlte, beabsichtigte er, bei seinem Vater als Tagelöhner zu arbeiten. Er wollte sich die Gunst seines Vaters erarbeiten, indem er ihn mit guten Werken für seine sündhaften Taten entschädigte. Dieser Plan ist jedoch problematisch, denn er wurde auf diese Weise nicht zu einem Sohn des Vaters, und ein Sohn sollte nicht auf diese Art zurückkehren. Er sagte zwar, dass er nicht mehr würdig sei (V. 21), aber das war er *nie* gewesen. Würdig zu sein, hat nichts mit dem Status des Sohns zu tun. Der Vater ließ seinen Sohn noch nicht einmal ausreden. Er hatte um ihn getrauert, als er ihn verlassen hatte, aber jetzt rannte er auf ihn zu, sobald er ihn sah. (Der Vater sah ihn schon von weitem. Das bedeutet, dass er nach ihm Ausschau gehalten hatte.) Er nahm ihn wieder bei sich auf, aber nicht als Tagelöhner, sondern als seinen Sohn, als er ihn umarmte, küsste und zur Feier des Tages ein Fest veranstaltete. Der Vater behandelte seinen Sohn, als ob er niemals weggelaufen wäre. Er gab ihm saubere Kleidung und den Siegelring der Familie. Der Sohn dagegen musste gar nichts tun, außer zu seinem Vater zurückzukehren.

Zur Vertiefung
DER VERLORENE SOHN

Aus dem Gleichnis vom verlorenen Sohn lernen wir:
- Der Vater lässt zu, dass wir vom Weg abirren.
- Unser Irrweg macht uns unglücklich.
- Der Vater lässt uns nach Hause kommen.

Aus der Geschichte, die Jesus vom verlorenen Sohn erzählt hat, lernen wir, dass der Vater es zulässt, wenn wir von ihm abirren. Er macht sich auf die Suche nach uns, aber wenn wir auf unserem eigenen Weg beharren, wird er uns nicht davon abhalten. Wir lernen aber auch aus dieser Geschichte, dass unser Irrweg uns unglücklich macht, denn die Sünde bereitet uns nur eine gewisse Zeit lang Vergnügen, dann aber bringt sie uns in Not. Die wichtigste Lehre aus dem Gleichnis vom verlorenen Sohn lautet jedoch: Der Vater gibt uns die Möglichkeit, zu ihm nach Hause zurückzukehren. Wir müssen allerdings auch etwas tun, und zwar Erstens uns erinnern *(„Jetzt kam er zur Besinnung";* Lk 15,17 NGÜ), und Zweitens zurückkehren *(„Ich will mich aufmachen und zu meinem Vater gehen";* Lk 15,18). Vielleicht verbirgt sich in dieser Geschichte von einem Sohn auf Irrwegen und seinem liebevollen Vater auch eine Lehre für Sie persönlich.

Das Gleichnis vom verlorenen Sohn ist jedoch nicht nur eine Geschichte, die uns lehrt, wie wir zu Gott zurückkehren, wenn wir vom Weg mit ihm abgeirrt sind, sondern sie zeigt uns auch, was wir tun sollen, wenn andere Menschen von ihrem Irrweg zurückkehren. Diese Lehre finden wir in den Worten des Vaters: *„Aber man muss doch jetzt fröhlich sein und sich freuen; denn dieser dein Bruder war tot und ist wieder lebendig geworden und verloren und ist gefunden worden"* (Lk 15,32). In diesem Zusammenhang lehrte Jesus uns Folgendes: *„So wird Freude im Himmel sein über einen Sünder, der Buße tut, mehr als über neunundneunzig Gerechte, die die Buße nicht nötig haben"* (Lk 15,7).

 **Für welche Menschen in Ihrem Umfeld sollten Sie beten, damit sie zu Gott zurückkehren?**

Gibt es einen Menschen, von dem Sie wissen, dass er zu Gott zurückgekehrt ist? Können Sie sich mit dieser Person freuen?

Bei der Betrachtung des Buches Hosea haben wir festgestellt, dass es einen tieferen Sinn hat, wenn Menschen aus unserem Umfeld vom Weg mit Gott abkommen. Gott macht andere Menschen zu seinen Werkzeugen, um uns zu lehren, welche Wirkung unsere Sünde auf ihn hat. Wenn wir miterleben, wie andere in die Irre gehen, zeigt Gott uns, wie betrübt er ist, sollten wir einmal vom Kurs abkommen. Deshalb fordert er uns immer wieder zur Rückkehr auf. Wenn wir den Schmerz Gottes über unsere Untreue nachempfinden, bekommen wir Kraft zum Durchhalten und Mut, anderen Menschen zu helfen, wenn sie in die Irre gehen.

Nehmen Sie sich am Ende dieser Lektion Zeit für ein Gebet.

 Herr, danke, dass du dich mir offenbart hast. Ich weiß, dass ich dich nicht gesucht, sondern nur auf dein Wirken reagiert habe. Hilf mir, die Tiefe meiner Schuld und die Größe deiner Vergebung zu erkennen. Hilf mir, mich zu erinnern, wie es war, als ich mich näher bei dir aufhielt als jetzt. Schenke mir Dankbarkeit dafür, dass du mir meine Sünde vergibst, und bewahre mich davor, die Fehler anderer Menschen zu verurteilen. Schenke mir stattdessen die Fähigkeit, zu erkennen, wie sehr dich meine eigene Sünde betrübt. Mache mich zum Werkzeug deines Friedens. Danke für das neue Leben, das du mir durch Jesus Christus geschenkt hast, und hilf mir, dieses Geschenk niemals für selbstverständlich zu halten. Amen.

PROPHETEN

Wenden Sie das an, was Sie in dieser Woche gelernt haben, und schreiben Sie an den Herrn ein eigenes Gebet auf.

Lektion 6: # Jesaja

Ein Leben nach dem Plan Gottes

Gott hat einen Plan für die Menschheit. Er erschuf Adam und Eva mit dem Ziel, dass die beiden das Bild Gottes widerspiegelten, ein vielfaches Erbe der Gottesfurcht hinterlassen und über die Schöpfung Gottes herrschen sollten. Aber die Sünde befleckte diese Absichten Gottes mit ihren dunklen Spuren. Nach dem Sündenfall war das Bild Gottes im Menschen nicht mehr deutlich erkennbar. In 1. Mose 5,1 werden wir daran erinnert, dass der Mensch nach dem Bild Gottes geschaffen war. Aber als Adam Kinder hatte, waren sie *„ihm* (Adam; Anm. d. Übers.) *ähnlich, nach seinem* (Adams; Anm. d. Übers.) *Bild"* (V. 3). Oder anders ausgedrückt: Adams Kinder trugen nicht mehr das Bild Gottes in sich, sondern das Bild ihres in Sünde gefallenen Vaters. Damit Gott seine Ziele mit der Menschheit verwirklichen kann, muss es eine Neu-Schöpfung geben. Nur darum geht es beim Wachstum im christlichen Glauben. Sobald sich ein Mensch Jesus Christus zuwendet, möchte Gott diese Person in das Ebenbild seines Sohnes umwandeln, und zwar auf eine Weise, dass ein solcher Mensch für jene, die den Herrn nicht kennen, zu einem Werkzeug der göttlichen Liebe wird. Aber bevor Gott uns auf diese Art im Leben unserer Mitmenschen gebrauchen kann, muss er uns verändern. Er muss *in* einem Menschen wirken, bevor er *durch* diesen Menschen ein Werk vollbringen kann. Oft beten wir: „Herr, mache mich zu einem Werkzeug", aber uns ist nicht bewusst, dass es wichtiger ist, Gott zu bitten: „Herr, mache aus mir ein brauchbares Werkzeug." Dieses Prinzip erkennen wir auch im Leben des Propheten Jesaja. Bevor er sagen konnte: *„Hier bin ich, sende mich"* (Jes 6,8), musste er zuerst bekennen: *„Wehe mir"* (Jes 6,5).

Jesaja wirkte fast sechzig Jahre lang als Prophet, und zwar von ca. 740 v. Chr. bis etwa 681 v. Chr. Sein Dienst als Prophet erstreckte sich über die Regierungszeit von fünf Königen.

Wann wirkte er?

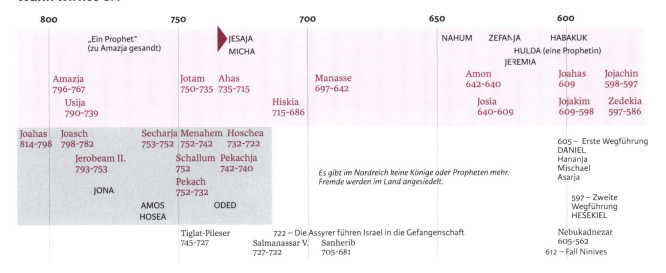

PROPHETEN

Jesaja
1. Tag

Die Botschaft der ersten Jahre

Jesaja wuchs in einer einflussreichen Familie der Oberschicht auf. Er war ein enger Freund und Berater des Königs Usija. Sein Buch zählt zu den längsten in der Bibel. Manche Ausleger nennen es „die Bibel in Miniaturform". Die Heilige Schrift enthält 66 Bücher (39 im Alten und 27 im Neuen Testament). Das Buch Jesaja hat 66 Kapitel. Der erste Teil (Kapitel 1-39) legt den Schwerpunkt auf das Wesen und Gerichtshandeln Gottes. Der zweite Teil (Kapitel 30-66, insgesamt 27 Kapitel) offenbart den göttlichen Trost und die Errettung, mit besonderer Betonung auf den kommenden Messias. Bei Jesaja finden sich mehr direkte Hinweise auf Jesus Christus als in allen anderen Büchern des Alten Testaments. Wenn wir uns das Leben und Wirken des Propheten Jesaja genauer ansehen, stellen wir jedoch fest, dass sich nach dem Tod seines Freundes Usija seine Botschaft verändert.

 Jesajas frühe Botschaft lautete „Wehe". Schlagen Sie die unten angegebenen Stellen nach. Finden Sie heraus, welchen Inhalt die jeweilige Botschaft hat und gegen wen sie gerichtet ist.

Schon gewusst? DER NAME JESAJA

Der Name Jesaja bedeutet „Jahwe hilft" oder „Der Herr ist Rettung", fast gleichbedeutend mit „Jeschua" oder Jesus. Dieser Name fast die Botschaft des Propheten kurz zusammen. Er ist der Sohn des Amoz, der wahrscheinlich ein Onkel von König Usija war. Wenn diese Mutmaßung den Tatsachen entspricht, wäre Jesaja ein Cousin des Königs gewesen. Das wäre eine Erklärung, warum der Tod von Usija eine so tiefgreifende Wirkung auf das Leben des Propheten hatte. Die Frau Jesajas war eine Prophetin (Jes 8,3), und sie gebar ihm zwei Söhne, deren Namen der Botschaft entsprachen, die Gott ihm gegeben hatte.

*Ein Hinweis: In jedem der nachfolgend aufgeführten Bibelabschnitte richtet sich die Botschaft des Propheten Jesaja gegen die *von anderen* begangenen Sünden. Der Zweck der Übung besteht darin, diese früheren Aussagen Jesajas den späteren in Kapitel 6 gegenüberzustellen, denn dort sieht er nur *seine eigene Sünde*. Nehmen Sie sich ein bisschen Zeit für die Betrachtung der einzelnen Texte.

Jesaja 3,8-9

_____

_____

_____

Dieses „Wehe" (am Ende von V. 9) richtet sich gegen Jerusalem und Juda. Beide haben gegen den Herrn rebelliert, und zwar mit einer so unverfrorenen Sünde, dass sie diese noch nicht einmal zu verbergen versuchen.

Jesaja 3,11

_____

_____

Dieses „Wehe" richtet sich gegen alle Gottlosen. Es erinnert uns daran, dass sie bekommen werden, was sie verdienen.

Lektion 6: Jesaja

Jesaja 5,8

___

___

Dieses „Wehe" richtet sich gegen diejenigen, die ein Leben in Luxus und Selbstsucht führen, ohne sich um Gott zu kümmern (V. 2 enthält einen Hinweis auf die Fruchtlosigkeit ihrer Bemühungen).

Jesaja 5,11

___

___

Dieses „Wehe" richtet sich gegen diejenigen, die sinnlichen Freuden nachjagen, dabei aber die Taten des Herrn und sein Wirken vernachlässigen.

Jesaja 5,18

___

___

___

Dieses „Wehe" gilt jenen Menschen, die an ihrer Sünde festhalten und nicht glauben wollen, dass Gott sein Gericht vollstreckt, bis sie es selbst erleben.

Jesaja 5,20

___

___

___

Dieses „Wehe" richtet sich an jene, die von Gott verurteilt werden, weil durch ihre Sünde ihre Wertvorstellungen dermaßen auf den Kopf gestellt wurden, dass sie meinen, das Böse sei gut und das Gute sei böse.

Jesaja 5,21

___

___

___

Dieses „Wehe" gilt den Selbstgerechten, die stolz und arrogant sind.

Schon gewusst?
DAS AMT DES PROPHETEN

Der Platz, den ein Prophet ausfüllen musste, war in der Regel nicht sehr populär. Zu den Aufgaben der Propheten gehörte es, die Menschen mit der göttlichen Wahrheit über ihre Sünden zu konfrontieren. Deshalb wurden diese Boten Gottes oft gehasst und sogar verfolgt. Nach der Überlieferung soll Jesaja während der Regierungszeit des gottlosen Königs Manasse hingerichtet worden sein, indem man ihn in einen hohlen Baumstamm steckte und diesen zersägte. Wenn das tatsächlich so passiert ist, bezieht sich Hebräer 11,37 eventuell auf Jesaja als auf den, der „zersägt" wurde.

PROPHETEN

Jesaja 5,22-23

_____

_____

Dieses „Wehe" richtet sich gegen jene, die auf ihre Sünde stolz sind und denen Gerechtigkeit gleichgültig ist.

Fassen wir zusammen: Welche gemeinsamen Nenner entdecken Sie in Jesajas Botschaft der ersten Jahre?

_____

_____

Jesaja richtet alle seine „Wehe"-Botschaften an Menschen, die offenkundig ungerecht leben. Aber wie wir später sehen werden, hindert die unverfrorene Sünde anderer den Propheten daran zu erkennen, dass seine eigene Sünde vor Gott genauso abscheulich ist.

Jesaja
2. Tag

Der Tod von König Usija

Das sechste Kapitel des Buches Jesaja beginnt mit den Worten: „*Im Todesjahr des Königs Usija, da sah ich den Herrn ...*" Warum war dieses Ereignis so bedeutungsvoll? Was hatte der Tod des Königs mit Jesajas Begegnung mit Gott zu tun? Der Tod von König Usija war ein Wendepunkt im Leben und Wirken von Jesaja. Usija war der beste Freund des Propheten. Manche Ausleger sind der Auffassung, dass Amoz, der Vater von Jesaja, ein Onkel von Usija war. In diesem Fall wären Jesaja und Usija Cousins gewesen. Usija war in den ersten Jahren seiner Herrschaft ein gottesfürchtiger König, aber sein Ende war tragisch. Wie so viele Könige vor ihm war der Stolz sein Verderben. Er vertraute auf Gott und erlebte große Wunder, aber sein Erfolg machte ihn arrogant, und vor lauter Stolz vergaß er Gott.

✝ **Lesen Sie 2. Chronik 26,1-23. Notieren Sie, was Sie in dem Text über Usija erfahren.**

_____

_____

_____

Usija bestieg im Alter von 16 Jahren den Thron, und er regierte 52 Jahre lang. Die ersten Jahre seiner Herrschaft waren geprägt von der Suche nach Gott und einer positiven Entwicklung. Die Verheißung für seine Regierungszeit lautete: *„Und solange er den HERRN suchte, ließ Gott es ihm gelingen."* (Hinweis: Der in diesen Versen erwähnte Sacharja ist nicht identisch mit dem Propheten aus der Zeit nach dem Exil, dessen Buch seinen Namen trägt.) Usija baute Jerusalem zu einer Militärmacht aus. Unglücklicherweise waren seine späteren Jahre geprägt von Stolz und Sünde.

Wo war der Wendepunkt in der Regierungszeit von König Usija?

___

___

___

In Vers 15 wird uns berichtet, dass Usija berühmt wurde wegen seiner militärischen Fähigkeiten, die ihm eine gewisse wirtschaftliche Unabhängigkeit ermöglichten. Vers 16 offenbart uns jedoch seinen Stolz, den ersten Schritt auf dem Weg in sein Verderben. Als er sich widerrechtlich die Autorität der Priester aneignen wollte, war dieses Vergehen bloß ein Symptom seines tiefer liegenden Problems. Die Priester wiesen ihn zurecht, aber er widersetzte sich diesem Tadel. Plötzlich wurde er vom Herrn mit Aussatz geschlagen.

Offenbar füllt die Bibel nicht alle Lücken in ihrem Bericht über Usija und Jesaja. Wie könnte Jesaja auf die von Usija begangenen Fehler reagiert haben, wenn wir unser Verständnis über menschliche Schwächen in unsere Überlegungen einbeziehen?

___

___

___

___

Jesaja reagierte vielleicht zunächst aus einer gewissen Selbstgerechtigkeit heraus, nach dem Motto: „Mir wäre so etwas nie passiert." Aber seine Begegnung mit dem Herrn veränderte seine Sichtweise. Im Verlauf seines prophetischen Wirkens hatte er „Wehe-Botschaften" über die Sünden seiner Mitmenschen verkündet. Vielleicht war er zu Recht empört, als er beobachtete, wie Usija immer mehr in Sünde fiel, und vielleicht führte diese Empörung bei Jesaja zu geistlichem Stolz. Als Usija an Bedeutung verliert, lässt Gott den Propheten jedoch seine eigene Sünde erkennen.

> *„Und als er mächtig geworden war, wurde sein Herz hochmütig, bis er verderblich handelte. Und er handelte treulos gegen den HERRN, seinen Gott ..."*
> **2. Chronik 26,16**

PROPHETEN

Jesaja
3. Tag

„Ich sah den Herrn"

Bis zum Tod von Usija lag der Schwerpunkt der von Jesaja verkündeten Botschaft auf seinen Mitmenschen („*Wehe denen*"). Sobald Usija nicht mehr lebt, begegnet Gott dem Propheten auf eine besondere Weise. In dem Bericht über diese Begegnung finden sich viele Punkte, die sich auf unser eigenes Leben anwenden lassen. Wie leicht halten wir uns selbst für gerecht, wenn wir uns mit unseren Mitmenschen vergleichen. Es ist oft einfach, jemanden ausfindig zu machen, der verglichen mit uns ein weniger gottgemäßes Leben führt. Außerdem sorgen wir auch oft dafür, dass wir bei solchen Vergleichen automatisch besser abschneiden. Nur allzu gerne stürzen wir uns auf die offensichtlichen Fehler unserer Mitmenschen, ohne zu merken, dass wir dabei einer Selbsttäuschung unterliegen. Aber wenn wir den Herrn sehen, dann sehen wir uns so, wie wir wirklich sind: als Sünder, die einen Erlöser brauchen.

> „Im Todesjahr des Königs Usija, da sah ich den Herrn sitzen auf hohem und erhabenem Thron, und die Säume seines Gewandes füllten den Tempel."
> **Jesaja 6,1**

 Lesen Sie Jesaja 6,1-4. Fassen Sie kurz zusammen, was Jesaja gesehen hat.

_____

_____

Eine Zeitlang nahm Jesaja die Sünden des Volkes Israel und auch die Unzulänglichkeiten seines Freundes Usija wahr. Aber in Kapitel 6 sieht der Prophet den Herrn in seiner ganzen Herrlichkeit. Er verwendet Wörter wie „hoch" und „erhaben", um sein Erlebnis zu beschreiben. Das mit „erhaben" übersetzte hebräische Wort lautet *nasa* und bedeutet „erheben oder von etwas abtrennen". Jesaja kannte den Herrn bereits, aber er hatte bis zu dieser Begegnung keine konkrete Vorstellung von der Erhabenheit Gottes. Die Botschaft der Serafim (V. 3) erinnerte ihn an die Heiligkeit und Herrlichkeit des Herrn.

Wo liegt jetzt der Schwerpunkt des Propheten Jesaja?

_____

_____

Anstatt sich auf seine Mitmenschen, auf König Usija oder sich selbst zu konzentrieren, liegt Jesajas Schwerpunkt jetzt auf Gott.

Wie reagiert Jesaja auf seine Begegnung mit dem Herrn (V. 5)?

_____

_____

Sobald Jesaja den Herrn sah, sah er sich selbst völlig anders. Seine „Wehe-Botschaft" über seine Mitmenschen lautet jetzt: *„Wehe mir"*. Diese Reaktion ist bei Kindern Gottes häufig zu finden (vgl. Hi 42,5-6; Hes 1,28; Dan 10,8-11; Offb 1,17).

 Bevor wir uns unserer eigenen Sündhaftigkeit bewusst werden, sehen wir keine Notwendigkeit eines Reinigungsprozesses. Lesen Sie Jakobus 4,6 und finden Sie heraus, was erforderlich ist, um von Gott Gnade und Kraft zu empfangen.

„Gott widersteht den Hochmütigen, den Demütigen aber gibt er Gnade."
Jakobus 4,6

Gott widersteht den Hochmütigen, aber er schenkt den Demütigen seine Gnade (vgl. 1Pet 5,5). Aus der grammatischen Struktur des griechischen Textes können wir schließen, dass Gott den Hochmütigen ständig widersteht. Stolz oder Hochmut ist der Tod der Gnade. Wenn wir die Gnade Gottes in Anspruch nehmen wollen, müssen wir in Demut erkennen, dass wir diese Gnade brauchen.

Welche Bedeutung hat die glühende Kohle auf den Lippen des Propheten Jesaja?

Lehre
DER SÜNDENBOCK

Der Begriff „Sündenbock" leitet sich ab von den am Versöhnungstag dargebrachten Opfern. Aaron erhielt die Anweisung, am Eingang zur Stiftshütte zwei Ziegenböcke vor den Herrn zu stellen (3Mo 16,7). Durch das Los wurde entschieden, welches Tier geopfert und welches lebendig vor den Herrn gestellt werden sollte. Das lebende Tier sollte dann in die Wüste geschickt werden. Der geopferte Ziegenbock war ein Sinnbild für den Tod, den die Sünde fordert. Der lebendige Ziegenbock sollte veranschaulichen, dass unsere Sünden weggenommen werden. Dieser unschuldige Ziegenbock, der die Sünden der Schuldigen trug, ist der Ursprung für den modernen Begriff „Sündenbock".

Jesajas Lippen wurden mit einer glühenden Kohle vom Altar berührt. Denken wir an seine Worte: *„Denn ein Mann mit unreinen Lippen bin ich, und mitten in einem Volk mit unreinen Lippen wohne ich."* Jesaja war ein Prophet, und sein Mund war das Werkzeug seines Berufs (vielleicht auch die Quelle seines Stolzes). Feuer wird schon seit langer Zeit zur Läuterung und Reinigung verwendet. Auch heute werden z. B. chirurgische Instrumente mit Hitze sterilisiert. Dieses Feuer vom Altar (entweder dem Räucheraltar oder dem Brandopferaltar) verdeutlicht die Bedeutung des Reinigungsrituals im Tempel. Gott kann nichts gebrauchen, was nicht vorher gereinigt wurde.

 Was sind die Auswirkungen nach Jesaja 6,7?

Jesajas Sünde wurde weggenommen und vergeben. Diese Worte erinnern an die beiden Ziegenböcke für das Sühneopfer (s. 3Mo 16). Der eine Ziegenbock wurde geschlachtet, um die Vergebung zu erkaufen, und der andere (der „Sündenbock")

PROPHETEN

wurde in die Wüste geschickt, als Sinnbild der Sünden, die fortgeschafft oder weggenommen wurden. Auf diese Weise wird die vollständige Reinigung von Sünden in bildhafter Sprache prophetisch vorweggenommen.

Jesaja
4. Tag

„Hier bin ich"

Jesaja war in der Gegenwart Gottes gewesen. Als er den Herrn in seiner Heiligkeit sah, bekam er auch ein neues Verständnis über sich selbst. Vielleicht zum ersten Mal in seinem Leben sah Jesaja sich so, wie Gott ihn sah. Wenn es Jesaja ging wie den meisten von uns, dann meinte er, er sei ein guter und gottgemäß lebender Mensch, vor allem im Vergleich mit Leuten wie König Usija. Aber in der Gegenwart Gottes verwandelte sich seine „Wehe-Botschaft" an andere Menschen in ein „Wehe mir". Dahinter verbirgt sich eine gewisse „Ironie": Wenn wir nicht erkennen, dass wir unbrauchbar sind, sind wir zu nichts zu gebrauchen. Jesaja musste lernen, wie sehr er eine Läuterung oder Reinigung brauchte.

Gott muss zuerst in uns wirken, bevor er durch uns wirken kann.

Was bedeutet es, wenn Gott fragt: „Wen soll ich senden?" (V. 8), angesichts dessen, was in Vers 7 mit Jesaja geschah?

Zur Vertiefung
DIE ERFÜLLUNG LIEGT IN GOTTES HÄNDEN

Wie können wir die Wirkung eines Dienstes für Gott beurteilen? Sind Sie bei Ihrer Bewertung ergebnisorientiert oder ist für Sie die Treue zu Gott und seiner Berufung entscheidend, ungeachtet der Ergebnisse? Jesaja empfing von Gott eine Botschaft, die niemand hören wollte. Wenn er ergebnisorientiert gelebt hätte, dann hätte er in seinem Leben nur wenig Erfüllung gefunden. Stattdessen begnügte er sich mit dem Wissen, dass er den Auftrag Gottes erfüllt hatte. Elisabeth Elliot schreibt über den Tod ihres Mannes im Dienst für Gott: „Hat es sich gelohnt? Ergibt es einen Sinn, dass fünf hochqualifizierte Männer für 60 Menschen sterben mussten? Nehmen wir einmal an, nicht ein einziger Auca (Angehöriger des gleichnamigen Stammes) hätte den rettenden Glauben angenommen und niemand hätte die Geschichte dieser fünf Männer gehört oder wäre durch sie verändert worden. Hätte es sich trotzdem gelohnt? Ja! Warum? Weil die Ergebnisse unseres Gehorsams in den Händen des allmächtigen, souveränen Gottes liegen. ..."

Sobald Gott mit der Sünde fertig geworden ist, folgt das Ergebnis in Vers 8. Jetzt ist Jesaja für Gott zu gebrauchen, und er wird eingeladen, sich am Wirken des Herrn zu beteiligen. Wir sind nicht wirklich brauchbar als Gläubige, sondern nur als von Gott abhängige Sünder. Gott muss zuerst *in* uns wirken, bevor er *durch* uns wirken kann.

 Lesen Sie die Verse 9-10. Beschreiben Sie die neue Aufgabe des Propheten Jesaja.

Gott gibt dem Propheten Jesaja eine Botschaft, die niemand hören will. Jesus gebrauchte die gleichen Worte, als er begründete, warum er in Gleichnissen lehrte (vgl. Mt 13,14-15; Mk 4,12; Lk 8,10). Der Evangelist Johannes drückte sich ähnlich aus, als er erklärte, warum so wenige Menschen die Botschaft Jesu hören wollten (Joh 12,40), und Paulus bezog sich ebenfalls auf Jesaja in seiner Begründung, warum sich der Schwerpunkt seines Dienstes von den Juden auf die Nichtjuden verlagerte (Apg 28,26-27).

Warum wollte Gott sein Volk nicht heilen?

_____

_____

Diese Frage ist schwer zu beantworten, und am Ende müssen wir der souveränen Weisheit Gottes vertrauen. Offenbar erforderte der Plan Gottes sein Gerichtshandeln an Israel. In gewisser Hinsicht lässt sich das Gericht Gottes mit dieser Botschaft rechtfertigen, denn die Israeliten konnten sich nicht damit herausreden, dass sie nicht gewarnt worden seien. Deshalb muss heute auch das Evangelium der ganzen Welt verkündigt werden, obwohl viele Menschen nicht auf die Botschaft der Hoffnung und Erlösung reagieren werden.

> **Wie lange sollte Jesaja nach den Versen 11-13 einem unempfänglichen Volk eine göttliche Botschaft verkünden?**

_____

_____

Jesaja sollte so lange predigen, bis das Land verwüstet und ohne Bewohner sein würde.

Was bedeutet ein „heiliger Same" oder auch „Überrest" in Vers 13?

_____

_____

Es gibt immer einen Überrest oder Menschen, die Gott folgen. Dieser Überrest sichert den Fortbestand Israels als physisches und als geistliches Volk.

Ich folge Gott nach

Jesaja
5. Tag

Wie würden Sie die Wirkung des prophetischen Dienstes von Jesaja beurteilen? Aus der Sicht unseres menschlichen Erfolgsdenkens war das Wirken des Propheten zum Scheitern verurteilt, weil ihm in seiner Zeit niemand zuhörte. Aber die Forderung nach sofortigem Erfolg ist nicht der Maßstab, der im Himmel gilt. Gott misst die Wirkung unseres Dienstes an unserer Bereitschaft, sich an seinen Plänen auszurichten. Gemessen an diesem Maßstab hatte der Dienst von Jesaja eine große

PROPHETEN

Wirkung, denn er erfüllte die Absichten Gottes für sein Leben. Tausende Jahre später wirken das Leben und die Botschaft des Propheten Jesaja noch immer an unseren Herzen. Wenn wir das Ziel, das Gott uns setzt, erreichen wollen, müssen wir unsere eigenen Absichten und Ambitionen sterben lassen. Der Tod unserer Selbstsucht ist kein großes Opfer, denn nur die Absicht Gottes bringt Frucht für die Ewigkeit. Alles andere ist Holz, Heu und Stroh (vgl. Jes 5,24; 1Kor 3,12-13). Die weiteren Gedanken und Fragen in dieser Lektion sollen Ihnen als Grundlage dafür dienen, sich selbst zu prüfen, auch bei einem Blick auf Ihr Leben und die Absicht Gottes für Sie.

Wenn wir das Ziel, das Gott uns setzt, erreichen wollen, müssen wir unsere eigenen Absichten und Ambitionen sterben lassen. Das ist kein großes Opfer, denn nur die Absicht Gottes bringt Frucht für die Ewigkeit. Alles andere ist Holz, Heu und Stroh.

Wenn wir den Propheten Jesaja studieren, ergeben sich aus seinem Leben konkrete Prinzipien, mit denen wir uns identifizieren können. Erstens erkennen wir, wie leicht es ist, uns selbst in einem positiven Licht zu sehen, wenn wir uns mit unseren Mitmenschen vergleichen. Sind wir umgeben von Menschen, die nicht gottgemäß leben, fällt es uns manchmal schwer, unsere eigene Sünde zu erkennen.

Haben Sie momentan mit einem falschen Selbstbild zu kämpfen? Wie wirkt sich das aus?

Wer sind die „Usijas" in Ihrem Leben? Mit wem vergleichen Sie sich, wenn Sie meinen, Sie seien Gott näher als Ihre Mitmenschen?

Ein zweites Prinzip, das Jesaja zu einem für Gott brauchbaren Menschen machte, war seine veränderte Sichtweise über Gott. Er sah den Herrn *„auf hohem und erhabenem Thron"*. Wir werden erst dann ein präziseres Bild von uns selbst bekommen, wenn wir den Herrn richtig erkennen.

Wie ist Ihre Sichtweise über Gott?

Lektion 6: Jesaja

Was können Sie tun, um Gott aus einer höheren Warte zu sehen?

_____

_____

_____

Es ist unmöglich, Gott aus einer höheren Warte zu sehen, ohne dass wir uns unserer eigenen Sündhaftigkeit bewusst werden. Beantworten Sie diese Frage offen und ehrlich: Sehen Sie sich selbst als sündigen Menschen?

_____

_____

_____

Was tun wir, wenn Gott uns unsere Sünde offenbart? Erstens müssen wir nicht nach Sünde suchen. Es ist die Sache Gottes, uns Sünden zu zeigen. Wir erkennen von unserer Sündhaftigkeit so viel, wie wir ertragen können, wenn wir unseren Blick auf Jesus richten. Wenn er Sünde offenbart, müssen wir uns daran erinnern, dass nur er sie auch wegnehmen kann. Es bringt nichts, uns an den eigenen Haaren aus dem Sumpf zu ziehen, die Zähne zusammenzubeißen und zu geloben: „Das mache ich nie wieder!" Auf diese Weise geht die Sünde nicht weg. Nur wenn wir unsere Sünden *bekennen*, kann Gott sie wegnehmen. Die Verheißung in 1. Johannes 1,9 lautet: „*Wenn wir unsere Sünden bekennen, ist er treu und gerecht, dass er uns die Sünden vergibt und uns reinigt von jeder Ungerechtigkeit.*"

Ein Mensch kann mit Hilfe verschiedener Lernprogramme lernen, sein Verhalten zu ändern, aber das heißt nicht, dass sein Charakter (sein Inneres) eine Veränderung erfährt. Der einzige Weg zu wahrer Freiheit (frei zu sein von der Macht der Sünde) besteht darin, den Einen zu kennen, der bereit und fähig ist, uns aus der Sklaverei zu befreien. Sie haben die Wahl: Entweder Sie binden sich an die Sünde oder aber Sie binden sich an Jesus Christus. Es gibt eine *Hoffnung*, und die finden wir in Jesus.

Die meisten von uns meinen zu wissen, wie wir mit Sünde umzugehen haben. Wir versuchen, alles richtig zu machen, aber dann verpatzen wir es, und Schuldgefühle plagen uns! Wir fühlen uns furchtbar, und deshalb versprechen wir Gott: „Es tut mir leid. Ich mache das nie wieder!" Dann strengen wir uns an, aber wenn unsere eigenen Anstrengungen uns zu besseren Menschen machen, brauchen wir keinen Erlöser. Früher oder später verpatzen wir es wieder, und der Kreislauf geht weiter, denn immer neu versprechen wir Gott: „Ich mache das nie, *nie* mehr wieder!" Und dann strengen wir uns noch mehr an!

Sieg bedeutet nicht, dass wir die Sünde überwinden, sondern Sieg bedeutet, dass Jesus uns überwindet!

PROPHETEN

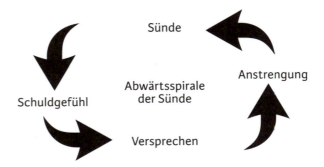

Aber es gibt einen Weg, diesen Kreislauf zu durchbrechen. Dieser Weg heißt Hingabe! Hingabe bedeutet, den Geist Gottes in Ihr Leben zu lassen, und zwar bedingungslos. Wenn wir in Versuchung geraten und uns sofort in die Hände Gottes begeben, statt aus eigener Kraft der Versuchung widerstehen zu wollen, wird er uns mit seiner Kraft sicher ans Ziel bringen.

Die Erkenntnis unserer eigenen Sündhaftigkeit ist direkt verbunden mit dem Bewusstsein, dass wir Gott brauchen. Wenn wir unsere Beziehung zu Gott und unseren Dienst für ihn nicht aus der Abhängigkeit zu ihm gestalten, dann erkennen wir vielleicht gar nicht, wie sehr wir Gott brauchen. Denken Sie darüber nach und notieren Sie die Gedanken, die Ihnen kommen.

_____

_____

_____

Nehmen Sie sich am Ende dieser Lektion Zeit für ein Gebet.

„Hier bin ich, sende mich!"
Jesaja 6,8

 Herr, danke für das Beispiel des Propheten Jesaja, der ein Mensch war wie wir. Ich sehe mich selbst in ihm. Vergib mir, dass ich mich so oft mit anderen verglichen habe, statt auf dich zu sehen. Mose hat dich gebeten: *„Lass mich doch deine Herrlichkeit sehen!"* (2Mo 33,18). Lass mich deine Heiligkeit sehen. Mache mich unzufrieden mit meiner Selbstgerechtigkeit. Reinige mich, Herr, und mache mich brauchbar für deinen Dienst! Und gib mir eine Aufgabe. Ich will nicht davor zurückschrecken, sondern sagen: Hier bin ich, sende mich. Ich überlasse es dir, was es ist, wo es ist. Ich überlasse es dir auch, wie die Ergebnisse aussehen werden. Hier bin ich ... sende mich. Amen.

Die meisten Christen, besonders diejenigen, die aktiv für Gott tätig sind, bringen die Bereitschaft mit, Werkzeuge Gottes zu sein. Schwieriger wird es jedoch, wenn Gott uns eine Aufgabe gibt, bei der nur wenig oder gar keine Frucht zu erkennen

ist. Sind Sie trotzdem bereit, Ja zu sagen zu dem Plan, den Gott für Sie hat und zu sagen: *„Hier bin ich, sende mich"*, auch wenn Ihre Aufgabe aus menschlicher Sicht bedeutungslos zu sein scheint? Wenn ja, drücken Sie Ihre Bereitschaft in einem eigenen Gebet aus.

Lektion 7: # Micha

Was fordert der Herr von dir?

Haben Sie sich jemals gefragt, wie man Gott gefallen kann? Der Prophet Micha stellt nicht nur diese Frage, sondern gibt auch die Antwort darauf. Durch seinen Dienst konfrontiert er die Menschen mit Gottes Willen, zieht den Vorhang beiseite und wirft Gottes Licht auf die Welt seiner Tage. Er redet fast wie ein Rechtsanwalt in einem kosmischen Gerichtssaal und zeigt auf, wie weit ganz Israel und Juda sich vom Herrn entfernt haben und wie sie auf das Gericht zusteuern. Sie haben aus dem Blick verloren, was Gott wirklich von seinem Volk verlangt. Er predigt Samaria (Nordreich) und Jerusalem (Juda) und erklärt den Menschen, dass der religiöse Sünder Gott genauso zuwider ist wie der widerspenstige. Er trauert über den Zustand seines geteilten Volkes und sagt: *„Verloren gegangen ist der Fromme aus dem Land, und da ist kein Rechtschaffener unter den Menschen: Sie alle lauern auf Bluttaten, sie jagen jeder seinen Bruder mit dem Netz"* (Mi 7,2). Juda zeigte mit dem Finger auf Israel und seinen offensichtlichen Götzendienst. Weil die Menschen den formalen Gottesdienst aufrechterhielten, meinten sie, ihre Sünde der Ungerechtigkeit, ihr Mangel an Barmherzigkeit und ihr eigener praktizierter Götzendienst seien in Gottes Augen nebensächlich. Da sie immerhin „religiös" waren, hielten sie sich für besser als das „widerspenstige" Israel. Aber Sünde ist Sünde. Und durch Micha kündigt Gott Gericht an, wenn sein Volk keine Buße tut. *„Man hat dir mitgeteilt, Mensch, was gut ist. Und was fordert der HERR von dir, als Recht zu üben und Güte zu lieben und bescheiden zu gehen mit deinem Gott?"* (Mi 6,8).

DAS BUCH MICHA

Das Buch Micha besteht aus drei Botschaften (Mi 1,2–2,13; 3-5; 6-7), und jede beginnt mit der Aufforderung „zu hören", was der Herr seinem Volk sagen will. Obwohl Micha über die kommende Zerstörung Israels redet, wendet er sich in erster Linie an die Menschen des Reiches Juda. Seine drei Botschaften zeigen, dass Juda ebenso schuldig war wie Israel. Ohne Buße, würden sie wie Israel gezüchtigt.

Wann wirkte er?

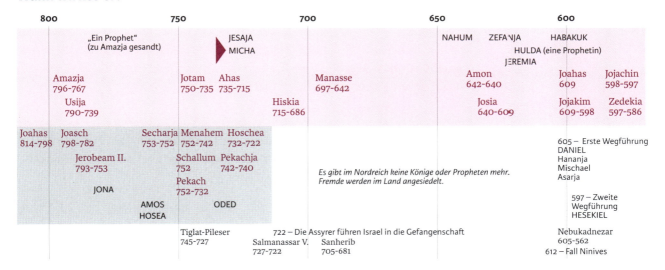

- 115 -

PROPHETEN

Micha
1. Tag

Die Zurichtung des Boten

Micha diente als Prophet in Juda während der Zeit von Jesaja und Hosea. Über ihn ist nur wenig bekannt, aber sein Dienst ist einer der Gründe dafür, dass Juda fast anderthalb Jahrhunderte das Nordreich Israel überdauerte. Der Name *Micha* ist die Kurzform von Michael und bedeutet „Wer ist wie Jahwe?". In Micha 1,1 erfahren wir, dass er aus der judäischen Stadt Moreschet stammt, die etwa 40 Kilometer südwestlich von Jerusalem lag, nahe der Philisterstadt Gat (Mi 1,14). Ebenso wie sein Zeitgenosse Jesaja kündigte Micha den zukünftigen Fall des Nordreichs durch die Assyrer an sowie die spätere Eroberung des Südreichs durch die Babylonier. Micha diente im achten Jahrhundert vor Christus während der Könige Jotam, Ahas und Hiskia (Mi 1,1). Und die Erweckung in den Tagen Hiskias lässt sich auf die frühen Bemühungen von Jesaja und Micha zurückführen. Micha sprach vom kommenden Gericht, das über das Nordreich wegen seines Götzendienstes und seiner Widerspenstigkeit hereinbrechen würde. Gleichzeitig prangerte er die scheinheilige Frömmigkeit Judas an. Seine Sünden waren nicht so offensichtlich, sondern mit der äußeren Form von Religion verdeckt, aber das Herz der Menschen war genauso weit von Gott entfernt. Die Kernfrage, die er aufwirft und beantwortet, lautet: Was fordert der HERR von dir?

> **Lesen Sie Micha 1,1. Welche Details erfahren Sie über Micha und seinen Dienst?**

_____

_____

_____

> **Schon gewusst?**
> **JUDA UND SAMARIA**
>
> Michas Botschaft war „über Samaria und Juda". Als sich Israel nach der Regierung Salomos in zwei getrennte Nationen spaltete, regierten die Nachkommen Davids weiterhin über das Südreich (Juda). Jerusalem war Hauptstadt und geistliches Zentrum. Jerobeam, ein Beamter Salomos, wurde König in Israel und erhob Samaria zur Hauptstadt des Nordreichs. Auch wenn Michas Botschaft über Samaria und Jerusalem war, ist sie doch ganz deutlich für Juda geschrieben, denn es werden ausschließlich die Könige des Südreichs erwähnt. Gott wollte, dass Juda von Israels Sünden lernte und sich durch dessen Zerstörung im Jahr 722 warnen ließ.

Propheten unterschieden sich von anderen Menschen dadurch, dass das *„Wort des HERRN"* an sie erging. Sie hatten ihren Dienst „empfangen", nicht „errungen". Gott hatte sie dazu ausgewählt, für ihn zu reden. Wir lesen, dass das *„Wort des HERRN"* zu Micha aus Moreschet geschah. Den Zeitpunkt seines Wirkens können wir aus der Regierungszeit der Könige Jotam, Ahas und Hiskia ableiten – sie alle waren Könige über Juda. Abschließend erfahren wir, worauf der Schwerpunkt von Gottes Botschaft lag – es ging um Samaria und Jerusalem.

Um die Worte Michas zu verstehen, müssen wir uns ein Bild von der Zeit machen, in der er lebte und diente. Lesen Sie 2. Könige 15,33-35 und 2. Chronik 27,1-2. In welchem geistlichen Zustand waren die Menschen während der Herrschaft Jotams? Er war der erste König, unter dem Micha diente.

_____

_____

Lektion 7: Micha

Obwohl Jotam kein böser König war, führte er das Volk nicht in Gerechtigkeit. Zweite Chronik 27,2 sagt, *„das Volk handelte noch verderblich"*. Seine Herrschaft förderte also weder Gottesfurcht noch Erweckung. In 2. Könige 15,33-35 erfahren wir konkreter, dass es die „Höhen" mit ihrer falschen Anbetung immer noch gab. Das sagt uns nicht nur etwas über den Zustand der Menschen, sondern auch, dass Michas Dienst in den Tagen Jotams alles andere als fruchtbringend war.

Sehen Sie sich jetzt 2. Chronik 28,1-5 und 16-25 an. In welchem Zustand war Juda in den Tagen von König Ahas? Er war der zweite König während Michas Dienst.

_____

_____

Die Herrschaft Ahas' war für Juda ein moralischer Schritt abwärts. Zumindest war Jotam ein guter Mann gewesen, auch wenn er nichts unternommen hatte, sein Volk zur Nachfolge Gottes anzuspornen. Ahas hingegen war die Verkörperung des Bösen. Statt dem guten Beispiel seines Vorfahren David zu folgen, hielt er es mit den Sünden und dem Götzendienst der bösen Könige Israels. Er führte die Anbetung Baals ein und opferte sogar seine eigenen Söhne den kanaanitischen Götzen. In der Folge brachte Gott schwere Zeiten über Juda, und fremde Heere fielen ein. Aber statt zum Herrn umzukehren und seine Hilfe zu suchen, verbündete Ahas sich mit den heidnischen Nachbarn und folgte ihren Götzen. Während seiner Zeit auf dem Thron ließ Ahas Zügellosigkeit im Volk zu und handelte untreu gegenüber dem Herrn (2Chr 28,19).

AHAS UND GÖTZENDIENST

Ahas folgte dem schlechten Beispiel, das die selbsternannten Könige des Nordreichs eingeführt hatten. Er machte Gussbilder für den Baalsdienst, brachte Rauchopfer im Tal Ben-Hinnom dar und übernahm so die heidnischen Praktiken seiner nördlichen Nachbarn. In diesem Tal wurde Moloch angebetet, wozu grausame Kinderopfer gehörten. Ahas ging sogar so weit, seinen eigenen Sohn dem Moloch, einer ammonitischen Gottheit, als Brandopfer darzubringen (2Kö 16,3). Er ließ die heidnischen Praktiken der Kanaaniter wiederaufleben, die das Land vor Israel bewohnt hatten. Jede Art heidnischen Rituals führte Ahas im Land wieder ein. Er schloss die Türen des Tempels und betete die Götter von Damaskus an, nachdem er von diesem Volk besiegt worden war.

📖 **Lesen Sie 2. Könige 18,1-6. Was lernen Sie aus dieser Zusammenfassung von Hiskias Herrschaft?**

_____

_____

_____

_____

Hiskia war für Juda wie das Einatmen frischer Luft. Er machte viele der schlimmen Praktiken rückgängig, die sein Vater in Juda eingeführt hatte. Als Wichtigstes wird über ihn gesagt, dass er das Rechte *„in den Augen des HERRN"* tat. Er beseitigte die Höhen und all die anderen Gegenstände des Götzendienstes. Er zerstörte sogar die bronzene Schlage des Mose, weil sie für die Menschen zu einem Götzen geworden war. Das Leben des Hiskia war so sehr durch Gottvertrauen gekennzeichnet, dass er der größte König Judas genannt wird (2Kö 18,5). Dieser Titel macht ihn natürlich nicht besser als König David, der ja nicht nur König über Juda, sondern über ganz Israel war. Offensichtlich trug Michas Predigt in den Tagen Hiskias ihre Frucht.

PROPHETEN

Micha
2. Tag

Die Botschaft des Gerichts

Als das Kabinett des amerikanischen Präsidenten Millard Fillmore einmal tagte, entstand ein Gespräch zwischen einigen Abgeordneten und Außenminister Daniel Webster. Die Männer fragten Webster: „Was war der wichtigste Gedanke, den Sie jemals hatten?" Nach kurzem Nachdenken sagte er: „Der wichtigste Gedanke, den ich als Kind Gottes hatte, lautet: Ich bin Ihm verantwortlich." Er fuhr fort und sprach zwanzig Minuten über dieses Thema. Als dann die Kabinettsitzung vorüber war, verließen alle Mitglieder schweigend den Saal.

Weil Gott Gott ist, sind wir ihm rechenschaftspflichtig. Er hat uns geschaffen und erlöst. Eines Tages wird er uns richten. Wie Daniel Webster damals und wie so viele Propheten vor ihm stand Micha vor dem Volk Gottes und erinnerte die Menschen daran, dass sie Gott Rechenschaft schuldeten. Micha begann seine Botschaft mit einer unvermittelten Erinnerung daran, dass Gott sein Volk richten wird. Israel war in einem erbärmlichen Zustand und stand kurz davor, als souveräne Nation von der Bildfläche zu verschwinden. Juda, Michas Zuhörerschaft, hatte einen Platz in der ersten Reihe, um Gottes Gericht über Israel mitverfolgen und bezeugen zu können. Aber die Botschaft Michas erinnerte das Volk von Juda daran, dass sie genauso schuldig waren wie Israel und auch gerichtet würden. Behalten Sie im Gedächtnis, dass Michas Botschaft ein Ruf zur Rechenschaft war.

> **Lesen Sie Micha 1,2-7. Beantworten Sie dann die folgenden Fragen.**

An welche Zuhörerschaft wendet sich Michas erste Botschaft (V. 2)?

_____

_____

_____

Wer ist in diesem „kosmischen Verhandlungssaal" der Zeuge, und woher spricht er (V. 2)?

_____

_____

_____

Was wird Gott tun (V. 3-4)?

_____

_____

Lektion 7: Micha

Warum wird Gottes Gericht kommen (V. 5.7b)?

_____

_____

Micha beginnt seine erste Botschaft, indem er das Bühnenbild für einen „kosmischen Verhandlungssaal" herrichtet. Die Geschworenen sind alle Bewohner der Erde, während Gott sich darauf vorbereitet, als Zeuge gegen sein eigenes Volk aufzutreten. Es ist bedeutsam, dass er selbst *„von seiner Stätte"* herniederkommt. Was für ein Gegensatz zwischen Gott in seinem Heiligtum und den bösen Menschen, die seinen Namen tragen. Er wird seine heilige Stätte zum Gericht über Israel und Juda verlassen. Eines Tages wird er auf den Höhen der Erde schreiten. Das bedeutet nicht, dass er zum Bergsteigen geht. Die Höhen waren die Heiligtümer, die Israel und Juda aufgerichtet hatten, um die falschen Götter anzubeten oder – in manchen Fällen – den wahren Gott auf eine Weise anzubeten, die er nicht angeordnet hatte. Gott begann, falsche Anbetung und Götzendienst auszumerzen. Er würde Jakobs (Israels) Widerspenstigkeit richten, die im Götzendienst ihren Ausdruck fand und die er mit geistlicher Hurerei verglich. Das Gericht über Israel erfüllte sich 722 v. Chr. (ca. 13 Jahre nachdem Micha seinen Dienst begonnen hatte), als die Assyrer einfielen und das Volk gefangen wegführten.

📖 **Lesen Sie Micha 1,8-9. Beantworten Sie dann die folgenden Fragen.**

Wie reagiert Micha auf die Ankündigung des Gerichts über Samaria (V. 8)?

_____

_____

_____

Welchen Ausgang würde Gottes Gericht für Samaria bringen (V. 9a)?

_____

_____

Wie würde sich Israels Unglück auf Juda auswirken (V. 9b)?

_____

_____

_____

MICHAS DREI BOTSCHAFTEN

Das Buch Micha besteht aus drei Botschaften, von denen jede durch das Wort *Hört* eingeleitet wird. Die erste Botschaft beginnt in Kapitel 1,2 („*Hört, all ihr Völker*") und geht bis zum Ende von Kapitel zwei. Sie ist eine Botschaft des Gerichts. Die zweite Botschaft beginnt in Kapitel 3,1 („*Hört doch, ihr Häupter Jakobs*"). Sie geht bis zum Ende von Kapitel 5 und konzentriert sich auf Gottes Verheißungen für sein Volk. Es ist eine Botschaft der zukünftigen Hoffnung. Die dritte Botschaft beginnt in Kapitel 6,1 („*Hört doch, was der HERR sagt*"). Sie geht bis zum Ende des Buches und hat ihren Schwerpunkt auf Vergebung.

PROPHETEN

Wortstudie
MICHAS WORTWAHL

In Micha 1,10-15 gebraucht der Prophet eine Reihe von Wortspielen, um seine Gerichtsbotschaft zu veranschaulichen. In unseren deutschen Übersetzungen ist die Bedeutung der Verse nicht so klar, wie sie es für Michas Zuhörer gewesen ist. Micha baut seine Botschaft poetisch auf, indem er mit der hebräischen Bedeutung der Städtenamen spielt. Zum Beispiel in Vers 10: *„In Bet-Leafra [Haus des Staubes] wälze ich mich im Staub."* In Vers 11 heißt es: *„Nicht ist zum Kampf ausgezogen die Bewohnerin von Zaanan [ausziehen]."* Kreativ bringt Micha seine Botschaft.

Micha trauert oder „klagt" wegen des Gerichts über Israel, das vor der Tür steht. Zu seiner Zeit war *„barfuß und nackt gehen"* ein Zeichen für Demut. Und wenn es mit Klagen einherging, war das in dieser Kultur ein Ausdruck von Trauer. Micha musste die Last tragen, im Voraus von diesem kommenden Gericht zu wissen, und davon, dass die Wunden dieses Gerichts unheilbar sein würden. Es sollte keine Buße in letzter Minute geben, um Gottes Zorn hinauszuzögern. Gott würde Samaria (Israel) zum Teil deswegen richten, weil es begonnen hatte, Juda mit sich runterzuziehen. Israels Götzendienst wurde ein Stolperstein, als Juda und Jerusalem begannen, Israels bösem Beispiel zu folgen.

Micha 2 erklärt, warum Gott Gericht über sein Volk bringt. Lesen Sie zuerst das ganze Kapitel, und sehen Sie sich dann die unten angegebenen Verse an. Schreiben Sie jeweils auf, was Sie über das geistliche und moralische Klima des Landes lernen.

2,1: _____

2,2: _____

2,6: _____

2,8: _____

2,9: _____

2,11: _____

> *„Denn die Zeit ist gekommen, dass das Gericht anfange beim Haus Gottes; wenn aber zuerst bei uns, was wird das Ende derer sein, die dem Evangelium Gottes nicht gehorchen?"*
> **1. Petrus 4,17**

In diesem entmutigenden Kapitel erfahren wir, dass Gottes Volk auf ein solch gewöhnliches Niveau gesunken war, dass Ungerechtigkeit normal und Gerechtigkeit unnormal geworden war. Menschen lagen nachts wach und träumten davon, wie sie betrügen und stehlen (V. 1-2). Sie übervorteilten Fremde, die durchs Land zogen, und beraubten hilflose Frauen. Gerechtigkeit herrschte nicht länger im Land, noch gab es ein Verlangen danach. Die Menschen wollten die Wahrheit nicht hören, welche die Propheten ihnen verkündeten (V. 6). Aber wenn jemand *„von Wein und Rauschtrank"* benebelt seine Weisheit kundtun wollte, fand er immer eine bereitwillige Zuhörerschaft (V. 11). Es verwundert nicht, dass bei solch verwahrlosten Menschen das Gericht am Horizont lauerte. Auch heute beginnt das Gericht immer bei Gottes Volk, weil sie die Wahrheit empfangen haben und somit eine größere Verantwortung zum Gehorsam tragen.

Michas erste Botschaft war ernst! Gericht ist weder für den Verkündiger noch für die Zuhörer angenehm. Trotzdem war diese Botschaft notwendig. Ein grundlegendes Prinzip lautet, dass wir ernten, was wir säen. Michas zweite Botschaft beginnt in Kapitel 3 und offenbart, warum Israel als Nation zusammenbrechen und Juda folgen wird, wenn es nicht umkehrt.

Lektion 7: Micha

 Lesen Sie Micha 3,12. Fassen Sie zusammen, was passieren wird. Wem weist Micha die Schuld dafür zu?

_____

_____

 **Wortstudie GELDLIEBE**

Als Micha über die Führer und Priester spricht, zeigt er, dass sie den richtigen Dienst aus den falschen Motiven tun. Die Führer sollten gerechte Entscheidungen treffen und die Priester die Menschen in einem gottesfürchtigen Leben anleiten. Aber Geld verkehrte ihren Dienst ins Gegenteil. Micha sagte über die Propheten – zu denen auch er gehörte –, dass sie "wahrsagen für Geld". Das hebräische Wort kasam (wahrsagen) steht für Tätigkeiten, die Gott verboten hatte: Zauberei, Wahrsagerei. Auf was für ein niedriges Niveau war das Prophetenamt gefallen!

Micha kündigt an, dass Zion ein gepflügter Acker sein wird. Gott wird den harten Boden brechen, Jerusalem wird zu einem Trümmerhaufen, der Tempelberg zu Waldeshöhen – diese Höhen könnten ein Hinweis auf die Kultstätten sein, wo Rauchopfer und falsche Anbetung dargebracht wurden. Aber noch wahrscheinlicher ist diese Formulierung ein Hinweis darauf, dass der Tempelberg zerstört werden wird. Besonders interessant an diesem Gericht ist die Aussage zu Beginn: *„Darum wird euretwegen ..."* Schuld an dem Gericht tragen die Menschen, an die Kapitel 3 gerichtet ist.

 Lesen Sie Micha 3,1-11.

Welcher Sünde machten sich die weltlichen Führer Israels schuldig (V. 2-4)?

_____

_____

Welche Sünde begingen die geistlichen Führer (V. 5)?

_____

_____

Israels *Häupter* und *Anführer* (weltliche Führer) wussten genau, was Gerechtigkeit bedeutet. Aber sie hassten das Gute und liebten das Böse. Sie gebrauchten ihre Position, um andere auszunutzen und sich selbst zu dienen. Sie „fraßen" andere als Nahrung. Aber Israels geistliche Führer waren genauso korrupt. Sie predigten denen Frieden, die sie „fütterten", und Krieg denen, die es nicht taten. Mit anderen Worten: Sie wollten der Menge gefallen. Vers 11 sagt: *„Seine Häupter richten für Bestechung, seine Priester lehren für Lohn, und seine Propheten wahrsagen für Geld."* Die politischen Führer dienten nicht den Menschen, und die Priester dienten nicht dem Herrn – alle dienten sich selbst. Auch das einfach Volk hatte sich schuldig gemacht: Sie hatten die falschen Propheten bestochen und unterstützt, die nur das predigten, was sie hören wollten. Micha sagt, *„darum wird euretwegen"* das Gericht mit Gewissheit kommen. Oft wollen wir korrupten Politikern oder heuchlerischen Predigern die Schuld an den Missständen in der Gesellschaft zuschieben. Aber Politiker werden gewählt, Prediger unterstützt. Deswegen mahnt Paulus: *„Denn es wird eine Zeit sein, da sie die gesunde Lehre nicht ertragen, sondern nach ihren eigenen Begierden **sich selbst** Lehrer **aufhäufen** werden, weil es ihnen in den Ohren kitzelt"* (2Tim 4,3).

PROPHETEN

Micha
3. Tag

Die Botschaft der Verheißung

Jemand hat einmal gesagt, der Mensch kann drei Monate ohne Nahrung überleben, drei Tage ohne Wasser, drei Minuten ohne Luft, aber nicht mehr als drei Sekunden ohne Hoffnung. Den Christen unterscheidet von allen anderen Menschen, dass er nie ohne Hoffnung ist. Titus 2,13 sagt uns, dass wir in dieser gegenwärtigen Zeit leben, *„indem wir die glückselige Hoffnung und Erscheinung der Herrlichkeit unseres großen Gottes und Retters Jesus Christus erwarten."* In 1. Thessalonicher 4,13 spricht Paulus an, wie wir über Christen denken sollen, die bereits verstorben sind. Weil wir unsere Zukunft kennen, trauern wir nicht wie die, *„die keine Hoffnung haben"*. Hoffnung ist bloß eine Fassade für Menschen, die den Herrn nicht kennen. Aber für die Gläubigen ist sie so wirklich wie der Herr selbst, *„unsere Hoffnung"* (1Tim 1,1). Hätte Micha seine Predigt nach der Ankündigung des kommenden Gerichts beendet, wären Israel und Juda noch tiefer in ihrem hoffnungslosen Zustand versunken. Aber Micha hat hier nicht aufgehört. Und obwohl das Gericht für Israel und später auch für Juda gewiss war, war die ganze Situation doch nicht hoffnungslos. Gott würde sein Volk nicht verlassen. Auch wenn die Menschen treulos waren, würde er ihnen treu bleiben. An einem kommenden Tag wird Gott alles erfüllen, was er Israel jemals verheißen hat. Wenn wir jetzt zu Kapitel 4 kommen, erhalten wir eine Ahnung von der zukünftigen Hoffnung.

> *„Wir wollen euch aber, Brüder, nicht in Unkenntnis lassen über die Entschlafenen, damit ihr nicht betrübt seid wie die Übrigen, die keine Hoffnung haben."*
> **1. Thessalonicher 4,13**

Vergleichen Sie Micha 3,12 mit 4,1-4.

Was passiert in Micha 3,12?

Was passiert in Micha 4,1-4?

Wann geschehen diese Ereignisse?

Welche der Verheißungen in Micha 4,1-4 sind schon erfüllt?

Lektion 7: Micha

Was für ein Kontrast zwischen Micha 3,12 und dem Beginn von Kapitel 4! Micha spricht von einem kommenden Tag, an dem „*Zion als Acker gepflügt …, und Jerusalem … zu Trümmerhaufen*" wird. Diese Prophetien haben sich erfüllt, als Israel im Jahr 722 v. Chr. zerstört wurde und Jerusalem und Juda im Jahr 586 v. Chr. fielen. Aber Micha 4 beginnt mit der Verheißung, dass Jerusalem „*am Ende der Tage*" keine Öde mehr sein wird, sondern der Mittelpunkt der Welt, wohin alle kommen, um in den Wegen des Herrn belehrt zu werden. An jenem Tag wird die Gerechtigkeit mit ihm als oberstem Richter regieren, und Frieden wird herrschen. Offensichtlich ist vieles davon noch nicht erfüllt, denn die Menschen haben ihre Waffen noch nicht zu landwirtschaftlichen Geräten umgearbeitet; und es werden immer noch Soldaten für den Krieg ausgebildet. Wir warten noch auf den Tag, wo nichts und niemand mehr Menschen aufschreckt. Aber alle diese Dinge werden eintreffen, „*denn der Mund des HERRN der Heerscharen hat geredet.*"

✝ Lesen Sie Micha 4,5-13.

Was brachte die unmittelbare Zukunft für Jerusalem und seine Bewohner (V. 9-11)?

___

___

Was wird die Zukunft letztendlich bringen (V. 8.13)?

___

___

Schwere Zeiten wurden schon sehr bald das Normale für Israel und Juda. Tatsächlich war Israel schon an Assyrien gefallen, als Micha seine zweite Botschaft verkündigte. Micha 5,13 deutet an, dass diese Botschaft an Juda und Jerusalem gerichtet ist („*deine Städte*"). Bald würden die Menschen gezwungen, ihre Städte zu verlassen und für siebzig Jahre in die babylonische Gefangenschaft zu ziehen. Aber von dort sollten sie befreit werden! In der fernen Zukunft wird ein Tag aufleuchten, an dem Israel zu alter Herrlichkeit kommt und die Welt regieren wird von Jerusalem aus. Gott gab ihnen Hoffnung, die sie durch die schweren Zeiten begleiten sollte.

In Micha 5 finden wir Prophetien, die besonders auf Jesus Christus hinweisen. Lesen Sie Micha 5,1-2, und beantworten Sie die folgenden Fragen.

Woher wird der Messias kommen (V. 1)?

___

___

NOCH AUSSTEHENDE PROPHETIE

Micha 4,3 spricht von einem Tag, an dem es keinen Krieg mehr gibt und Waffen zu landwirtschaftlichen Geräten umgearbeitet werden. Das lesen wir auch bei Jesaja: „*Dann werden sie ihre Schwerter zu Pflugscharen umschmieden und ihre Speere zu Winzermessern*" (Jes 2,4). Aber dieser Tag ist noch nicht gekommen. Joel 3,10 spricht von einem Tag, an dem Gott seinem Volk zuruft: „*Schmiedet eure Pflugscharen zu Schwertern und eure Winzermesser zu Lanzen! Der Schwache sage: Ich bin ein Held!*" Bevor diese Zeit des Friedens kommt, wird es eine Zeit des Krieges geben, wie die Welt sie nicht gesehen hat. Joel nennt es den „*Tag des HERRN*".

ERFÜLLTE PROPHETIE

Während der Jahre von Michas Dienst erfüllten sich seine Vorhersagen über Samaria, als das Volk 722 von den Assyrern erobert wurde. Durch Michas Dienst und den seines Zeitgenossen Jesaja tat Juda unter König Hiskia Buße, sodass Gottes Gericht für sie aufgeschoben wurde. Juda bestand als Nation fast weitere 140 Jahre aufgrund dieser Buße. Im Jahr 586 v. Chr. fielen die Babylonier schließlich im Land ein. Obwohl diese Generation aus den Fehlern Israels lernte, versäumten sie es, das Gelernte an zukünftige Generationen weiterzugeben.

PROPHETEN

Was wird seine Aufgabe sein (V. 1)?

_____

_____

Was sagt dieser Vers über seinen Ursprung?

_____

_____

Was für ein Herrscher wird der Messias sein (V. 3)?

_____

_____

Was wird das Ergebnis seiner Herrschaft sein (V. 4a)?

_____

_____

Schon gewusst? MESSIANISCHE PROPHETIE

Matthäus zitiert Micha 5,1 im Bericht der Hohenpriester und Schriftgelehrten vor König Herodes, als die Weisen aus dem Morgenland den neugeborenen König suchen (Mt 2,6). Diese Weisen gehörten zu einer Gruppe von Gelehrten, die zu seiner Zeit in Babylon der Aufsicht des Propheten Daniel unterstellt gewesen waren. Die von ihm gelehrten Prophetien waren über Generationen hinweg weitergegeben worden, sodass man von einem kommenden König wusste.

Siebenhundert Jahre vor der Geburt des Messias sagte Micha exakt seinen Geburtsort voraus: Bethlehem. Gott wird Jesus erhöhen, damit er „Herrscher über Israel" ist. Mit all diesen Offenbarungen der Heiligen Schrift können wir leichter verstehen, dass „seine Ursprünge sind von den Tagen der Ewigkeit her", obwohl Jesus in Bethlehem geboren wurde. Durch Jesus wird Israel schließlich einen Herrscher haben, der ein treuer Hirte ist und sie „in der Kraft des HERRN" weidet. Christus wird groß sein „bis an die Enden der Erde". Die stärkste Aussage ist hier der Satz: „Dieser wird Friede sein." Christus ist die glückselige Hoffnung Israels – und unsere einzige Hoffnung heute!

Gott war mit Israel nicht fertig. Auch wenn er sie richtete, war das zu ihrer eigenen Reinigung. Die Strafe war zu ihrem Guten: Gott reinigte sie und formte sie zu dem Gefäß, wie er es wollte.

 Lesen Sie Micha 5,9-13.

Machen Sie eine Liste der Dinge, die Gott aus seinem Volk ausrotten will.

_____

_____

Lektion 7: Micha

Warum beabsichtigt Gott, das zu tun (V. 12)?

_____

_____

Was bedeutet es, wenn Gott Pferde und Streitwagen ausrottet und Festungen niederreißt?

_____

_____

_____

An diesem zukünftigen Tag der Verheißung und Hoffnung wird Gott alle Pferde, Kriegswagen und Festungen wegschaffen – all das, worauf Menschen ihre Hoffnung auf Rettung setzen. Pferde waren die Stärke der Ägypter im Kampf; Streitwagen waren die Erfindung der hetitischen und kanaanitischen Könige; befestige Städte waren ein Beispiel dafür, wie der Mensch auf das Werk seiner Hände vertraut, das ihn rettet und beschützt. Gott wird eines Tages Zauberei, Wahrsager und Götzenbilder ausrotten – alles das, worauf sein Volk hoffen könnte statt auf ihn. Wenn er ihr Friede ist (Mi 5,5), brauchen sie auf nichts anderes vertrauen.

Was für einen Kontrast entfaltet Micha in diesen Kapiteln! Er begann seine Prophetien, indem er die falschen Führer Israels und Judas entlarvte. Jetzt offenbart und verkündet er den wahren Herrscher: Jesus! Die falschen Führer in Michas Tagen regierten um des persönlichen Gewinns willen. Der Messias wird herrschen _„in der Kraft des HERRN, in der Hoheit des Namens des HERRN"_ (Mi 5,4). Wegen der Sünde kommen Gericht und Krieg über das Volk Gottes. Gerechtigkeit wird durch Christus kommen, und Frieden wird regieren – _„und dieser wird Friede sein"_.

„Diese denken an Wagen und jene an Rosse, wir aber denken an den Namen des HERRN, unseres Gottes."
Psalm 20,7

Die Botschaft der Vergebung

Micha
4. Tag

Wie können schuldige Menschen Vergebung erfahren? Als Micha seine dritte und letzte Botschaft beginnt, stellt und beantwortet er die Frage: _„Was fordert der HERR von dir?"_ Über zahllose Generationen hinweg hat sich der Mensch kaum verändert. Wie Israel und Juda in längst vergangenen Tagen fällt jeder von uns in vielfacher Weise. Und wie das Volk Gottes in Michas Umgebung neigen wir dazu, mit unseren Fehlern auf die falsche Weise umzugehen. Wir versuchen, sie zu ignorieren. Aber Gott sorgt dafür, dass wir sie nicht vergessen. Wir versuchen, unsere Sünden durch

PROPHETEN

religiöse Aktivitäten zu kompensieren – aber das funktioniert nicht. Wir nehmen große Opfer auf uns und versuchen, Gott für unsere Sünden etwas zu bezahlen – all das ist aussichtslos. Unsere Werke können unsere Sünden nicht wiedergutmachen – das konnten sie noch nie! Wenn unsere Anstrengungen Sünden beiseiteschaffen könnten, bräuchten wir keinen Retter. Michas Botschaften sind schwer zu schlucken. Sie sind eine bittere Pille. Seine Botschaften sind die bittere Medizin für einen kalten, starken Realitätscheck. Wir kommen nicht ungestraft davon, wenn wir leichtfertig Gottes Gebote missachten! Aber Michas Botschaften verbreiten keine Hoffnungslosigkeit. Er beendet sie, indem er einen Weg zur Vergebung aufzeigt. Seine Botschaft ist zeitlos, denn die Menschen aus Israel und Juda waren nicht die ersten Sünder, noch waren sie die letzten.

✝ **Lesen Sie Micha 6,1-3. Gott ruft die Berge an, „den Rechtsstreit des HERRN" zu hören. Was war der Rechtsstreit des HERRN gegen sein Volk?**

_____

_____

_____

Im Grunde fragt Gott: „Was habe ich falsch gemacht, dass du dich anderen Göttern zuwendest?" Beachten Sie, wie er sie anspricht: *„Mein Volk"*. Sogar als Israel den HERRN verlassen hatte und seiner überdrüssig geworden war, nennt er sie *„Mein Volk"*. Nach allem, was Gott für Israel getan hat – er hat es befreit und beschützt, wie Micha 6,4-5 bezeugt –, wenden sie sich trotzdem von ihm ab.

> *„Hat der HERR so viel Lust an Brandopfern und Schlachtopfern wie daran, dass man der Stimme des HERRN gehorcht? Siehe, Gehorchen ist besser als Schlachtopfer, Aufmerken besser als das Fett der Widder."*
> **1. Samuel 15,22**

✝ **Lesen Sie Micha 6,6-7. Wie versucht das Volk Gottes, seine Sünden wiedergutzumachen?**

_____

_____

_____

Michas Anklage gegen das Volk lautete: Auch wenn ihr versucht, zum Herrn umzukehren, macht ihr das auf die falsche Weise. Sie meinten, ihre Sünden mit Opfern aufwiegen zu können. Sie schlugen sogar mehr Opfer vor, als vom Gesetz gefordert waren (*„Tausende von Widdern, an Zehntausenden von Bächen Öls"*). „Soll ich meinen *Erstgeborenen geben für meine Vergehen"*, fragten sie, *„die Frucht meines Leibes für die Sünde meiner Seele?"* Tatsächlich hat Ahas, ein König jener Tage, genau das getan. Dem Beispiel der heidnischen Kanaaniter folgend, opferte er seinen Sohn dem Moloch, einer kanaanitischen Gottheit (2Kö 16,3). Statt in einer engen Beziehung mit Gott zu leben, suchte Israel die Lösung durch religiöse Bußübungen.

Lektion 7: Micha

Was forderte Gott von seinem Volk (Mi 6,8)?

_____

_____

Gott ist nicht an einer äußeren Form religiöser Aktivität interessiert. Er möchte veränderte Herzen sehen. Sowohl durch die Gesetzgebung als auch durch viele Propheten hat er das Volk seine Forderung wissen lassen. Gott wünscht sich, dass sein Volk Recht übt, Güte liebt und demütig mit ihm geht. Er wollte, dass Gerechtigkeit regiert statt Korruption, die jene Tage kennzeichnete. Barmherzigkeit wollte er sehen, und nicht die Ausbeutung der Armen und Hilflosen. Am meisten aber wollte Gott, dass sie ihren Stolz ablegen und demütig mit ihm leben.

Was waren die Sünden des Volkes (Mi 7,1-6)?

_____

_____

_____

> *„Wer ist ein Gott wie du, der Schuld vergibt und Vergehen verzeiht dem Rest seines Erbteils! Nicht für immer behält er seinen Zorn, denn er hat Gefallen an Gnade."*
> **Micha 7,18**

Micha trauert, dass „*verlorengegangen ist der Fromme aus dem Land*". Erstaunlich, dass keine Rechtschaffenen gefunden wurden. Jeder suchte seinen Vorteil auf Kosten des anderen. Hinsichtlich des Bösen waren sie beidhändig – jede Hand war auf das Böse aus (V. 3). Selbst dem Ehepartner oder der Familie konnte man nicht trauen. Der Beste unter ihnen war wie ein „Dornstrauch" oder eine „Dornenhecke". Was für ein böser Tag war das! Aber selbst diesen Menschen bot Gott Vergebung an. Wenn sie Buße täten – und Juda tat es von Zeit zu Zeit –, würde Gott ihnen vergeben.

✝ **Lesen Sie Micha 7,18-20. Fassen Sie zusammen, was Sie über Gottes Vergebung gelernt haben.**

_____

_____

„*Wer ist ein Gott wie du*", ruft Micha einer Nation zu, die von Götzen überflutet ist, „*der Schuld vergibt und Vergehen verzeiht dem Überrest seines Erbteils?*" Was für eine gewaltige Verheißung zu wissen, dass Gott den Zorn gegenüber seinem Volk nicht immer behält, „*denn er hat Gefallen an Gnade.*" Micha schließt sein kraftvolles Buch, indem er die gerichtsreife Nation daran erinnert, dass ein Tag kommen wird, an dem der Herr wieder Mitleid mit seinem Volk haben wird. Er wird ihre Sünden im Meer des Vergessens versenken und ein Schild mit der Aufschrift „Angeln verboten"

PROPHETEN

aufstellen. Die stärkste Botschaft von allen ist, dass Gott in Treue seinen Bund mit Israel hält, auch wenn das Volk untreu ist. *„Wer ist ein Gott wie du?"*

Micha
5. Tag

Ich folge Gott nach

„Was wollt ihr von mir?", schreit ein rebellischer Teenager seine Eltern an. Aber die Wahrheit lautet: Das Problem ist nicht, dass er den Willen seiner Eltern nicht kennt – er hat keine Lust, ihn zu tun. Die geteilten Reiche Israel und Juda sind wie Gottes Kinder, die ihre rebellischen Teenagerjahre durchleben. Juda, die gute Schwester, sieht die Rebellion ihrer älteren Schwester und die schrecklichen Konsequenzen. Am Ende macht sie dieselben Fehler. Jemand sagte einmal: „Es gibt zwei Arten, auf die man jede geistliche Wahrheit lernen kann – *akademisch* (durch das Studium der Bibel und der Fehler anderer) und *praktisch* (durch eigene Fehler)." Durch das Buch Micha gibt Gott uns die Möglichkeit, von den Fehlern Israels zu lernen, damit wir sie nicht selbst machen müssen. Wir dürfen nicht meinen, dass wir als Kinder Gottes immun gegen Strafe sind, wenn wir eigene Wege gehen. Auch noch so viele religiöse Werke sind kein Ersatz für ein unbußfertiges Herz. *„Man hat dir mitgeteilt, o Mensch, was gut ist"* (Mi 6,8). Gott möchte nicht, dass wir eine äußere Form von Religion aufweisen. Er fordert uns auf, *„Recht zu üben und Güte zu lieben und demütig zu gehen"* mit ihm.

„Man hat dir mitgeteilt, Mensch, was gut ist. Und was fordert der HERR von dir, als Recht zu üben und Güte zu lieben und bescheiden zu gehen mit deinem Gott?"
Micha 6,8

Israel war ein widerspenstiges Kind. Statt Gerechtigkeit zu suchen, träumte jeder nur davon, auf Kosten der anderen selbst vorwärts zu kommen. Statt Güte zu zeigen, vertrieben sie Frauen (Witwen) aus ihren Häusern und setzten sie auf die Straße. Sie beraubten die Armen und Benachteiligten. Statt demütig mit Gott zu gehen, jagte Israel den Götzen der Kanaaniter nach. Gottes Gericht war unausweichlich!

Gibt es in Ihrem Leben ein „Israel"? Kennen Sie jemanden, der offen gegen Gott rebelliert und dann auch Gericht erlebt hat?

_____

_____

_____

Um welche Sünde ging es?

_____

_____

Lektion 7: Micha

Was waren die Folgen?

_____

_____

Waren Sie versucht, sich für besser zu halten als dieser Mensch?

_____

_____

Gott wollte, dass Juda (und wir) sich ansieht, was er mit Israel tat. Alle sollten sehen, dass Sünde Gericht nach sich zieht. Ein grundlegendes Gesetz in Gottes Schöpfung lautet: Du erntest, was du gesät hast. Gottes Volk war Zeuge, als er bei der Landnahme die kanaanitischen Völker richtete. Irgendwie war Israel der Meinung, selbst niemals gerichtet zu werden, auch wenn sie genau die gleichen Sünden wie die Kanaaniter begingen. Gott musste Israel eine Lektion erteilen. Aber gleichzeitig würde Juda etwas lernen, denn es hatte sich auch mit Israels Sünden beschmutzt (Mi 1,5). Juda war nicht so offensichtlich widerspenstig wie Israel, sondern eher durch religiöse Formen getarnt. Sie hielten immer noch am Tempeldienst fest, aber ihr Herz war weit weg von Gott. Und ihre „Sabbat-Religion" hatte wenig Auswirkung auf den Alltag.

👣 **Ist Ihre Beziehung zu Gott echt und bedeutungsvoll, oder tun Sie nur so als ob? Schätzen Sie sich auf der Skala unten ein.**

Echte Beziehung zu Gott ⟵⟶ Frommes Ritual

Offen rebellisch ⟵⟶ Versteckt rebellisch

Welche religiösen Aktivitäten pflegen Sie regelmäßig?

❑ Gottesdienst
❑ Bibelstudium
❑ Fasten
❑ Bibelstunde
❑ Zeugnis geben
❑ Stille Zeit
❑ Geben
❑ Dienste für andere
❑ Gebet

Sonstiges: _____

PROPHETEN

> *„Er aber sprach zu ihm: ‚Du sollst den Herrn, deinen Gott, lieben mit deinem ganzen Herzen und mit deiner ganzen Seele und mit deinem ganzen Verstand.' Dies ist das größte und erste Gebot. Das zweite aber ist ihm gleich: ‚Du sollst deinen Nächsten lieben wie dich selbst.' An diesen zwei Geboten hängt das ganze Gesetz und die Propheten."*
> **Matthäus 22,37-40**

Sehen Sie sich die Liste noch einmal an, und fragen Sie sich: „Was davon mache ich aus dem Verlangen, Gott kennenzulernen, und was ist nur Gewohnheit, Pflicht, Gewissensberuhigung?" Schreiben Sie Ihre Gedanken dazu auf.

_____
_____
_____
_____
_____

Was fordert der Herr von Ihnen? Er wünscht sich keine religiösen Opfer. König David schrieb: „Denn du hast keine Lust am Schlachtopfer, sonst gäbe ich es; Brandopfer gefällt dir nicht. Die Opfer Gottes sind ein zerbrochener Geist; ein zerbrochenes und zerschlagenes Herz wirst du, Gott, nicht verachten" (Ps 51,18-19).

Was fordert der HERR von Ihnen? Er fordert, dass Sie Recht üben, Güte lieben und demütig mit ihm gehen. Diese drei Ideale decken die drei wesentlichen Beziehungen in unserem Leben ab. „Recht üben" bezieht sich auf unsere eigenen Taten: Wir müssen unser Handeln prüfen, ob es gerecht ist. „Güte lieben" beschreibt unsere Beziehungen zu anderen. Sprüche 19,11 sagt: *„Die Einsicht eines Menschen macht ihn langmütig, und sein Ruhm ist es, an der Übertretung vorüberzugehen."* Wir sollten Freude daran haben, zu anderen gütig zu sein. Aber meist neigen wir zum Gegenteil. Uns selbst beurteilen wir nach unseren Motiven (was wir tun *wollten*), andere nach ihren Taten (was sie tatsächlich getan *haben*). Das „demütige Gehen" beschreibt schließlich unsere Beziehung zu Gott. Demut bricht durch, wenn wir uns mit aller Kraft nach Gottes Größe ausstrecken, und dann dabei unser Versagen erkennen. Wenn ein Mensch stolz ist, hat er weder die richtige Sicht von sich selbst noch von Gott.

Beziehung zu sich selbst

Denken Sie über Ihre Beziehung zu Gott und Ihren Lebensstil nach. Gibt es eine Ungerechtigkeit, die Gott Ihnen zu Bewusstsein bringt?

_____
_____
_____
_____

> *„Denn du hast keine Lust am Schlachtopfer, sonst gäbe ich es; Brandopfer gefällt dir nicht. Die Opfer Gottes sind ein zerbrochener Geist; ein zerbrochenes und zerschlagenes Herz wirst du, Gott, nicht verachten."*
> **Psalm 51,18-19**

Welche Schritte müssen Sie unternehmen, um das in Ordnung zu bringen?

Beziehung zu anderen

Fordert Gott Sie dazu auf, ein gütiges Herz gegenüber jemandem in Not zu haben? Gegenüber jemandem, der Sie beleidigt hat? Wie können Sie lernen, diesem Menschen gegenüber mit Freude gütig zu sein?

Gibt es gütige Taten, die Sie vernachlässigen?

Jeder von uns steht vor Gott immer und ausschließlich durch Gnade. Aber so oft fordern wir in Beziehungen mit anderen Vergeltung. Von anderen verlangen wir einen höheren Standard, als wir ihn selbst leben können. Der beste Ausgangspunkt, um ein gütiges Herz gegenüber anderen zu entwickeln, ist das Nachdenken darüber, wie wir selbst auf Gottes Gnade und Vergebung angewiesen sind.

Beziehung zu Gott

Sie sind aufgefordert, demütig *„mit deinem Gott"* zu gehen. Hat der Herr Sie diese Woche darauf aufmerksam gemacht, dass Stolz Ihr Leben verunreinigt hat? Hat er Ihnen Götzen in Ihrem Leben gezeigt?

_____

_____

_____

Nehmen Sie sich etwas Zeit, um über diese Lektion im Gebet nachzudenken.

> Herr, ich habe weder das Rechte getan, noch anderen Güte gezeigt. Stattdessen habe ich mich selbst entschuldigt und andere verurteilt. *„Wenn du, Jah, die Sünden anrechnest, Herr, wer wird bestehen? Doch bei dir ist die Vergebung, damit man dich fürchte"* (Ps 130,3-4). Zeig mir die Gerechtigkeit, die in meinem Leben fehlt. Packe mich mit deiner Gnade und Vergebung, damit ich anderen deine Güte zeige. Lass mich deine Majestät sehen und wie dringend ich dich brauche. Danke, dass du unwandelbare Liebe bist. *„Wer ist ein Gott wie du!"* Amen.

Schreiben Sie jetzt Ihr eigenes Gebet auf. Berücksichtigen Sie dabei, was Sie in dieser Lektion vom Propheten Micha gelernt haben.

_____

_____

_____

_____

_____

_____

_____

Lektion 8: # Jeremia

Gott vertrauen, wenn alles hoffnungslos scheint

Das Leben eines Propheten war nicht angenehm. Wenn er treu andere Menschen mit ihrer geistlichen Untreue konfrontierte, machte er sich nicht gerade Freunde oder gewann Einfluss auf sie. Als Prophet sprach er die Wahrheit auf eigene Kosten. Gemieden von der eigenen Familie und von Freunden, war der Prophet mit Verfolgung vertraut. Oft besiegelte er den Dienst mit seinem eigenen Blut. Aber von all den alttestamentlichen Boten Gottes war keiner einsamer, wurde keiner so verleumdet, musste keiner aufgrund seiner Botschaft so leiden wie der Prophet Jeremia. Als Jugendlicher wurde er berufen, die Botschaft des kommenden Untergangs zu predigen. Er war eingeladen, Gottes Leid über Sünde mitzuempfinden. In Jeremias Herzen war Mitleid gegenüber Juda. Und er weinte in dem Wissen, dass sein Volk erst zerbrochen werden musste, um geheilt zu werden. Jeremia lebte in scheinbar hoffnungslosen Tagen. Aber dieser „Mann der Schmerzen" des Alten Testaments durfte einen kurzen Blick auf den kommenden Mann werfen: Jesus, den Messias. Jeremias prophetische Botschaft ist eine Vorschattung des Messias, der für sein Volk zerbrochen wird, damit er sie zu einem neuen Gefäß bereiten kann. Dieser „Prophet des zerbrochenen Herzens" predigte über vierzig Jahre treu das Wort Gottes und beschloss sein Zeugnis mit dem Tod durch Steinigung als Märtyrer. Er warnte Juda, dass siebzig Jahre Gefangenschaft als Gericht für ihre Sünden auf sie warteten. Und als er schon erkaltet im Grab lag und die Gefangenschaft Wirklichkeit geworden war, las der Prophet Daniel die Worte Jeremias und fand Hoffnung darin. Obwohl niemand Jeremias Botschaft zu seinen Lebzeiten beachtete, hat Gott seither in jeder Generation sowohl Gläubige als auch Ungläubige durch seine Predigt herausgefordert. In seinen Worten sehen wir die Verheißung, dass Gott unsere Sünde richtet. Außerdem zeigt sich die

Wann wirkte er?

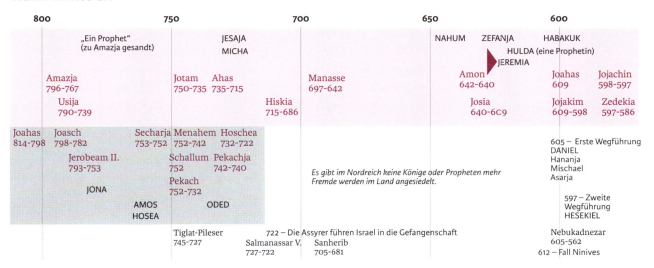

PROPHETEN

Tatsache, dass Gott über unsere Sünde Leid trägt. Und die Wahrheit, dass Gott bereit und fähig ist, unsere Sünden und ihren Schmutz wegzunehmen.

Jeremia
1. Tag

Jeremias Vorbereitung – Lernen, Gottes Zielen zu vertrauen

Jeremia wurde in Juda während der Herrschaft des bösen Königs Manasse geboren, etwa hundert Jahre nach dem Propheten Jesaja. Zweifellos hatte er von Jesajas erfolgreichem Bemühen gehört, Jerusalem vor den Assyrern zu retten. Jeremia lebte während der Herrschaft der letzten fünf judäischen Könige und predigte warnende Worte in dem Bestreben, Jerusalem vor der Eroberung durch die Babylonier zu retten. Aber Juda hatte sich geistlich schon zu weit entfernt, und Jeremia sollte es nicht gelingen, die Nation zu einer Erweckung zu führen. A. W. Streane leitet seinen Kommentar zum Buch Jeremia in der *Cambridge Bible for Schools and Colleges* mit einem bemerkenswerten Zitat von Lord Macauley ein:

Zur Vertiefung
JEREMIAS ZEITGENOSSEN

Jeremia war der Führer einer herausragenden Gruppe von Propheten, die in der Zeit um die Zerstörung Jerusalems dienten. Hesekiel, etwas jünger als Jeremia, war ebenfalls Priester und predigte in Babylon unter den Weggeführten. Er verkündete dort dieselbe Botschaft wie Jeremia in Jerusalem. Daniel stand für Gott im Palast Nebukadnezars. Habakuk und Zefanja halfen Jeremia in Jerusalem. Nahum und Obadja waren auch Zeitgenossen, die Botschaften für die umliegenden Nationen empfingen. Gott schickte seinem auserwählten Volk viele Stimmen, obwohl er wusste, dass die Menschen nicht darauf hören würden.

„Es fällt schwer, sich eine schmerzvollere Situation vorzustellen als die eines großen Mannes, der dazu verurteilt ist, den sich hinziehenden Todeskampf eines aufgeriebenen Landes anzusehen, es zu hüten während der abwechselnden Anfälle von Benommenheit und Raserei, die seiner Auflösung vorausgehen, und Schritt für Schritt die Anzeichen schwindenden Lebens zu sehen, bis nichts außer Kälte, Dunkelheit und Verderben übrigbleibt."

Macauleys Beurteilung von Juda kurz vor der Gefangenschaft fängt sehr treffend die hoffnungslose Situation ein, in der sich das Leben Jeremias abspielte, als er der Nation während ihrer letzten Könige diente. Wie Glut erlischt, wenn man das Feuer nicht schürt, so erlebte Jeremia über fast vierzig Jahre, wie Juda Warnung um Warnung empfing, sich aber weigerte, umzukehren und Buße zu tun. Er sah die teilweise Zerstörung Jerusalems im Jahr 606 v. Chr., und dann die zweite Welle der Eroberung und Wegführung im Jahr 596. Er sah die züngelnden Flammen mit eigenen Augen, als Jerusalem im Jahr 586 verbrannt und verwüstet wurde. Der herrliche Tempel Salomos lag in Trümmern, und der Rest des Volkes Gottes wurde in die Gefangenschaft geführt. Juda war nicht mehr.

Aber was führte Jeremia an diesen Platz? Welche Ereignisse bereiteten diesen höchst entmutigenden Dienst vor? Um Jeremia und seinen Dienst wirklich würdigen zu können, müssen wir zuerst seine Zeit verstehen.

In 2. Könige 22–23 lesen wir vom Tod des Königs Josia. Er war der letzte gottesfürchtige König von Juda. Obwohl er eine persönliche Erweckung erlebt und die Nation zu einer geistlichen Erneuerung geführt hatte, galt die Hingabe des Volkes doch mehr seinem frommen König als dem Gott, dem er diente. Sobald Josia tot war, vergaß der Großteil des Volkes die Reformen seiner Regierungszeit. Jeremia begann seinen Dienst in den letzten Jahren von Josias Herrschaft. Auf Josia folgten vier mittelmäßige Könige, die über den Untergang Judas herrschten. Wir wollen uns die Abwärtsspirale jener Tage ansehen.

Sehen Sie sich 2. Könige 23,30–25,11 an. Lesen Sie jeden Abschnitt, und beantworten Sie dann die folgenden Fragen.

Wie lange regierte Joahas, und was geschah mit Jerusalem während seiner Herrschaft (23,30-33)?

_____

_____

Wie lange regierte Jojakim, und was geschah mit Jerusalem während seiner Herrschaft (23,34–24,7)?

_____

_____

Wie lange regierte Jojakin, und was geschah mit Jerusalem während seiner Herrschaft (24,8-16)?

_____

_____

Wie lange regierte Zedekia, und was geschah mit Jerusalem während seiner Herrschaft (24,17–25,11)?

_____

_____

Joahas regierte nur drei Monate über Jerusalem, und er tat, was in den Augen des Herrn böse war. Er war die Wahl des Volkes, auch wenn er nicht Josias ältester Sohn war. Das Ende seiner Herrschaft kam, als Pharao Necho ihn nach Ägypten brachte und dort gefangen setzte. Als dann sein Bruder Jojakim König wurde, war dieser ein gottloser Vasallenkönig Ägyptens. Er legte dem Volk hohe Steuern auf. Drei Jahre später widersetzte er sich dem Pharao, und ein heidnisches Volk nach dem anderen drang nach Jerusalem ein. Jojachim wurde von seinem Sohn Jojachin auf dem Thron

Schon gewusst?
JEREMIA

Jeremia ist der Sohn des Priesters Hilkija aus der priesterlichen Linie Abjatars (2Chr 35,25; 36,12.21-22). Schon als Jugendlicher wurde er zum Propheten berufen, und er diente in Juda mehr als hundert Jahre nach dem Propheten Jesaja (Israel bestand als Nation schon nicht mehr). Josia, ein guter und gottesfürchtiger König, war seit etwa dreizehn Jahren auf dem Thron, als Jeremia erstmals Worte der Warnung predigte. Der Dienst Jeremias dauerte über fünf Jahrzehnte und erstreckte sich über die Regierungszeit von vier Königen. Sein Dienst mündete in das Ende Judas und in die siebzigjährige Gefangenschaft ein.

Schon gewusst?
IM BELAGERUNGSZUSTAND

Im Altertum, als die militärischen Waffen noch sehr einfach waren, schützten sich die Städte vor Angriffen, indem man ringsum Stadtmauern errichtete. Der effektivste Weg, eine solche Stadt anzugreifen – wenn man vorsichtig sein und die Zahl der Opfer geringhalten wollte –, war eine Belagerung. Im Grunde bedeutete das: Eine Armee umringte die Stadt, schnitt die Versorgungswege ab und wartete, bis der Stadt die Vorräte ausgingen. Wenn es auch etwas länger als ein direkter Einfall dauerte, war es eine sehr effektive Methode, um die Kapitulation zu erzwingen.

PROPHETEN

gefolgt, und auch dieser König tat, was böse war in den Augen des Herrn. Ägypten war keine Bedrohung mehr, nachdem es in der *Schlacht bei Karkemisch* (605 v. Chr.) von den Babyloniern besiegt worden war, aber dadurch wurden die Dinge für Jerusalem nicht besser. Nebukadnezar, der König von Babylon, belagerte Jerusalem, bis sich Jojachin ihm übergab. Er wurde gefangen genommen und die Stadt geplündert. Alle Schätze des Königshauses und des Tempels wurden mitgenommen, und die meisten vornehmen Bewohner nach Babylon in die Gefangenschaft geführt – einschließlich des Propheten Daniel und seiner Freunde). Jojachins Onkel Zedekia wurde nun mit Babylons Zustimmung König; und wie schon seine Vorgänger tat er, was böse war in den Augen des Herrn. Als er sich Babylon widersetzte, kam es zur letzten Belagerung Jerusalems, die eineinhalb Jahre dauerte. Als die Hungersnot die Armee zur Flucht trieb, brach Jerusalem zusammen und wurde von Nebukadnezar überrollt. Zedekia musste mitansehen, wie seine Söhne hingeschlachtet wurden. Dann sah er nichts mehr, denn man stach ihm die Augen aus und führte ihn gefangen nach Babylon. Jerusalem wurde niedergebrannt, Tempel und Stadtmauern zerstört. Die Menschen wurden weggeführt, und Juda, das noch von der Nation Israel übriggeblieben war, kam zum Ende.

Wortstudie: JEREMIAS BERUFUNG

In Jeremia 1,5 werden drei verschiedene hebräische Wörter benutzt, um Gottes Handeln vor Jeremias Geburt zu beschreiben. Das erste ist „erkennen" (jada). Das Verb steht in der Zeitform der Vergangenheit. Das weist darauf hin, dass dieses Kennenlernen nicht das Ergebnis eines Prozesses oder einer Untersuchung war. Sondern noch vor Jeremias Geburt wusste Gott alles über ihn, was man wissen konnte. Er kannte seine Stärken und Schwächen, seine Misserfolge und Tränen. Gott kannte auch schon jeden Fehler, den er machen würde. Das zweite Wort lautet „heiligen" (kadasch) und bedeutet „reinigen, beiseitesetzen". Gott bereitete Jeremia auf die Aufgabe vor, zu der er ihn berufen hatte. Das dritte Wort ist „eingesetzt" (nathan); das bedeutet „berufen, bestellt, beauftragt". Noch bevor Jeremia geboren war, hatte Gott schon seine Aufgabe beschrieben.

Jeremia lebte wirklich in dunklen Tagen. Sein Schmerz war sogar noch größer, weil er im Voraus schon das kommende Ende kannte. Er schrie Warnungen an das Volk heraus, aber niemand hörte. Was für eine entmutigende Situation, die Hand Gottes im Gericht zu sehen, und machtlos zu sein, um einzugreifen. Aber Gott hatte ein Ziel und eine Botschaft in seinem Leben. Er hat für jeden von uns ein Ziel. In Gottes Ökonomie ist kein Leben bedeutungslos. Unser Ziel, das er für uns festgelegt hat, wird nicht aufgrund unmittelbare Ergebnisse beurteilt, sondern aufgrund unseres Gehorsams und der Frucht, die er schließlich durch uns bringen kann. Wir wollen uns die Berufung Jeremias ansehen.

✝ **Lesen Sie Jeremia 1,1-3. Welche Einzelheiten über seinen Dienst finden Sie hier?**

_____

_____

_____

_____

Jeremia zählte von seiner Abstammung her zu den Priestern. Von früher Kindheit an wird er das Gesetz Gottes sowie den jüdischen Gottesdienst gekannt haben. Er wuchs auf in Anatot, einem kleinen Ort fünf Kilometer nördlich von Jerusalem. Sein prophetischer Dienst begann im dreizehnten Jahr Josias und dauerte bis nach der Zerstörung Jerusalems unter Zedekia und zur babylonischen Gefangenschaft, die er angekündigt hatte.

✝ **Lesen Sie Jeremia 1,4-10. Beantworten Sie dann folgende Fragen.**

Durch welche drei Dinge bereitete Gott Jeremia auf den Dienst vor, noch ehe er ihn im Mutterleib formte (V. 5)?

Welche Bedenken hatte Jeremia (V. 6)?

Wie antwortete Gott darauf (V. 7-8)?

Wie rüstete Gott Jeremia für seinen Dienst aus (V. 9-10)?

In Jeremias Berufung sehen wir eine wunderbare Illustration von Gottes aufmerksamer Fürsorge, die seine Ziele mit unserem Leben begleitet. Noch bevor Gott Jeremia formte, erkannte er ihn. Zweitens heiligte er ihn oder sonderte er ihn aus. Und drittens setzte er ihn zum Propheten ein. Ehe Gott ihn formte, bestimmte er ein Ziel für ihn und sonderte ihn für diesen Dienst aus. Wie jeder von uns kämpfte Jeremia mit dem Gefühl der Unzulänglichkeit angesichts dieser gottgegebenen Aufgabe. Er sagte: „Ich bin zu jung. Ich weiß nicht, wie ich reden soll." Aber Gott wies ihn zurecht und klärte seine Gedanken im Blick auf diese Berufung. Das Entscheidende war weder sein Alter noch seine Qualifikation, sondern die Berufung. Gottes Ruf an Jeremia stellte sicher, dass er durch Gottes Gnade passend für diese Aufgabe war. Der Herr gab ihm zwei wichtige Anweisungen: 1) Schieb keine Entschuldigungen vor, und 2) fürchte dich nicht. Gott machte Jeremia passend für den Auftrag, indem er ihm seine Worte in den Mund und seine Berufung auf das Leben legte. Wo Gott führt, da rüstet er auch zu.

PROPHETEN

Jeremia
2. Tag

Jeremias Predigt – Gottes Ruf gehorsam

An Tag 1 haben wir gesehen, dass Gott Jeremia zu einem bestimmten Zweck geschaffen hat. Das ist plausibel, denn er ist ein zielgerichteter Gott. Ein allwissender und allmächtiger Gott verschwendet seine Geschöpfe nicht für eine ziellose Existenz. Das ist nicht nur für Jeremia bedeutsam, sondern auch für uns. Gott schuf jeden Einzelnen von uns mit einem Ziel, und wir werden weder Erfüllung noch Zufriedenheit unabhängig von diesem Ziel finden. Erfolg ist also nicht das Ergebnis unseres Gehorsams, sondern die Bereitschaft zu tun, wozu Gott uns bestimmt hat. Wenn wir seinem Ruf und seiner Weisung gehorsam gefolgt sind, dann sind weder die Ergebnisse wichtig noch wie aussichtslos unsere Aufgabe aussieht – wir sind dann erfolgreich! Gott gab Jeremia einen Dienst – seine Wahrheit zu predigen und Juda zur Umkehr zu rufen. Hätte Jeremia seinen Erfolg daran bemessen, wie Juda darauf geantwortet hat, dann hätte er verzagt und sich als einen jämmerlichen Versager betrachtet. Auch wenn er über Judas fehlende Buße weinte, fand er trotzdem Hoffnung inmitten einer ansonsten hoffnungslosen Situation in dem Wissen, dass er Gott gehorcht hatte. Gott hatte seine Predigt nicht nur für die Menschen damals in Juda bestimmt. Jeremia predigte Menschen wie dem Propheten Daniel, der Gott in die Gefangenschaft nach Babylon nachfolgte. Er predigte dem zukünftigen Israel – dem Überrest, der siebzig Jahre später ins verheißene Land zurückkommen würde. Seine Botschaft war niedergeschrieben, sodass sie sechshundert Jahre später zu Israel reden konnte, wenn der Messias kommen sollte. Und seine Botschaft war für uns gedacht. Heute wollen wir uns diese Botschaft ansehen – die Worte, die Gott in Jeremias Mund gelegt hatte (Jer 1,9).

RISSIGE ZISTERNEN

Im Wüstenland Palästina war Wasser ein enorm kostbarer Rohstoff. Um das vorhandene Wasser effektiv zu nutzen, schlug man Zisternen in den Felsen. Diese geschützten Vertiefungen nutzte man, um Regenwasser zu sammeln und aufzubewahren. Man kann sich vorstellen, wie schwierig und mühsam es gewesen ist, eine solche Zisterne in den harten Felsen zu hauen. Eine Zisterne, die kein Wasser hielt, wäre eine ständige Verhöhnung dieser Arbeit gewesen. Die Menschen in Juda arbeiteten hart, um ihre Bedürfnisse zu stillen. Aber all die Mühe war vergebens, weil sie Gott verworfen hatten.

✝ **Der erste Baustein von Jeremias Predigt war ein Tadel für die Sünden Judas. Lesen Sie Jeremia 2,1-19. Beantworten Sie dann die folgenden Fragen.**

Beschreiben Sie Judas Beziehung zu Gott am Anfang (V. 2-3).

_____

_____

Beschreiben Sie, wie sich die Beziehung verändert hat (V. 5-8).

_____

_____

Was ist der Kern von Judas Sünde (V. 12-13)?

_____

Lektion 8: Jeremia

Was gebrauchte Gott, um das Gericht über sie zu bringen (V. 14-19; besonders 19a)

Zu Beginn war Israels Beziehung zu Gott wie die der Braut zum Bräutigam. Sie war gekennzeichnet von Liebe, Hingabe und Nachfolge (Gehorsam). Israel war „*heilig dem HERRN*" (V. 3), annehmbar für ihn, und jede Nation, die sich gegen Israel erhob, bekam es mit Gott zu tun. Aber Gottes Volk begann, sich von ihm abzuwenden. Sie vergaßen ihn und liefen dem Nichts nach (V. 5). Sie vermissten gar nicht die verlorene Gemeinschaft mit Gott. Nicht einmal die Priester fragten: „*Wo ist der HERR?*" (V. 6.8a). Den Kern ihrer Sünde kann man durch zwei große Probleme kennzeichnen: 1) Sie hatten Gott verlassen, die Quelle des Lebenswassers, und 2) sie hatten sich eigenen Lösungen zugewandt. Sie versuchten, Bedeutung, einen Zweck und Zufriedenheit auf ihren eigenen Wegen statt bei Gott zu finden. Aber ihre Lösungen waren nicht befriedigend. Wegen dieser zwei Übel erfuhren sie Gottes Gericht.

Durch Jeremia gab Gott zwei Beispiele seines Gerichts. Das erste finden wir in Vers 15: Das Land war wüst, die Städte verbrannt und ohne Bewohner. Das bezieht sich auf die Tatsache, dass das Königreich Israel (das Nordreich) nicht länger existierte. Sie waren 722 v. Chr. von Assyrien erobert und zerstreut worden. Das zweite Beispiel für Gottes Gericht finden wir in Vers 16: Die Männer von Tof und Tachpanhes – ägyptische Städte – hatten geschorene Köpfe als Zeichen dafür, dass sie unterworfen worden waren und jetzt beherrscht wurden. Gott hatte Assyrien benutzt, um Israel zu bestrafen; jetzt würde er Babel benutzen, um Juda zu züchtigen. Das Verblüffende ist, wie Gott sein Gericht ausführt. Er gebraucht die törichten Entscheidungen des unsteten Juda als Rute zu ihrer Züchtigung. Juda war Verbindungen mit Ägypten eingegangen, statt Hilfe bei Gott zu suchen. Jetzt mussten sie mit den Folgen ihrer törichten Entscheidungen leben. Manchmal zeigt sich Gottes Zorn am deutlichsten darin, dass er uns unseren Willen gibt. Beachten Sie die Botschaft des Herrn: „*Hast du dir das nicht selbst zugefügt*" (V. 17), und: „*Deine eigene Bosheit züchtigt dich*" (V. 19).

> „*Entsetze dich darüber, du Himmel, und schaudere, erstarre völlig vor Schreck!*, spricht der HERR. Denn zweifach Böses hat mein Volk begangen: Mich, die Quelle lebendigen Wassers, haben sie verlassen, um sich Zisternen auszuhauen, rissige Zisternen, die das Wasser nicht halten.*"*
> **Jeremia 2,12-13**

✝ **Der zweite Baustein von Jeremias Predigt war der Ruf zur Buße. Lesen Sie Jeremia 3,6-15. Beantworten Sie dann die folgenden Fragen.**

Welches schlechte Beispiel konnte Juda an Israel sehen (V. 6-8a)?

PROPHETEN

Welche Lektion lernte Juda aus dem Gericht Gottes über Israel (V. 8b-11)?

_____

_____

_____

Was verspricht Gott ihnen, wenn sie umkehren (V. 12)?

_____

_____

_____

Welche Auswirkung würde das auf die Führerschaft in Juda haben (V. 15)?

_____

_____

_____

Schon gewusst?
ISRAEL UND JUDA

Das Volk Israel wurde ins Dasein gerufen, als Gott Jakobs Namen in Israel änderte. Die Familien seiner zwölf Söhne wuchsen zu den zwölf Stämmen Israel heran. Das Volk wurde bis zur Regierungszeit von König Salomo immer mit dem Namen Israel bezeichnet. König Salomo hatte ein geteiltes Herz, was die Nation nach seinem Tod letztlich in die Teilung führte. Aus Israel wurden zwei getrennte Nationen. Die zehn nördlichen Stämme – die weiterhin den Namen Israel trugen – folgten Salomos Hofbeamten Jerobeam. Die zwei südlichen Stämme wurden fortan Juda genannt und von den Nachkommen Davids regiert. Zu der Zeit, als Jeremia diente, existierte das Nordreich aufgrund seines Götzendienstes nicht mehr.

Juda hatte gesehen, wie seine nördlichen Nachbarn den kanaanitischen Götzen gefolgt waren. Sie hatten Israels fehlende Buße gesehen und wie schließlich alles in der assyrischen Gefangenschaft gipfelte. Der große Unterschied zwischen Israel und Juda war nicht ihre Sünde, sondern dass Juda sich den Anschein von Buße gab. Israels Sünde war offensichtlich, und zumindest waren die Bewohner Israels im Hinblick darauf ehrlich. Judas Sünde war mit fromm aussehenden Handlungen verdeckt, die das unstete Herz belogen. Gott versprach, seinen Zorn zurückzuhalten, wenn sie umkehrten. Voraussetzung war, dass sie von Herzen ihre Sünden bekannten. Wenn sie das taten, würden sie nicht länger Probleme mit den abscheulichen Königen haben, die sie bisher aushalten mussten. Gott würde ihnen Herrscher mit einem Herzen nach seinem Herzen geben.

 Der dritte Baustein von Jeremias Predigt war die Ankündigung des Gerichts. Lesen Sie Jeremia 4,1-8. Beantworten Sie dann die folgenden Fragen.

Welche Art der Umkehr forderte Gott von Juda? Welche „Scheusale" sollten sie entfernen (V. 1)?

_____

_____

Was würde geschehen, wenn sie keine Buße taten (V. 6-8)?

_____

_____

Gott rief Juda zu wahrer und völliger Umkehr auf. Er wollte sie nicht zu sich rufen, wenn sie in ihrer Verzweiflung immer noch an den Götzen festhielten. Im Grunde sagte er: „Wenn ihr Buße tut, seht zu, dass ihr es ernst meint, und kommt zu mir zurück. Eure Buße darf nicht nur ein Lippenbekenntnis sein." Darauf weist er in Vers 3 hin, wo es heißt: „... sät nicht unter die Dornen." Mit anderen Worten: Jäte das Unkraut, bevor du pflanzt! Achte darauf, dass dein Herz wirklich bereit zur Umkehr ist. Oft rufen wir zu Gott, weil wir Gewissensbisse wegen der Folgen unserer Sünden haben, aber nicht aus echter Buße. Das war auch Judas Problem. In Vers sieben lesen wir, was Juda geschehen sollte, wenn es keine Buße tat. Ein Löwe hatte sich zu ihnen auf den Weg gemacht, der auf Zerstörung aus war – Babylon war auf dem Vormarsch.

Jemanden mit Sünden zu konfrontieren, ist niemals einfach. Aber Jeremia predigte treu die Botschaft, die Gott ihm aufgetragen hatte. Auch Verfolgung konnte ihn nicht zum Schweigen bringen, als Jeremia gemieden und bloßgestellt wurde. Er wurde verspottet und verraten, ins Gefängnis geworfen und schließlich getötet. Juda war nicht bereit, Buße zu tun. Ein williges Herz nimmt Korrektur an, aber ein unbußfertiges Herz macht den Boten zum Feind.

Jeremias Schmerz – mit fehlender Veränderung umgehen

Jeremia
3. Tag

Stellen Sie sich vor, Sie wären Pastor einer Gemeinde, aber niemand hörte Ihrer Predigt zu. Was würden Sie machen? Statt Gottes Botschaft durch Sie anzunehmen, würde man Sie beschimpfen, verspotten und verfolgen. Was wenn Ihre Gemeinde Sie ins Gefängnis geworfen hätte, weil die Menschen nichts davon hören wollten, dass sie in Sünde leben? Was, wenn sie niemals umkehrten, niemals Buße täten? Was, wenn Sie wüssten, dass Gericht kommt, Sie warnten die Menschen immer wieder, aber niemand würde darauf reagieren? Wären Sie entmutigt? Würden Sie weiterpredigen oder Ihren Dienst aufgeben, weil es hoffnungslos scheint? Vierzig Jahre lang blieb Jeremia seiner Berufung treu, obwohl er keine ermutigenden Ergebnisse sah. Jeremia kannte die Wahrheit – er wusste, was Juda tun musste und dass sie es nicht taten, bis das Gericht schließlich kommen würde. Diese Erkenntnis von Judas Notlage schmerzte ihn ungeheuer. Heute wollen wir uns genauer ansehen, wie Jeremias Botschaft angenommen wurde.

„Ist denn kein Balsam in Gilead oder kein Arzt dort? Ja, warum ist die Genesung der Tochter meines Volkes ausgeblieben?"

Jeremia 8,22

PROPHETEN

📖 **Lesen Sie Jeremia 8,21-23. Fassen Sie mit eigenen Worten das Leid des Propheten zusammen, das er angesichts des kommenden Gerichts über sein Volk empfand.**

_____

_____

_____

Jeremia identifizierte sich so sehr mit Juda und Jerusalem, dass ihr Schmerz der seine war. *„Ist denn kein Balsam in Gilead ...?"*, fragt er. Mit anderen Worten: „Gibt es keine Möglichkeit, den Schmerz zu heilen?" Die einzige Lösung, die er findet, spricht er in Vers 23 aus: *„Dass doch mein Haupt Wasser wäre und mein Auge eine Tränenquelle, dann wollte ich Tag und Nacht die Erschlagenen der Tochter meines Volkes beweinen!"*

Zu Beginn seines Dienstes hatte Gott Jeremia aufgetragen, durch alle Städte Judas zu gehen, um die Menschen zur Buße über ihre falschen Wege aufzurufen, mit denen sie seinen Bund gebrochen hatten.

📖 **Lesen Sie Jeremia 11,21. Welche Haltung hatten die Männer von Anatot gegenüber Jeremia?**

_____

_____

_____

DIE PROPHETEN

Außer den guten, gottesfürchtigen Propheten, die zeitgleich mit Jeremia dienten – wie Habakuk, Nahum und Obadja –, gab es in jenen Tagen auch eine Anzahl falscher Propheten, die den Menschen gefallen wollten und nicht für Gott sprachen. Jeremia 14 berichtet von Jeremias Konfrontation mit diesen Propheten, deren Botschaft lautete: Es wird weder Schwert noch Hungersnot kommen! Es war das Gegenteil von Jeremias Predigt. Gott machte deutlich, dass diese Männer nicht in seinem Namen sprachen (Jer 14,13-22).

Jeremia war in Anatot aufgewachsen, einem kleinen Ort ca. 5 Kilometer nördlich von Jerusalem. Anatot lag nahe genug an Jerusalem, dass die Menschen sich aller Annehmlichkeiten erfreuen konnten, die eine Großstadt zu bieten hat. Aber es gab eben auch ein typisches Kleinstadtleben. Jeremia war dort also sehr bekannt, und als sein Dienst begann, wollten die Männer seiner Heimatstadt ihn umbringen. Gott ließ ihren Plan jedoch nicht gelingen (Jer 11,22-23).

In Jeremia 26 lesen wir eine Botschaft, die Jeremia kurz nach Josias Tod predigte, als Jojachim auf dem Thron saß. Lesen Sie Jeremia 26, und beantworten Sie die folgenden Fragen.

Was war die Hauptaussage seiner Predigt (V. 4-6)?

_____

_____

Lektion 8: Jeremia

Wie reagierte die Menge (V. 7-8.11)?

_____

_____

Schon sehr früh kündigte Jeremia in seinem Dienst an, dass das Gericht mit Gewissheit über Jerusalem kommt, wenn das Volk nicht Buße tut. Die Priester, die Propheten und das Volk, das vor dem Tempel versammelt war, ergriffen Jeremia und wollten ihn töten. Gott beschützte ihn durch Ahikam, einen Ältesten der Stadt (Jer 26,24). Für Uria, einen anderen Propheten, ging es dagegen nicht so gut aus. Als König Jojachim ihm wegen seiner Prophetie nach dem Leben trachtete, floh Uria nach Ägypten, nur um dort von den Männern des Königs gejagt und schließlich ermordet zu werden (Jer 26,20-23).

Später während der Herrschaft Jojakims erhielt Jeremia den Auftrag, alle Prophetien bis zurück in die Tage des Königs Josia auf eine Schriftrolle zu schreiben. Als die Rolle fertig war und verlesen wurde, war ihre Botschaft für manche der Anlass zur Umkehr. Aber als die Nachricht von dieser kleinen Erweckung den König erreichte, begeisterte es ihn nicht im Mindesten.

 Lesen Sie Jeremia 36,21-26. Wie reagierte König Jojakim auf Jeremias Schriftrolle?

_____

_____

Jojakim zeigte, wie wenig Gottesfurcht er hatte, indem er die Schriftrolle entzweischnitt und verbrannte. Weder er noch die Männer um ihn schenkten den Warnungen Jeremias Gehör. Sie „zerrissen ihre Kleider nicht", was ein Zeichen der Buße gewesen wäre. Stattdessen ordnete Jojakim an, dass Jeremia und der Schreiber, der diese Worte aufgeschrieben hatte, gefangengesetzt würden. Aber Gott schützte ihn. Jojachims Herrschaft dauerte nicht mehr lange, und die Regentschaft seines Sohnes Jojachin war schon so gut wie vorbei, noch ehe sie begann. Als Nebukadnezar Jerusalem eroberte, führte er Jojachin in Ketten nach Babylon und setzte Zedekia, einen anderen Nachkommen Josias, auf den Thron. Diese Veränderung der Verhältnisse machten die Dinge für Jeremia allerdings nicht einfacher.

Sehen Sie sich Jeremia 20,1-2 an. Wie behandelte Paschhur, der verantwortliche Priester über den Tempel, Jeremia während der Herrschaft Zedekias?

_____

_____

PROPHETEN

Paschhur missfielen Jeremias Worte über die Zerstörung des Tempels, für den er schließlich verantwortlich war. Er schlug den Propheten und legte ihn in den Block, um ihn vor dem Volk zu demütigen. Was für eine Tragödie: Ein Mann, der im Dienst Gottes stehen sollte, verfolgt den Boten des Herrn! Aber das sollte uns nicht überraschen. Schließlich waren es auch die sogenannten Frommen in den Tagen Jesu, die ihn zum Tod überlieferten.

 Lesen Sie Jeremia 38,1-6. Was machten die Obersten des Königs mit Jeremia während der Belagerung durch Nebukadnezars?

Schon gewusst?
KLAGELIEDER

Der Name des Buches Klagelieder, das Jeremia verfasst hat, stammt von dem lateinischen Wort für „laut weinen". In lateinischen und englischen Bibeln trägt es daher den Namen Lamentationes oder Lamentations. Das beschreibt exakt den Inhalt dieses kurzen, ausdrucksstarken Buchs, das aus fünf Gedichten besteht, die Jeremias Trauer über die Zerstörung Jerusalems in Worte fassen. Die Tradition überliefert, dass es an einem Ort außerhalb der nördlichen Stadtmauer Jerusalems gedichtet wurde. Dieser Ort ist eine Höhle unter einem Hügel, der heute Golgatha genannt wird. Der Hügel, auf dem Jesus gekreuzigt wurde. Wenn das zutrifft, dann weinte der leidende Prophet an dem Ort, wo der leidende Erlöser sterben sollte.

Jeremias Botschaft war besonders unbeliebt bei den hochrangigen Politikern und Militärs. Denn er ermutigte alle, sich Nebukadnezar und den Babyloniern auszuliefern. Das schwächte die Reihen der Soldaten, die sich auf den Krieg vorbereiten sollten. Diese Offiziere des Königs nahmen Jeremia und warfen ihn in eine leere Zisterne, vermutlich um ihn verhungern zu lassen. Ironischerweise war in der Zisterne kein Wasser, nur Schlamm. Diese leere Zisterne war ein weiteres Zeichen dafür, dass Jeremias Worte sich erfüllen sollten. Wieder beschützte Gott Jeremia, er wurde gerettet, und sie stellten ihn im Wachhof unter Hausarrest (Jer 38,13).

Bis zum Ende von Jerusalems souveräner Existenz predigte Jeremia treu die Wahrheit, auch wenn nur wenige zuhörten und noch weniger gehorchten. Wenn wir über Jeremias Verfolgung nachdenken, müssen wir verstehen, dass die körperlichen Qualen, die Verspottung und Gefangennahme nicht sein größter Schmerz waren. Dem Buch Jeremia folgen die Klagelieder – die Aufzeichnung seiner Worte nach dem Fall Jerusalems. In diesem kurzen Buch sehen wir sein gebrochenes Herz über die Nation, die es nicht mehr gab, und die geliebte Stadt. *„Wehe, wie sitzt so einsam da die einst volkreiche Stadt! Sie ist einer Witwe gleich geworden, die Große unter den Nationen! Die Fürstin über die Provinzen ist zur Zwangsarbeit erniedrigt!"* (Kla 1,1). Jeremias größter Schmerz entsprang der Trauer eines gebrochenen Herzens. Aber in der Mitte dieses klagenden Buches wendet sich die Botschaft, als Jeremia sich an den Herrn und seine Verheißungen erinnert. In der morgigen Tageseinheit werden wir sehen: Obwohl Gottes Volk untreu war, blieb Gott treu; und auch wenn Jeremia das Ende der siebzigjährigen Gefangenschaft nicht miterleben würde, sah er durch die Augen des Glaubens einen besseren Tag kommen. Nachdem er böse Könige hatte kommen und gehen sehen, gewährte Gott ihm einen Blick auf einen kommenden König (Jesus Christus), der die Herrlichkeit zurückbringen würde!

Jeremias Ausblick – Gott für die Zukunft vertrauen

Jeremia
4. Tag

Jeremia hatte allen Grund zu verzweifeln. Er hatte die Wahrheit treu gepredigt, die Gott ihm aufgetragen hatte; aber eine überwältigende Mehrheit lehnte seine Botschaft ab. Wenn sie nur umgekehrt wären, wäre Jerusalem verschont geblieben. Jetzt aber lag es in Trümmern. Der einst herrliche Tempel Salomos war ein verkohlter Trümmerhaufen. Und die kostbaren Tempelschätze, die seit den Tagen des Mose der Anbetung gedient hatten, waren in den Händen der Heiden. Viele Menschen aus Juda waren tot – die einen waren den Hungertod gestorben, andere waren durchs Schwert umgekommen. Die Überlebenden wurden in die Gefangenschaft geführt. Die ganze Situation sah hoffnungslos aus, aber immer wieder rief Jeremia zum Herrn, der Hoffnung Israels. Er verstand, dass Judas Hoffnung nicht in den Umständen, sondern in ihrem Gott war. Die meisten von uns werden niemals erleben, dass ihre Häuser oder Städte zerstört sind. Die meisten von uns werden niemals von einer ausländischen Armee in die Gefangenschaft geführt werden. Aber jeder von uns kennt „hoffnungslose" Situationen, und viele von uns haben diese überlebt. Einige von uns stehen gerade inmitten verzweifelter Umstände. Aber unsere Lösung ist es, wie Jeremia über die Umstände hinaus auf den Herrn zu sehen. Das ist die einzige Heilung für Verzweiflung. Was auch immer für Menschen hoffnungslos ist, für Gott ist es das nicht. Was über unseren Köpfen schwebt, ist unter seinen Füßen. Heute wollen wir Jeremias Hoffnung untersuchen und unsere eigene finden.

In den dunkelsten Tagen vor dem Fall Jerusalems passierte etwas Einzigartiges im Leben Jeremias. Die Babylonier hatten Jerusalem umzingelt. Der Rest von Juda war schon in der Hand der Feinde. Nebukadnezar hatte alle Versorgungswege abgeschnitten und die Stadt wurde bis zur Kapitulation ausgehungert. Jeremia saß im Gefängnis, weil der König seiner Botschaft von der Zerstörung Jerusalems müde geworden war (Jer 32,1-5). Zu diesem merkwürdigen Zeitpunkt kam sein Cousin mit einem erstaunlichen Angebot zu ihm.

Lesen Sie Jeremia 32,6-15. Beantworten Sie dann die folgenden Fragen.

Welches Angebot machte Hanamel Jeremia (V. 7-8)?

_____

_____

Was tat Jeremia (V. 9-10)?

_____

_____

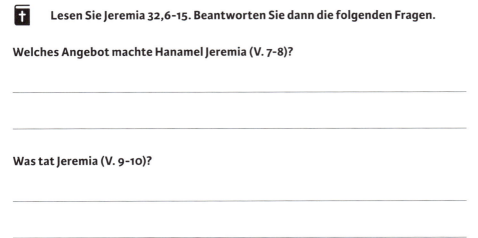

„Ach, wenn ich mir nicht sicher wäre, das Gute des HERRN zu schauen im Land der Lebendigen …! Harre auf den HERRN! Sei mutig, und dein Herz sei stark, und harre auf den HERRN!"
Psalm 27,13-14

PROPHETEN

Wer bezeugte diesen Kauf (V. 11-12)?

_____

_____

Wie erklärte Jeremia diesen Kauf den Zeugen (V. 13-15)?

_____

_____

_____

> *„Ach, Herr, HERR! Siehe, du hast den Himmel und die Erde gemacht durch deine große Kraft und durch deinen ausgestreckten Arm, kein Ding ist dir unmöglich."*
> **Jeremia 32,17**

Während seiner Gefangenschaft erhielt Jeremia Besuch von seinem Cousin Hanamel, der ihm seinen Acker in Anatot verkaufen wollte. Es war ein törichter Vorschlag, denn das angebotene Land war bereits unter der Kontrolle der Babylonier. Und selbst wenn das Land frei gewesen wäre, saß Jeremia wegen Hochverrats im Gefängnis und hatte keine Möglichkeit, es zu nutzen. Aber Jeremia kaufte den Acker. Gott gab ihm die Gelegenheit, ganz im Glauben zu handeln. Jeremia hatte gepredigt, dass Gott sein Volk nach siebzig Jahren Gefangenschaft zurückbringen würde. Diese Handlung zeigte, dass er wirklich der Botschaft glaubte, die er predigte. Der Text sagt uns nicht, wer die Zeugen waren, aber es scheint, dass es einige gegeben hat. Jeremia erklärte, dass *„wieder Häuser, Felder und Weinberge in diesem Land gekauft werden"*.

Unmittelbar nach diesem Akt des Glaubens vor den Menschen geht Jeremia ins Gebet vor den Herrn. Wenn wir uns dieses Gebet genau ansehen, dann ahnen wir, dass Jeremias Vertrauen etwas zerbrechlicher war, als er es den anderen zeigte. Er begann sein Gebet mit den Worten: *„Ach, Herr, HERR!"*

> *„Siehe, ich bin der HERR, der Gott alles Fleisches! Sollte mir irgendein Ding unmöglich sein?"*
> **Jeremia 32,27**

Im Hebräischen ist das hier gebrauchte Wort *ahah*, dt. „ach", eine Interjektion. Sie ist ein Hinweis auf Sorge und lässt auf große Furcht schließen. Lesen Sie Jeremias Gebet mit diesem Hinweis im Hinterkopf (Jer 32,17-27).

Woran erinnert Jeremia zu Beginn seines Gebets (V. 17)?

_____

_____

Worauf konzentriert er sich am Ende des Gebets (V. 25)?

_____

_____

Wie antwortet Gott auf seinen Zweifel (V. 27)?

_____

_____

_____

Jeremia gehorchte Gott, aber nachdem jeder hinausgegangen war, kamen ihm Zweifel. Er empfand „Käuferreue" und fragte sich selbst: „Was um alles in der Welt habe ich gemacht? Ich habe einen Acker gekauft, den ich nicht nutzen kann." Das ist etwa den Gewissensbissen vergleichbar, wenn man einen Vertrag über ein gestohlenes Auto abschließt. Er beendet sein Gebet nicht, indem er sich an Gottes Macht erinnert, sondern an den Auftrag Gottes, ein Stück Land zu kaufen, das von den Babyloniern bereits erobert war. Jeremia war zu Gott ehrlich, und Gott reagierte darauf. Vers 26 beginnt mit dem Wort „Da". Nachdem Jeremia offen mit Gott geredet hatte, sprach der Herr zu ihm. Achten Sie darauf, was der Herr in Vers 27 sagt – es ist genau das, was Jeremia in Vers 17 gesagt hatte. Gott sagte Jeremia nichts, was der nicht schon wusste. Aber inmitten der Zweifel erinnerte er Jeremia an die Wahrheit. Der Reformator Johannes Calvin hat es treffend gesagt: „Das Herz ist niemals so fest gegründet und der Verstand niemals so erhellt, dass keinerlei Spuren von Zweifeln zurückbleiben." Es ist so leicht zu zweifeln, besonders wenn unsere Umstände hoffnungslos erscheinen. Oft gleichen wir dem Vater, der seinen besessenen Sohn zu Jesus brachte und rief: *„Ich glaube. Hilf meinem Unglauben!"* (Mk 9,24). Was für ein Trost, dass Gott uns in unseren Zweifeln begegnet.

Jeremias Botschaft vom Gericht war mit einer Andeutung auf Gottes Gnade abgemildert. Obwohl er den Tag von Judas Ende und Jerusalems Zerstörung ankündigte, verkündete er auch die Botschaft von einem besseren Tag.

✝ **Lesen Sie Jeremia 23,5-6. Was erfahren Sie über Gottes zukünftiges Handeln für Juda und Israel?**

_____

_____

_____

„Siehe, Tage kommen", kündigt Jeremia an. Gott erlaubte ihm zu sehen, dass irgendwann in der Zukunft ein Nachkomme Davids, *„ein gerechter Spross"*, als König über Israel und Juda herrschen würde. Während diese Verheißung bestimmt auch auf Jesu erstes Kommen hinweist, findet sie ihre endgültige Erfüllung in seinem zweiten Kommen. Denn erst dann wird Israel *„in Sicherheit wohnen"*.

> *„Doch dies will ich mir in den Sinn zurückrufen, darauf will ich hoffen: Ja, die Gnadenerweise des HERRN sind nicht zu Ende, ja, sein Erbarmen hört nicht auf, es ist jeden Morgen neu. Groß ist deine Treue."*
> **Klagelieder 3,21-23**

PROPHETEN

📖 **Lesen Sie Jeremia 30,1-10. Beantworten Sie dann die folgenden Fragen.**

Was verheißt Gott für die Zukunft von Israel und Juda (V. 3)?

_____

_____

Welche schlimmen Dinge werden zuvor geschehen (V. 7)?

_____

_____

Was wird das Ende von Jakobs (Israels) Not sein (V. 7b-10)?

_____

_____

Wieder hören wir: *„Denn siehe, Tage kommen"*, an denen Gott nicht nur das Unglück von Juda wenden wird, sondern auch von Israel. Er verspricht ihnen, sie in ihr Land zurückzubringen, aber zuvor wird es *„eine Zeit der Bedrängnis für Jakob"* geben. Diese Ankündigung fand ihre teilweise Erfüllung in den Tagen Jeremias, aber letztendlich weist sie hin auf den *„Tag des HERRN"*, die siebenjährige Zeit der Bedrängnis, von der Daniel spricht (Dan 9,27). Das Ergebnis dieser Tage wird sein, dass das Joch von Israels Sklaverei für alle Zeit zerbrochen wird. Obwohl Israel nach siebzigjähriger Gefangenschaft in Babylon in das Land zurückkehrte, blieb es auch bei Jesu erstem Kommen unter fremder Herrschaft. Erst bei seinem zweiten Kommen wird Israel Gott und seinem König David dienen – gemeint ist Christus, der Nachkomme Davids (Jer 30,9). In jenen Tagen wird Jakob *„zurückkehren und Ruhe haben, er wird sicher sein, und niemand wird ihn aufschrecken"* (Jer 30,10).

Jeremia
5. Tag

Ich folge Gott nach

Jeremia erlebte einige hoffnungslose Tage. Auch wenn diese dunklen Zeiten nicht das Ergebnis seiner eigenen Fehler waren, litt er doch mit dem Schmerz des Volkes. Er musste mit den Konsequenzen der Rebellion anderer leben, aber inmitten dieser Tage fand er Hoffnung in Gott. Jeremia fand auch Hoffnung in der Zukunft, die Gott für sein Volk geplant hatte. Wir können vom Propheten Jeremia eine wichtige Lektion lernen: Keine Situation ist wirklich hoffnungslos, denn unser Herr ist der

Gott der Hoffnung. Die Worte *„Denn siehe, Tage kommen"* reden zu jedem von uns. Wo immer wir auch sind, und aus welchem Grund auch immer, unsere Situation ist niemals hoffnungslos. Die Gegenwart mag dunkel aussehen, aber unsere Zukunft ist immer hell im Herrn.

Damit Jeremia solch aufreibende Zeiten durchleben konnte, musste er erst zum Vertrauen auf Gottes Souveränität finden. Er musste darauf vertrauen, dass Gott ihn mit einem Ziel geschaffen hatte. Jeder von uns muss das anerkennen, wenn wir durch die Stürme des Lebens hindurch kommen wollen; und diese stürmischen Zeiten kommen, so sicher der Regen vom Himmel fällt. Damit wir Gott in den schweren Zeiten vertrauen können, müssen wir uns zuerst ihm anvertrauen.

> *„Ehe ich dich im Mutterleib bildete, habe ich dich erkannt, und ehe du aus dem Mutterschoß hervorkamst, habe ich dich geheiligt; zum Propheten für die Nationen habe ich dich eingesetzt."*
> **Jeremia 1,5**

Lesen Sie nochmals Jeremia 1,5. Welche drei Dinge tat Gott in Jeremias Leben, noch bevor er geboren wurde?

_____

_____

_____

An Tag 1 sahen wir bereits, dass Gott Jeremia im Leib seiner Mutter bildete. Gott *kannte*, *heiligte* und *bestellte* ihn (setzte ihn ein). Gott kannte ihn in- und auswendig, vollkommen und total. Er kannte jeden seiner Tage, noch bevor ein Tag vergangen war. Er kannte jeden Sieg und jede Niederlage, jede Stärke und Schwäche, jeden Freund und Feind. Aber er kannte ihn nicht nur, sondern er heiligte ihn. Gott bereitete ihn auf seinen Lebensweg vor. Und schließlich setzte Gott ihn ein. Gott gab ihm Aufgaben in seinem Leben. Aber inwiefern betrifft Sie Gottes besondere Beziehung zu Jeremia?

 All das, was auf Jeremia zutraf, betrifft auch Sie. Schon vor Ihrer Geburt kannte Gott Sie, heiligte er Sie und setzte Sie ein. Nehmen Sie sich Zeit, um nachzudenken, was das für Sie persönlich heißt.

Gott *kannte* Sie

_____

_____

Gott *heiligte* Sie (bereitete Sie vor)

_____

_____

PROPHETEN

Gott *bestellte* Sie

Haben Sie Ihre hoffnungslose Situation Gott anvertraut und angenommen, wozu er Sie eingesetzt hat?

📖 **Lesen Sie 1. Korinther 10,13. Was lernen Sie in diesem Vers darüber, welche Versuchungen in Ihr Leben kommen dürfen und welche nicht?**

„Keine Versuchung hat euch ergriffen als nur eine menschliche; Gott aber ist treu, der nicht zulassen wird, dass ihr über euer Vermögen versucht werdet, sondern mit der Versuchung auch den Ausgang schaffen wird, so dass ihr sie ertragen könnt."

1. Korinther 10,13

Wir haben das sichere Versprechen Gottes, dass er keine Versuchung zulässt, die unsere Kraft übersteigt. Das griechische Wort *peirazo*, das hier mit „versucht werden" übersetzt wird, findet sich auch in Jakobus 1,2 und bedeutet dort „Prüfung" – *„Haltet es für lauter Freude, meine Brüder, wenn ihr in mancherlei Prüfungen fallt"* (Elb CSV). Gottes Treue garantiert uns, dass wir keiner Prüfung begegnen, die er nicht zuvor geprüft hat. Wenn er in seiner unendlichen Weisheit bestimmt, dass wir mit seiner Kraft eine Prüfung tragen können, lässt er sie zu. Wenn aber eine Prüfung unser Vermögen übersteigt, wird er sie nicht zulassen. Das ist die gute und schlechte Nachricht zugleich. Die gute Nachricht lautet: Wir brauchen keine Angst zu haben, dass er uns mehr auflädt, als wir tragen können. Die schlechte Nachricht lautet: Versagen wir, können wir nicht der Versuchung die Schuld geben, denn Gott hatte sie zuvor geprüft und als tragbar für uns befunden.

Gott lässt uns nur in hoffnungslos scheinenden Situationen leiden, wenn er bestimmt hat, dass wir sie durch seine Gnade bewältigen können. Er wusste, was wir tragen können, noch bevor wir geboren wurden. Er rüstete uns für die Prüfung zu, der wir auf unserem Weg begegnen sollten, und er gab uns Aufgaben für diese Zeiten der Prüfungen. Er bereitete einen Dienst für uns vor: *„Denn wir sind sein Gebilde, in Christus Jesus geschaffen zu guten Werken, die Gott vorher bereitet hat, damit wir in ihnen wandeln sollen"* (Eph 2,10). Gott hat unsere guten Werke schon vor unserer Geburt vorbereitet. Er hat seinen Willen für unser Leben schon aufgeschrieben, bevor er uns im Leib unserer Mutter bildete.

Einer von Jeremias Kämpfen war, dass er sich für den Dienst, zu dem Gott ihn berief, nicht tauglich fühlte. In Jeremia 1,6 sagt er: *„Ach, Herr, HERR! Siehe, ich verstehe nicht zu reden, denn ich bin zu jung."* Seine Angst war, nicht zu wissen, was er sagen sollte. Er hielt sich für zu jung, zu unerfahren.

> *„Denn wir sind sein Gebilde, in Christus Jesus geschaffen zu guten Werken, die Gott vorher bereitet hat, damit wir in ihnen wandeln sollen."*
> **Epheser 2,10**

Haben Sie schon mit dem Gefühl gekämpft, nicht der Passende für die Aufgabe zu sein, die Gott Ihnen gibt?

_____

_____

Wie verändern diese Wahrheiten Ihren Blick auf solche Situationen?

_____

_____

Welchen Dienst hat Gott Ihnen anvertraut?

- ❏ Eltern
- ❏ Seelsorger
- ❏ Sonntagschullehrer
- ❏ Pastor
- ❏ Freund
- ❏ Kamerad
- ❏ Arbeitgeber
- ❏ Leiter
- ❏ Mentor

Andere: _____

Gibt es Menschen in Ihrem Umfeld, zu denen Gott Sie schickt, damit Sie ihnen die Wahrheit sagen?

_____

_____

Haben Sie ihnen gesagt, was Gott Ihnen aufgetragen hat?

_____

_____

PROPHETEN

Wie reagierten sie darauf?

_____

_____

Vielleicht können Sie sich mit Jeremia identifizieren, der Menschen die Wahrheit sagen sollte, die sie nicht hören wollten. Wenn Gott Ihnen eine Botschaft aufgetragen hat, können Sie Ihren Erfolg nicht an der Reaktion der anderen messen. Sie können den Erfolg nur daran messen, ob Sie Gottes Willen mit einem ehrlichen Herzen getan haben. Ich habe gelernt, dass es niemals leicht ist, einen Menschen mit seiner Sünde zu konfrontieren. Aber oft fällt es mir sehr leicht, dem anderen ein Hindernis für eine angemessene Reaktion zu sein. Wenn ich mich nämlich darauf freue, andere mit Sünde zu konfrontieren, bin ich nicht in der richtigen Haltung. Wenn ich die Konfrontation fürchte, aber ich fühle mich von Gott gedrängt, die Wahrheit in Liebe zu sagen (Eph 4,15), dann ist meine Haltung vermutlich richtig. Wenn Sie dieses Drängen Gottes spüren, dann verweigern Sie nicht den Gehorsam, auch wenn Sie meinen, dass die entsprechende Person nicht darauf reagieren wird. Vielleicht reagiert die Person nicht, aber Gott wird unseren Gehorsam auf seine Weise und zu seiner Zeit belohnen.

Wenn unsere Situation trostlos erscheint wie bei Jeremia, dann müssen wir über die Gegenwart hinaus auf die Zukunft blicken. Keine Prüfung dauert für immer, denn im Himmel gibt es keine Prüfungen. *„Durch Glauben weigerte sich Mose … ein Sohn der Tochter Pharaos zu heißen, und zog es vor, lieber zusammen mit dem Volk Gottes geplagt zu werden, als den zeitlichen Genuss der Sünde zu haben, indem er die Schmach des Christus für größeren Reichtum hielt als die Schätze Ägyptens; denn er schaute auf die Belohnung"* (Hebr 11,24-26). Wir können unsere Entscheidungen nie in der Erwartung sofortiger Ergebnisse treffen – wir müssen auf das endgültige Ergebnis sehen. Es ist immer lohnenswert, das Richtige zu tun. Und es lohnt sich nie, das Falsche zu tun. Jeremias Herz veränderte sich, als er seine Augen von der hoffnungslosen Situation abwand und auf Gott richtete. Diesen Wechsel in der Haltung finden wir in den Klageliedern wieder: *„Doch dies will ich mir in den Sinn zurückrufen, darauf will ich hoffen: Ja, die Gnadenerweise des HERRN sind nicht zu Ende, ja, sein Erbarmen hört nicht auf, es ist jeden Morgen neu. Groß ist deine Treue"* (Kla 3,21-23). Gibt es irgendetwas, das Sie sich über Gott ins Gedächtnis rufen sollten?

 An Tag vier haben wir gesehen, dass Gott Jeremia berief, im Glauben zu handeln und die Zukunft so anzunehmen, wie der Herr sie verheißen hat. Er trug Jeremia auf, den Acker seines Cousins zu kaufen. Jeremia musste darauf vertrauen, was Gott über die Zukunft sagte. Er durfte sich nicht durch das, was er sah, vom Vertrauen abbringen lassen. Wie können Sie das auf Ihre Situation anwenden?

_____

_____

Nehmen Sie sich etwas Zeit für das Gespräch mit dem Herrn.

 Mein Gott und Vater, ich danke dir, dass du mich schon vor meiner Geburt gekannt, geheiligt und zubereitet hast für die Aufgaben meines Lebens. Manchmal fühle ich mich so unfähig für diese Aufgaben. Danke, dass du dich um mich kümmerst, wohin du mich auch führst. Hilf mir, deine Wahrheit zu sagen, auch wenn ich denke, niemand hört zu. Bewahre mich vor Ungehorsam und Resignation vor den Umständen. Hilf mir, im Glauben und Vertrauen auf deine Verheißung zu handeln, die du in deinem Wort gegeben hast. Hilf mir, über die Hoffnungslosigkeit meiner Umstände hinaus zu sehen und meine Hoffnung in dir zu finden. Amen.

Gott fordert jeden von uns auf, auf seine „hoffnungslose" Situation zu schauen und mit Jeremia zu sagen: „... *kein Ding ist dir unmöglich!*" (Jer 32,17). Schreiben Sie ein Gebet auf, das auf Ihre Umstände passt. Geben Sie Ihrem Vertrauen auf Gott Ausdruck.

Lektion 9: # Habakuk

Nachfolge in den Talsohlen des Lebens

Die Schriften des Propheten Habakuk entstanden in einer Zeit, als das Volk Israel ein dunkles Tal durchschritt. Gott hatte ihn damit beauftragt, das kommende Gericht anzukündigen, das der Herr durch die Hand der Chaldäer (Babylon) über Israel bringen würde. Gerade wegen Judas Bosheit bediente Gott sich eines noch boshafteren Volkes, um seine Kinder zu bestrafen. Zu dieser Zeit war Jojakim der amtierende König von Juda, den der Prophet Jeremia mit den Worten beschrieb: *„Doch deine Augen und dein Herz sind auf nichts gerichtet als auf deinen ungerechten Gewinn und auf das Blut des Unschuldigen, es zu vergießen und auf Unterdrückung und Erpressung, sie zu verüben"* (Jer 22,17). Bei der Gefangenschaft, die Habakuk voraussagte, handelt es sich um den Zeitabschnitt, den Daniel unter babylonischer Fremdherrschaft verbrachte. Als Habakuk erfuhr, was Gott vorhatte, versuchte er verzweifelt, den Sinn dieser göttlichen Botschaft zu erfassen. Aus diesem Kampf Habakuks mit der göttlichen Prophezeiung folgt eine der wichtigsten Lektionen für die Nachfolge Jesu. Denn im Herzen dieser Botschaft geht es um Nachfolge. Die Botschaft lautet: Auch in Zeiten, in denen wir weder Gottes Handeln an sich noch dessen Sinn begreifen können, ist es möglich, durch den Glauben aus der Talsohle widrigster Umstände zu den Höhen der unfassbaren Gnade Gottes emporzusteigen.

HABAKUKS DIENST

Habakuks Prophetendienst fiel in die Regierungszeit Jojakims (609-598 v. Chr.). Das waren die Jahre nach der Herrschaft des gerechten Königs Josia, als eine Zeit großen geistlichen Niedergangs im Volk einsetzte, unmittelbar vor dem Einmarsch der Chaldäer (Babylonier) im Jahr 605. Zu seinen Zeitgenossen zählten Zefanja, Jeremia und der junge Daniel.

Wann wirkte er?

800	750	700	650	600
	„Ein Prophet" (zu Amazja gesandt)	JESAJA MICHA	NAHUM ZEFANJA	HABAKUK HULDA (eine Prophetin) JEREMIA
Amazja 796-767 Usija 790-739	Jotam 750-735	Ahas 735-715	Manasse 697-642	Amon 642-640 Josia 640-609	Joahas 609 Jojakim 609-598	Jojachin 598-597 Zedekia 597-586
Joahas 814-798	Joasch 798-782 Jerobeam II. 793-753 JONA	Secharja 753-752 Menahem 752-742 Schallum 752 Pekach 752-732	Hoschea 732-722 Pekachja 742-740		605 – Erste Wegführung DANIEL Hananja Mischael Asarja
		AMOS HOSEA	ODED	Es gibt im Nordreich keine Könige oder Propheten mehr. Fremde werden im Land angesiedelt.	597 – Zweite Wegführung HESEKIEL
		Tiglat-Pileser 745-727	Salmanassar V. 727-722	722 – Die Assyrer führen Israel in die Gefangenschaft Sanherib 705-681	Nebukadnezar 605-562 612 – Fall Ninives

Hiskia 715-686

PROPHETEN

Habakuks Name und seine Bedeutung („der Umarmer") ist ein Hinweis auf Habakuks Liebe zu Gott. Habakuk akzeptierte Gottes Willen und sein Handeln im Leben seines Volkes. Das war sicherlich nicht leicht. Vielmehr waren damit die schwersten Kämpfe verbunden, denen er sich jemals hatte stellen müssen. Doch er tat, was wir alle tun sollten: Er brachte sie vor den Herrn. Schließlich rang er sich durch, den Willen Gottes aus dessen liebender und weise agierender Hand zu nehmen. Durch die Beschäftigung mit Habakuks Geschichte und seinem Weg des Glaubens können wir für unser Leben in der Nachfolge profitieren und lernen, sein Handeln und seinen Willen bereitwillig für uns persönlich anzunehmen.

Habakuk
1. Tag

Die Symptomatik einer Talsohlenzeit

Das Volk von Juda versank zunehmend in geistliche Depression. Zweifellos befand sich auch Habakuk selbst in einem geistlichen Tal. Es war nicht nur die Sünde der Menschen in seiner Umgebung, die ihn niederdrückte. Auch das Wissen um die göttlichen Konsequenzen, die dieser eklatante Ungehorsam heraufbeschwören würde, lastete schwer auf ihm.

Was wissen wir über die Zeit, in der Habakuks Schriften entstanden? Was ging im Lande Juda vor sich? Habakuk schrieb ungefähr zwischen 609 und 605 v. Chr., als die Herrschaft des gerechten Königs Josia beendet war und die erste Welle der babylonischen Invasion im Jahr 605 v. Chr. unmittelbar bevorstand. Die Reihenfolge der Ereignisse dieser Jahre stellt sich wie folgt dar:

Datum	Ereignis
609 v. Chr.	Josia starb im Kampf gegen Pharao Necho.
609	Josias Sohn Joahas wurde König und regierte drei Monate lang.
609	Der König von Ägypten machte den Bruder Joahas' – Eljakim – zum König von Juda und gab ihm den Namen Jojakim. Elf Jahre regierte er (609-598 v. Chr.).
609-605	Der Prophet Habakuk versah seinen Dienst und schrieb seine Prophezeiungen sehr wahrscheinlich nieder während der Herrschaft Jojakims, nach dem Tod Josias und vor der Invasion der Babylonier (Chaldäer) im Jahr 605.
605	Nach Josias Tod hörte das gesamte Volk Israel auf, den Herrn zu suchen – mit Ausnahme von ein paar wenigen Menschen. Innerhalb der ersten vier Jahre nach Josias Tod erfolgte der erste Angriff des babylonischen Königs Nebukadnezar auf Juda. Er besetzte Jerusalem und führte Jojakim zusammen mit Daniel (der damals ca. 14 Jahre alt war) und einigen anderen in die Gefangenschaft.

Was sagt uns 2. Könige 23,31-32 über König Joahas?

_____

_____

_____

Die ersten Dienstjahre des Propheten Jeremia fielen in die Herrschaft der Könige Josia, Joahas und Jojakim. Lesen Sie 2. Könige 23,36-37. Notieren Sie, was der Text über König Jojakim aussagt.

_____

_____

_____

Welche Informationen über Jojakim können wir Jeremia 22,18-19 entnehmen?

_____

_____

_____

> *Es war nicht nur die Sünde der Menschen in seiner Umgebung, die ihn niederdrückte. Auch das Wissen um die göttlichen Konsequenzen, die dieser eklatante Ungehorsam heraufbeschwören würde, lastete schwer auf ihm.*

Joahas' Regierungszeit betrug nur drei Monate. Alles, was es über diese kurze Amtszeit zu berichten gab, war die Tatsache, dass er tat, was böse war in den Augen des Herrn, so wie es viele seiner Vorgänger auch getan hatten. Sein Regierungsstil war geprägt von Götzendienst und offenem Ungehorsam gegenüber Gottes klaren Geboten. Dagegen lobte Jeremia das Leben und den Dienst Josias und betonte sein gerechtes und gottesfürchtiges Handeln, das sich insbesondere in seinem Einsatz für die Armen und Bedürftigen zeigte. Jojakim war im Gegensatz zu seinem Vater getrieben von Neid und Habgier und schreckte nicht davor zurück, unschuldiges Blut zu vergießen. Das Urteil über seinen Wandel kommt zu dem Schluss, er verdiene ein Eselbegräbnis. Viele Menschen in Juda folgten dem Beispiel Joahas' und Jojakims in noch weitaus schlimmere Abgründe des Ungehorsams und traten den göttlichen Bund mit Füßen (2Kö 17,7-19; besonders V. 19). Das Gericht über Juda war unausweichlich (5Mo 28).

Juda war geistlich gesehen am absoluten Tiefpunkt angelangt, und parallel dazu durchlief auch Habakuk eine persönliche Tiefphase. Lesen Sie Habakuk 1,1-4, und arbeiten Sie die Symptome heraus, die auf Habakuks Depression hinweisen.

_____

_____

PROPHETEN

> *„Aber auch Juda beachtete nicht die Gebote des Herrn, seines Gottes, sondern sie lebten in den Ordnungen Israels, die sie selber eingeführt hatten."*
> **2. Könige 17,19**

Vers 1 bezeichnet Habakuks Botschaft als eine „Schau". Das impliziert, dass der prophetische Dienst Habakuks auch eine Last mit sich brachte, gerade weil Habakuk sich des kommenden Unheils bewusst war. Habakuks Zustand könnte man auf den Punkt gebracht als *entmutigt* bezeichnen. Er war entmutigt, weil er betete und Gott scheinbar nicht antwortete. Er war entmutigt in Anbetracht der Folgen der Sünde, die er in seinem Umfeld mitansehen musste und der scheinbaren Gleichgültigkeit Gottes diesem Verhalten gegenüber. Er fragte sich, was Gott gegen dieses Treiben unternehmen würde.

Habakuk 1,5-11 enthält die Antwort des Herrn auf Habakuks Fragen und einen zweiten Hinweis auf Habakuks Niedergeschlagenheit. Lesen Sie die Verse und notieren Sie, was Ihnen auffällt.

_____

_____

_____

_____

Als Nächstes kann man Habakuks Zustand als *erschüttert* beschreiben. Gott mutete Habakuk einen Blick in die Zukunft Judas zu. Er werde sie richten, indem er die grimmigen und ungestümen Chaldäer schickt und ihnen gestattet, Juda zu überrennen. Habakuk war erschüttert, weil er das Handeln Gottes nicht einordnen konnte, wie wir Vers 5 entnehmen können.

In Habakuk 1,12-17 und Habakuk 2,1 sehen wir Habakuks Antwort auf die Offenbarungen Gottes, die eine Menge Fragen aufwerfen. Lesen Sie diese Verse und notieren Sie, was Ihnen auffällt.

_____

_____

_____

_____

Das dritte Wort, das den Zustand des Propheten beschreibt, ist wohl *empört* – darüber, dass die Chaldäer *„den verschlingen, der gerechter ist als"* sie. Habakuk hatte eine verkürzte Gottesvorstellung und konnte Gottes Handeln nicht einordnen, während dieser die Chaldäer als Werkzeug benutzte. Doch Letzteres bedeutete keinesfalls, dass Gott das Handeln der Chaldäer guthieß und sie nicht zur Rechenschaft ziehen würde. Er entschied abzuwarten, was Gott tun und sagen würde.

Lektion 9: Habakuk

 Waren Sie jemals an einem Punkt der Entmutigung, Verzweiflung oder gar der Empörung im Hinblick auf Dinge, die sich in Ihrem eigenen Leben ereigneten? Oder waren Sie frustriert, weil Sie den Eindruck hatten, Ihre Gebete schafften es nur bis zur Zimmerdecke? Wie kamen Sie damit zurecht – oder wie kommen Sie gerade jetzt damit zurecht? Vielleicht sind Sie wie Habakuk – ein perfekter Kandidat, um eine weitere Sprosse auf der Glaubensleiter emporzusteigen. Bitten Sie den Herrn, Licht in Ihre Lebensumstände zu bringen.

Talsohlenzeiten weisen uns auf Sünde hin

Habakuk
2. Tag

Mit einer „Talsohle" sind nicht bloß schwierige Umstände gemeint. Wie wir noch später im dritten Kapitel des Buches Habakuk sehen werden, betonte Gott die positive Haltung Habakuks trotz der anhaltenden Schwierigkeiten und Bedrängnis. Christsein bewahrt uns nicht vor Schwierigkeiten oder vor Leid und Anfechtungen, wie auch Nichtchristen sie durchmachen müssen. Ganz im Gegenteil: Sind wir Christen, so müssen wir uns mit zusätzlichen Ursachen für Leid wie zum Beispiel Verfolgung auseinandersetzen. Obwohl Christen und Nichtchristen mit denselben Problemen konfrontiert werden, können Christen zuversichtlicher mit solchen Situationen umgehen. Der Grund unserer Freude liegt also nicht etwa darin, dass wir notvolle Umstände beenden könnten, sondern vielmehr in unserer Beziehung zu einem Gott, der immer derselbe bleibt. Allerdings wird es uns nicht gelingen, uns gleichzeitig an die Hand Gottes und an unseren eigenen Stolz zu klammern. Den Demütigen gibt er Gnade (Jak 4,6; 1Petr 5,5). Was lehrt uns das Beispiel Habakuks über Stolz?

 Lesen Sie Habakuk 2,2-4. Achten Sie besonders auf Vers 4 und überlegen Sie, auf welche Sünde Gott in Talsohlen seinen Finger legt.

_____

_____

_____

Vers 4 zeigt uns den Kontrast zwischen zwei Sorten von Menschen: der Stolze (*„der nicht aufrichtig ist"*) und der Gerechte (der aus Glauben lebt). Wenn ein Christ Groll und Bitterkeit hegt, weil Gott Leid in seinem Leben zulässt, dann ist er stolz und lebt nicht aus Glauben. Wandelt er dagegen im Glauben, vertraut er Gottes Souveränität, die weise darüber entscheidet, was gut und förderlich für ihn ist. Sind aber Stolz und Arroganz sein Lebenselixier, wird er allein darauf schauen, was er selbst für das Beste hält.

PROPHETEN

Der Trugschluss, dem Habakuk mit seinen Überlegungen aufsaß, war seine Annahme, dass Gott an der stolzen Haltung der Menschen in Juda weniger Anstoß nehmen würde als an der abstoßenden Unmoral der Chaldäer. Im zweiten Kapitel klagt Gott die Sünden der Chaldäer in Form einer Aneinanderreihung von fünf „Weherufen" an. Obwohl sie ursprünglich an die Chaldäer gerichtet sind, könnte die Anklage ebenso gut an die Adresse seines eigenen Volkes gehen, die stolz und ichbezogen handelten, statt dem wahren Gott und seinem Wort zu folgen.

Machen Sie Notizen zu den Stellen, wo der Begriff „Wehe" in Habakuk 2,6-20 auftaucht. Formulieren Sie Ihre Beobachtungen im Hinblick darauf, was sie über den Stolz der Chaldäer aussagen (und im übertragenen Sinne auch über den Stolz des Volkes Gottes).

Weheruf Nr. 1 (2,6-8)

_____

_____

_____

Den ersten Weheruf finden wir in Vers 6 – Wehe dem, der „*aufhäuft, was nicht sein ist und der Pfandschuld auf sich lädt.*" Anders formuliert gibt diese Person mehr aus, als sie verdient. Das Symptom des Stolzes, das wir in Vers 5 finden, ist Habgier, die sich häufig im Anhäufen von Schulden zeigt. Auf die habgierigen Chaldäer traf das zu. (Dasselbe lässt sich über das Leben von König Jojakim sagen, siehe Jer 22,13-17).

NIEMALS ZUFRIEDEN?

Habakuk 2,5 erwähnt, dass der Scheol und der Tod niemals zufrieden sind. In Sprüche 27,20 heißt es, dass die „*Augen des Menschen*" niemals zufrieden sind. Es liegt in der Natur des Bösen, immer noch mehr zu wollen. Wie viel ist genug? Zu viele antworten auf diese Frage: Mehr, mehr, mehr. Das ist der Schlachtruf der Habgierigen. Der Zustand des göttlichen Herzens und derer, die dem Herrn im Glauben folgen, ist Friede, Zufriedenheit und Dankbarkeit sowie ein In-Sich-Ruhen, wie es nur der Heilige Geist schenken kann.

Weheruf Nr. 2 (2,9-11)

_____

_____

_____

Der zweite Weheruf begegnet uns in Vers 9 – Wehe dem, „*der unrechten Gewinn macht – zum Unheil für sein Haus.*" Das Motiv ist mindestens genauso bedeutsam. Der Vers macht deutlich, dass die Person so handelt, um ihr „*Nest in der Höhe anzulegen*" (um der Sicherheit willen) und „*um sich damit vor der Hand des Unheils zu retten*" (um Probleme zu vermeiden). Im Grunde genommen ist ihr Handeln motiviert durch Selbstgenügsamkeit, und aufgrund ihrer Habgier ist sie um der angestrebten Sicherheit willen bereit, Unmoral in Kauf zu nehmen.

Weheruf Nr. 3 (2,12-14)

_____

_____

_____

Vers 12 enthält den dritten Weheruf – Wehe dem, der „*eine Stadt mit Blut baut*". Hier sehen wir den Aspekt des Stolzes. Wir sehen die Gewalt, die eine Haltung offenbart, dass es keine Verantwortlichkeit für individuelles Verhalten und keinen Anlass gibt, sich gerecht zu verhalten. Und wiederum ist das eine Eigenschaft, die wir auch bei König Jojakim finden. Gewaltgeneigte Menschen erkennen nicht, dass ihr Tun zu nichts führt, weil Gott sie und ihr gewalttätiges Handeln in der Sackgasse enden lässt.

Weheruf Nr. 4 (2,15-17)

Wenn ein Christ Groll und Bitterkeit hegt, weil Gott Leid in seinem Leben zulässt, dann ist er stolz und lebt nicht aus Glauben.

Der vierte Weheruf steht in Vers 15 – Wehe dem, der andere für sich ausnutzt, indem er sie betrunken macht und unmoralisch an ihnen handelt. Die Chaldäer nutzten andere für ihre Zwecke aus, doch im Gegenzug sorgte Gott dafür, dass auch sie selbst ausgenutzt wurden. Ihr eigenes Handeln traf sie wie ein Bumerang – so richtete Gott sie. Trunkenheit und Unmoral sind zwei weitere Kennzeichen von Stolz, da es sich um Sünden handelt, die das Ich befriedigen.

Weheruf Nr. 5 (2,18-20)

Den fünften und letzten Weheruf finden wir in Vers 19 – Wehe dem, der das Werk seiner eigenen Hände anbetet. Natürlich ist Götzendienst das Erste, was uns beim Lesen dieses Verses in den Sinn kommt. Aber tatsächlich ist seine Anwendung breiter angelegt und geht über das Anbeten einer Statue hinaus. Stolz zeigt sich auch in der Verehrung der Ergebnisse unseres menschlichen Schaffens – sei es im Beruf, mit unseren Begabungen oder irgendeiner anderen menschlichen Errungenschaft. Über alle Dinge, die die Welt als großartig bewertet, sagt die Bibel Folgendes: Es fehlt seinem Inneren jeglicher Odem. Sie sind leblos und können uns keine tiefe Befriedigung verschaffen, können keine echten Beziehungen stiften und kein wahres Leben geben, wie Gott es sich ursprünglich gedacht hat. Hier spricht Gott zwar in erster Linie die falschen und toten Götzen der Chaldäer an. Doch die sinnlosen götzendienerischen Praktiken der Israeliten stehen genauso unter dem göttlichen Gericht.

PROPHETEN

Was genau meint Gott in Vers 20, wenn man bedenkt, dass Stolz die Sünde ist, die uns in den Talsohlen unseres Lebens häufig bewusst wird?

_____

_____

_____

Stolz offenbart sich in unserer mangelnden Bereitschaft, Gott ganz zu vertrauen – gerade in Situationen, in denen wir sein Handeln nicht nachvollziehen können. Man erkennt ihn dann an unserem Mangel an Glauben. Wir mühen uns selbst ab und versuchen, die Dinge aus eigener Kraft zu regeln, weil wir Gott in Wahrheit misstrauen. Daher widersprechen wir Gott auch häufig, weil wir eben nicht verstehen, was gerade geschieht. Genau das war Habakuks Problem, und Gottes Reaktion darauf klingt in der Tat etwas schroff. In Vers 20 heißt es: *„Schweige vor ihm!"* In Anbetracht des souveränen Gottes auf seinem Thron im heiligen Tempel und seiner Allmacht, die am Werk war und Gericht über die Chaldäer bringen würde, empfing Habakuk den Befehl: Sei still und vertrau auf ihn!

Habakuk
3. Tag
Zurück zu einem realistischen Gottesbild

Das dritte Kapitel des Habakuk-Buches beginnt mit den folgenden Worten: *„Gebet des Propheten Habakuk nach Schigjonot."* Ich gehe davon aus, dass die Wendung *„nach Schigjonot"* Sie jetzt nicht gerade überwältigt oder einen direkten Einfluss auf Ihre Haltung zum Thema Nachfolge hat. Trotzdem ist es hilfreich, die Bedeutung des Wortes *Schigjonot* einmal zu betrachten. Es deutet auf eine besonders emotionale Form hebräischer Dichtkunst hin, die sehr wahrscheinlich in gesungener Form mit musikalischer Begleitung dargeboten wurde (siehe auch am Ende von Habakuk 3,19). Bei Kapitel drei handelt es sich also mit hoher Wahrscheinlichkeit um eine solche Art Lieddarbietung. Das weist auf die Tatsache hin, dass Habakuk tief bewegt war durch das, was Gott ihm offenbart hatte. Gott hatte ihn in der Tiefe seines Herzens berührt.

Was sagt Habakuk 3,2 über die neue Perspektive Habakuks aus, die er dadurch gewann, dass er nun Gottes Sichtweise kannte?

_____

_____

Habakuk sagte: *„O HERR, ich habe deine Botschaft vernommen; ich bin erschrocken"* (Schlachter2000). Keine Spur mehr von Stolz, Anmaßung und einer Haltung, die meint, am besten zu wissen, was Gott zu tun hat und was nicht. Der Schrecken, von dem hier die Rede ist, bezieht sich nicht auf die Unsicherheit in Bezug auf Gottes beabsichtigtes Handeln, sondern ist Ausdruck der Ehrfurcht und Ehrerbietung gegenüber Gott selbst. Er offenbart eine Einstellung Habakuks, die Gottes wunderbaren Wegen vertraut. Und inmitten dieser Erkenntnis des göttlichen Wesens fleht Habakuk zu Gott und bittet ihn, sein Werk an seinem Volk noch einmal aufzurichten – aus reiner Gnade. Doch würde er trotz seines Gerichtshandelns und seines entfesselten Zorns Gnade walten lassen und sein Werk fortführen? Würde er sein Volk noch einmal neu mit Leben erfüllen?

Wie wird Gottes Erscheinen in den Versen 3-5 beschrieben? Notieren Sie, was Habakuk sah, als er Gottes Perspektive einnahm.

___

___

___

Vergleichen Sie diesen Text mit 5. Mose 33,1-4. Schreiben Sie die Ähnlichkeiten auf, die Sie festgestellt haben.

___

___

___

Inmitten dieser Erkenntnis des göttlichen Wesens fleht Habakuk zu Gott und bittet ihn, sein Werk an seinem Volk noch einmal aufzurichten – aus reiner Gnade.

So wie Gott sich selbst und seine Pläne gegenüber Mose offenbart hat, offenbart er sich und eine Schau seines bevorstehenden Handelns an Juda nun gegenüber Habakuk. Habakuk erinnerte sich an die Herrlichkeit Gottes, die im Auszug seines Volkes aus Ägypten sichtbar wurde. Habakuk sprach von Gottes Glanz und Majestät, die die Himmel erfüllen, und seinem Lob, dessen die Erde voll ist. Als der Herr sich Israel offenbarte, war da ein *„Glanz, dem Licht der Sonne gleich"*, wir lesen von Strahlen, die von Gottes Hand ausgehen (vgl. Anm. Elberfelder zu V. 4). Die Herrlichkeit der Sonne oder die Energie eines Blitzschlags gleicht einem winzig kleinen Bruchteil des göttlichen Strahlens. Das bedeutet, dass das, was wir von Gottes Herrlichkeit sehen können, nur ein minutiöses Puzzleteil eines großen Ganzen ist. Das ganze Ausmaß der göttlichen Herrlichkeit ist dem menschlichen Auge verborgen. Und das ist nicht alles. Sein heiliges Gerichtshandeln offenbart Gott in Form von Pest und Seuche sowohl in Ägypten als auch in der Wüste. Und eben dieses Gerichtshandeln stand nun auch Juda bevor.

PROPHETEN

> *Der HERR aber ist in seinem heiligen Palast. Schweige vor ihm, ganze Erde!*
>
> Habakuk 2,20

 Lesen Sie Habakuk 3,6-12. Diesen Versen können wir das Ausmaß des göttlichen Gerichtshandelns und der Macht Gottes entnehmen. Weder der Mensch noch die Naturgewalten vermögen sich ihm in den Weg zu stellen. Worauf erstreckt sich die Macht Gottes?

 Lesen Sie nun 3,13, und überlegen Sie, warum Gott dies alles tat.

Gott ist der Herr über die ganze Schöpfung – die Flüsse, die Meere und das Land. Er regiert die Völker. Niemand kann ihn, sein Gerichtshandeln und seine Pläne aufhalten. Die Absicht, die Gott mit dem Unheil verfolgte, das er über sein Volk hereinbrechen ließ, war nicht in erster Linie zu strafen. Er verfolgte damit vielmehr zweierlei: Zunächst hatte er die Rettung seines Volkes durch die bevorstehende Trübsal im Blick. Zum zweiten diente das kommende Unheil als Wegbereitung für seinen *Gesalbten* (Christus), der aus diesem seinem Volk hervorgehen und Erlösung für alle Menschen erwirken würde. So hat auch alles, was Gott in unserem Leben tut, zweierlei Sinn: Einmal dient es uns zum Guten und dann auch all denen, die Gott durch uns segnen möchte, indem er sich selbst als Herr und Erlöser offenbart.

Habakuk 3,14-15 erinnert an Pharao und seine Armee, die die Israeliten verfolgten, um sie zu zerstreuen. Doch der Herr führte sie bis ins Schilfmeer und ließ sie dort ertrinken. Trotz der Unterdrückung Judas durch andere Völker wollte Gott, dass Habakuk seinem Volk versichert: Gott kommt mit ihnen zum Ziel. Diese Erkenntnis vertiefte Habakuks Glauben und Vertrauen auf den Herrn und seine Wege sogar noch mehr. Was Gott ihm offenbart hatte, bewies Habakuk, dass der Herr tatsächlich alles unter Kontrolle hatte und seinen Plan mit seinem Volk zu einem guten Ende bringen würde. Gott zeigte Habakuk die „Höhenwege", auf denen er wandeln konnte. Mit diesen Höhenwegen wollen wir uns nun am Tag vier beschäftigen.

Habakuk
4. Tag

Wandeln auf Höhenwegen

Gottes Botschaft an Habakuk ist uns in den prophetischen Schriften übermittelt und gilt auch uns. Keiner von uns lässt sich gerne von Gott durch dunkle Täler führen. Doch obwohl das Durchwandern der Talsohlen uns rein oberflächlich gesehen unserer Lebenslust beraubt, können wir uns einen hoffnungsvollen Blick bewahren – auch in solchen Situationen. Der Grund dafür liegt auf der Hand: Wahre Freude ist nicht abhängig von äußeren Umständen, sondern hat ihren Ursprung in unserer Beziehung zu Gott. Manchmal ist es nötig, dass uns die Quellen materieller Freude einmal entzogen werden, damit wir wieder neu die Quelle der wahren Freude erkennen können. Und wahre Freude finden wir nicht in Materiellem, sondern sie entspringt einzig und allein einem vertrauten Wandel mit dem Herrn.

Lesen Sie Habakuk 3,16. Beschreiben Sie Habakuks Zustand angesichts der bevorstehenden Katastrophe für Juda.

___

___

___

Er war innerlich („*da erbebte mein Leib*") und äußerlich („*erzitterten meine Lippen*") erschüttert. Denn er befand sich ja in der schwierigen Situation, dass er den bevorstehenden schweren Weg genau kannte und wusste, was das Volk noch vor sich hatte. Manchmal ist Unwissenheit ein Segen, weil es leichter ist, nicht zu wissen, was die Zukunft bringt. Im Wissen, dass das Volk Israel in den kommenden Tagen vom göttlichen Gericht heimgesucht würde, wartete Habakuk „*auf den Tag der Bedrängnis*", wollte er „*Ruhe finden am Tag der Drangsal*" (Schlachter 2000). Doch er wusste, dass Gott den richtigen Umgang sowohl mit seinem Volk als auch mit den Chaldäern wählen würde.

Welchen Umständen sah Habakuk laut Vers 17 entgegen?

___

___

In ihren Fußstapfen
WARTEN

„Jetzt will ich (...) warten" (Hab 3,16). Das Warten auf Gott ist eine Grundlage der Nachfolge. Im Alten Testament werden wir häufiger aufgefordert, „auf den Herrn zu warten." Und wenn wir im Glauben warten, ist unser Warten nicht bloß passiv, sondern vielmehr ein aktives Vertrauen. Abraham, Joseph, Mose, Josua, David und Habakuk – sie alle kannten Zeiten des Wartens auf das Handeln Gottes. Warten auch Sie geduldig darauf, dass Gott in Ihrem Leben handelt?

Habakuk zeigt an fünf Umständen, wie es um Israels Lebensgrundlage bestellt sein wird: 1) Der Feigenbaum blüht nicht, 2) die Reben tragen nicht, 3) der Ölbaum trägt keine Frucht, 4) die Terrassengärten sind ertraglos und 5) die Herden sind verschwunden – weder Schafe noch Rinder sind in den Ställen. Jeglicher Hinweis auf Fruchtbarkeit fehlt.

Mitten in dieses Bild der Trübsal strahlt der helle Schein in Gestalt von Habakuk 3,18-19. Worauf liegt sein Augenmerk (3,18)?

___

___

PROPHETEN

Denken Sie über Habakuks Aussagen in den Versen 18 und 19 nach, und notieren Sie Ihre Feststellungen.

_____

_____

_____

> **? Schon gewusst**
> **DAS LIED DES HABAKUK**
>
> Das Lied Habakuks in Kap. 3,1-19 ist eines von vielen Liedern, die wir in der Heiligen Schrift finden. Dort finden sich z. B. das Lied von Mose und Miriam (2Mo 15,1-18.21), das Lied von Mose (5Mo 32,1-43), das Lied der Debora (Ri 5,1-31) und das der Hanna (1Sam 2,1-10). Es gibt noch weitere Lieder im Alten Testament wie z. B. von David (2Sam 22,1-51), Hiskia (Jes 38,9-20) und Jona (2,2-9). Zu den Liedern im Neuen Testaments gehören z. B. die Lieder der Maria (Lk 1,46-55), des Zacharias (Lk 1,68-79) und das Neue Lied des Lammes (Offb 5,9-10).

Obwohl Habakuk wusste, was auf das Volk zukam (Invasion einer feindlichen Armee, Niederlage, Armut), blieb der Blick seines Herzens auf den Herrn gerichtet. Er bekräftigte seinen Glauben – *„Ich aber, ich will in dem Herrn jubeln, will jauchzen über den Gott meines Heils."* Gott war der Gott der Erlösung und der Erlöser Israels. Die Wendung *„ich aber"* in Vers 18 steht in deutlichem Kontrast zu den aussichtslosen Umständen, in denen sich das Volk Israel bald befinden würde. Wenn Habakuk davon spricht, über den Herrn zu jubeln, gebrauchte er ein Wort, mit dem man den Jubel über einen bereits errungenen Sieg beschreibt.

Habakuks Freude gründete sich auf vier Dinge, die Gott noch tun würde. Zum einen würde Gott Erlösung bringen (nicht so sehr auf die Ewigkeit bezogen, sondern vielmehr im Sinne einer Rettung aus einer äußerlichen Not). Zweitens würde Gott ihm Kraft verleihen. In Gott fand Habakuk die Fähigkeit, mit den bevorstehenden Schwierigkeiten umgehen zu können. Er wusste, er würde seine Füße denen der Hirsche gleichmachen. Ein Hirsch ist ein Huftier, dessen Hufe sich besonders gut für felsigen Untergrund eignen. Gott bereitete ihn darauf vor, schwierige Wege zu beschreiten. Und schließlich führte Gott Habakuk in Situationen, die zwar schwer waren, aber in denen er sein volles Potenzial ausschöpfen und mehr erreichen konnte, als er jemals zu glauben gewagt hätte. Sein Vertrauen auf Gott (denken Sie an Kap. 2,4: *„Der Gerechte aber wird durch seinen Glauben leben"*) ging Hand in Hand mit Stärke und Fähigkeiten, die nur Gott geben kann.

Habakuk
5. Tag

Ich folge Gott nach

Der Herr sagte zu Habakuk, dass der Gerechte durch Glauben leben werde (2,4). Diese Aussage finden wir auch dreimal im Neuen Testament. Paulus zitiert Habakuk in Römer 1,17 und Galater 3,11; in Hebräer 10,38 taucht diese Wendung ebenfalls auf. Das Neue Testament zeigt uns, dass der Glaube fest wird, wenn wir uns immer wieder von der Wahrheit überzeugen. Dementsprechend haben die Begriffe *pistis* („Glaube") und *pisteuo* („glauben") ihre etymologische Wurzel in dem griechischen Wort *peitho*, was „überzeugen" bedeutet. Wir glauben, wenn wir uns von der Wahrheit einer Tatsache überzeugt haben oder überzeugt wurden. Durch die gesamte

Heilige Schrift hindurch finden wir das Prinzip, dass Glaube auf der Wahrheit beruht. Es ist die Wahrheit, die überzeugt, die Wahrheit über Gott, die Wahrheit seiner Worte (sowohl der Gebote als auch der Verheißungen) und die Wahrheit über die Entscheidungen, die wir treffen sollen. Gott überzeugte Habakuk davon, dass das, was er tat, richtig war. An Habakuk lag es nun, Gott zu vertrauen – was er ja auch schließlich tat. Doch wie können wir nun die Notwendigkeit eines vertrauenden Glaubens auf unser persönliches Leben herunterbrechen?

👣 **Denken Sie einmal über Ihre eigenen „Talsohlen" nach. Womit haben Sie zu kämpfen? Kreuzen Sie die Bereiche an, die Ihnen Habakuk-ähnliche Schwierigkeiten bereiten.**

- ❏ Meine Finanzen
- ❏ Meine Gesundheit
- ❏ Meine Gemeinde
- ❏ Mein soziales Umfeld
- ❏ Meine Familie
- ❏ Mein Beruf
- ❏ Meine Zukunft
- ❏ Meine Schule
- ❏ Meine Freunde
- ❏ Mein Land

Andere: _____

Denken Sie noch einen Moment länger nach. An welchen Stellen bedarf es mehr Vertrauen auf Gott? Was mutet Gott Ihnen derzeit vielleicht zu, was Sie als herausfordernd, anstrengend oder gar niederschmetternd empfinden? Bedenken Sie, dass Gott in unserem Leben nichts zulässt, das nicht zuvor die Kontrolle seiner vollkommenen Liebe, seiner Allwissenheit und vollkommenen Weisheit sowie seiner Heiligkeit und Güte passiert hat. Und nachdem es diese Kontrollinstanzen durchlaufen hat, muss es noch durch die Tür göttlich-vollkommener Entscheidung. Solch einen Gott und Vater dürfen wir haben, und das ist der Gott, auf den wir unser Vertrauen setzen können, wie auch Habakuk es tat.

Lassen Sie uns einmal diese Eigenschaften Gottes etwas genauer betrachten und überlegen, welche Anwendungshinweise wir aus diesen Schriftstellen gewinnen können.

Erstens ist bei Gott alle Weisheit und vollkommene Erkenntnis. Schlagen Sie Römer 11,33-34 auf und notieren Sie die Gesichtspunkte, die in diesem Zusammenhang relevant sind.

_____

_____

_____

_____

PROPHETEN

📖 **Lesen Sie Jesaja 40,12-14 und 25,1. Notieren Sie, was diese beiden Stellen über Gott aussagen.**

_____

_____

_____

Worauf setzen Sie Ihr Vertrauen?

Gottes Weisheit und Erkenntnis sind vergleichbar mit den Weiten des Universums oder den Tiefen des Ozeans – unfassbar, unergründlich und jenseits unserer menschlichen Vorstellungskraft. Es gibt niemanden, der Gott jemals hätte beraten oder von irgendetwas in Kenntnis setzen müssen. Ein Freund von mir machte einmal eine sehr scharfsinnige Bemerkung zu diesem Thema. Er fragte: „Ist es dir jemals in den Sinn gekommen, dass es nichts gibt, was Gott in den Sinn gekommen ist?" Er weiß bereits alles, was war, was ist und was jemals sein wird. In Hiob 11,7 steht folgende Frage im Raum: *„Kannst du die Tiefen Gottes erreichen oder die Vollkommenheit des Allmächtigen ergründen?"* Und in Vers 11 desselben Kapitels heißt es weiter: *„Denn er erkennt die nichtswürdigen Männer, und er sieht Böses, ohne dass er darauf achten muss."* Er weiß, was jeder von uns jemals getan oder gedacht hat – sei es gut oder böse, unbedeutend oder bedeutsam. Er ist auch nicht auf das Gewähren von Rat oder Einblick angewiesen, und so wie es in den Tagen Jesajas war, ist es auch heute: Denn er hat gewirkt *„Ratschlüsse von fern her, Treue und Wahrheit"* (Jes 25,1).

👣 **Neigen Sie dazu, Gott zu misstrauen und seine vollkommene Weisheit im Hinblick auf Sie selbst und Ihre Situation in Zweifel zu ziehen, wenn Sie in dunklen Tälern unterwegs sind? Vertrauen Sie ihm!**

Gott hat die vollkommene Liebe. Was sagt Johannes 3,16-17 über eben diese göttliche Liebe aus?

_____

_____

_____

Notieren Sie, was Sie diesbezüglich in Römer 5,6-11 entdecken können.

_____

_____

_____

Wir können Gottes Liebe messen an dem Geschenk, das er gegeben hat: Er gab seinen einzigen Sohn, um uns zu erlösen. Er kam nicht, um uns zu verdammen. Er kam als Gebender und Liebender, um die Verlorenen zu retten. Als die Zeit gekommen war, dass er sein Leben für seine „Schafe" lassen musste, gab er es freiwillig, entschlossen und zielgerichtet – als ein Bundesfreund in vollkommener Loyalität zum Vater und vollkommener Liebe zu den Menschen (Joh 10,11.18; 15,13). Jetzt führen wir uns einmal vor Augen, für welche Sorte „Freunde" er sein Leben hingab. Wir sind nicht nur hilflos und unfähig, irgendetwas aus uns selbst heraus zu vollbringen, wir sind weitaus mehr: Nämlich moralisch verkommen, gottlos in Wort, Einstellung und Tat. Wir waren Sünder und blieben in jeder Hinsicht weit hinter dem göttlichen Maßstab und dem Vorbild des Heiligen Gottes zurück. Gottes Feinde waren wir, und trotz alledem hat Gott seine Liebe darin erwiesen, dass er für uns starb und den Weg freigemacht hat, um uns vor seinem gerechten Zorn zu retten und uns anstatt dessen ein ewiges Leben mit ihm zu ermöglichen.

> *„Gott aber erweist seine Liebe zu uns darin, dass Christus, als wir noch Sünder waren, für uns gestorben ist."*
> **Römer 5,8**

👣 **Zweifeln Sie manchmal an Gottes vollkommener Liebe zu Ihnen oder Ihren Lieben, wenn Sie in dunklen Tälern unterwegs sind?**

In Psalm 119,68 heißt es: *„Du bist gut und tust Gutes."* **Gott ist vollkommen gut. Was sagen uns Psalm 86,5 und Psalm 25,8 über Gottes vollkommene Heiligkeit und Güte?**

_____

_____

_____

Was folgt aus der Lektüre von 5. Mose 8,15-16 und Römer 8,28?

_____

_____

_____

_____

In seiner Güte und Gnade vergibt Gott gerne und bereitwillig all denen, die ihn anrufen. Darüber hinaus steht er uns jederzeit beratend, unterweisend, führend und leitend zur Seite und zeigt uns den Weg, den wir gehen sollen. Denn er kennt unsere Schwachheit, unseren Eigensinn und unsere Unwissenheit. Seine Bereitschaft, uns zu vergeben und zu leiten ist einer von unzähligen Gründen, weshalb er unsere ungeteilte Anbetung und Dankbarkeit verdient. Er hält das zurück, was wir ohne jeden Zweifel verdient hätten (seinen Zorn), und gibt uns stattdessen das, was wir nicht verdient, aber so dringend nötig haben (seine liebevolle Fürsorge und Gnade). In 5.

> *„Du bist gut und tust Gutes. Lehre mich deine Ordnungen."*
> **Psalm 119,68**

PROPHETEN

Mose 8 wird deutlich, dass seine liebende und leitende Hand uns oftmals durch „Wüstenzeiten" führt. Doch immer dienen diese Zeiten dazu, dass *„es uns am Ende wohltue"* (5Mo 8,16). Alles ist Teil seines großen Plans (Röm 8,28): *„Denen, die Gott lieben, wirken alle Dinge zum Guten mit, denen, die nach seinem Vorsatz berufen sind."* Seine Güte ist vollkommen.

 Zweifeln Sie an Gottes Güte in notvollen Situationen? Hadern Sie mit Dingen, die scheinbar nicht zum Guten für Sie wirken? Denken Sie daran, dass der Teppich unseres Lebens, den Gott webt, noch längst nicht fertig ist. Und er arbeitet auch immer wieder dunkle Fäden ein, die wir als Schwierigkeiten oder Krisen erleben. Doch wenn alles vollendet sein wird, wird er Ihnen das Muster dieses großartigen Kunstwerks zeigen, in dem alle Elemente zu einem wunderschönen Ganzen vereint sind, wie nur er, der vollkommene Weber, es herstellen konnte.

Gott trifft vollkommene Entscheidungen, die seiner vollkommenen Erkenntnis, seiner vollkommenen Liebe und seiner vollkommenen Heiligkeit und Güte entspringen. Niemals gibt es dabei auch nur die kleinste Restunsicherheit, und niemals lässt er das kleinste Bisschen Fürsorge und Anteilnahme vermissen. Deshalb liegt auch nicht der geringste Schatten auf seinen Absichten und Ratschlüssen.

Bedenken Sie diese Wahrheiten, wenn Sie Psalm 135,1-7 lesen. Achten Sie besonders auf Vers 6. Was ist dessen Aussage?

_____

_____

_____

_____

Was lehrt uns die Geschichte von Joseph aus 1. Mose über Gottes vollkommenen Ratschluss? (Sollte Ihnen die Geschichte nicht mehr ganz geläufig sein, lohnt es sich, sie in 1. Mose 37 und 39-50 noch einmal nachzulesen.) Notieren Sie Ihre Entdeckungen aus 1. Mose 45,1-15 und 1. Mose 50,15-21.

_____

_____

_____

_____

Psalm 135,6 lehrt uns, dass der Herr tut, was immer ihm beliebt und wann immer es ihm beliebt. Ganz sicher hat Joseph das in seinem Leben erfahren. Als die Suche nach Getreide seine Brüder nach Ägypten führte, hat er sich ihnen schließlich zu erkennen gegeben und ihnen berichtet, wie der Pharao ihn zu einem der mächtigsten Männer im Land gemacht hat. Bei allem, was er ihnen zu berichten hatte, gab es zwei Dinge, die er wieder und wieder betonte: 1) Es waren nicht die Brüder, die ihn nach Ägypten geschickt hatten, sondern Gott selbst (1Mo 45,5.7-9), und 2) sie hatten Böses mit ihm vor, doch Gott hatte es zum Guten gewendet (1Mo 50,20). Joseph hatte einen Blick für den vollkommenen Ratschluss Gottes. Diese Führungen Gottes entsprangen seinen vollkommenen Entscheidungen hinsichtlich der Pläne, die er mit Jakob und seiner Familie hatte – einschließlich ihrer Versorgung inmitten der Hungersnot. In diesem Ratschluss konnte Joseph eindeutig Gottes vollkommene Güte und Liebe erkennen. Und um eben diese Sichtweise sollen wir uns auch in jeder Situation unseres Lebens bemühen. Denn wir haben denselben liebevollen und weisen himmlischen Vater, der vollkommene Entscheidungen für uns trifft. Dafür wollen wir ihn heute loben und ihm vertrauen!

Haben Sie in schweren Zeiten Zweifel an Gottes weisem Ratschluss?

Denken Sie an die großartigste Entscheidung, die Gott getroffen hat. In Apostelgeschichte 2,23 lesen wir, dass Gott Jesus *„nach dem bestimmten Ratschluss und nach Vorkenntnis Gottes hingegeben"* hat, damit er an einem römischen Kreuz sterbe, sodass wir Vergebung unserer Sünden und das Geschenk des Heiligen Geistes empfangen können, das uns das ewige Leben versichert (Apg 2,38-39). Im Licht dieser Liebe können wir Gott getrost die Entscheidungen über unser Leben anvertrauen.

Habakuk musste lernen, dem Herrn im Hinblick auf seinen Ratschluss und die Entscheidungen zu vertrauen, die Gott ihm im Voraus mitgeteilt hatte. Die unmittelbare Zukunft würde nicht leicht für Israel werden, das stand fest. Doch im Ergebnis würde sich alles zum Guten für Juda und ganz Israel wenden. Denken Sie an eines der Versprechen, das Gott Israel machte, während sich die Menschen auf das kommende Gericht vorbereiteten, das Habakuk ihnen prophezeit hatte: *„Denn ich kenne ja die Gedanken, die ich über euch denke, spricht der Herr, Gedanken des Friedens und nicht zum Unheil, um euch Zukunft und Hoffnung zu gewähren"* (Jer 29,11).

„Gedanken des Friedens und nicht zum Unheil, um euch Zukunft und Hoffnung zu gewähren."
Jeremia 29,11

Lehnen Sie sich einen Moment zurück, und denken Sie darüber nach, was Sie durch das Vorbild Habakuks und die anderen Stellen der Heiligen Schrift in diesem Kapitel gelernt haben. Lassen Sie das Gelernte tief in Ihr Herz dringen. Gott ist heilig und gut. Gott weiß um alles. Gott liebt vollkommen. Und Gott ist auch jetzt am Werk. Sprechen Sie mit ihm über Ihr Leben.

Nehmen Sie sich etwas Zeit zum Gebet.

PROPHETEN

 Herr, ich weiß, dass du einen Plan mit mir hast, so wie du es zu Zeiten Habakuks auch mit deinem Volk hattest. Ich weiß, dass diese Pläne deiner vollkommenen Erkenntnis und Weisheit entspringen sowie deiner vollkommenen Güte, Heiligkeit und Liebe. Danke, dass deine Ratschlüsse immer gut sind und niemals auf nur dem kleinsten Mangel an Erkenntnis, Reinheit und Liebe beruhen. Ich will lernen, dir im Hinblick auf dein Handeln in meinem Leben zu vertrauen – auch heute. Ich danke dir, dass du mich kennst und weißt, in welchem Zustand ich mich jetzt gerade befinde und wie die nächsten Schritte aussehen werden, die ich gehen muss. Ich möchte mich dir und deinem Ratschluss ganz anvertrauen, so wie Habakuk es tat. Danke für das „Lied des Glaubens", das du ihm in den Mund gelegt hast. Auch ich möchte dieses Lied singen, wenn ich die Talsohlen meines Lebens durchschreite, durch die du mich hindurchführst. Amen.

Auf den folgenden Zeilen ist Platz für ein persönliches Gebet, das Sie vor dem Hintergrund dieser Lektion niederschreiben können. Wenn Sie möchten, können Sie auch Gedanken aufschreiben, die Ihr Vertrauen in Gottes Plan für Ihr Leben zum Ausdruck bringen.

Lektion 10: # Daniel

Dem Gott des Himmels zuversichtlich vertrauen

Das Leben des Propheten Daniel war bemerkenswert. Daniel gehörte zu der Gruppe Israeliten, die im Zuge der ersten babylonischen Invasion im Jahre 605 v. Chr. in die Gefangenschaft geführt worden waren. Am bekanntesten ist wahrscheinlich die Geschichte Daniels in der Löwengrube. Er war vermutlich zwischen 13 und 14 Jahre alt, als er sich auf den vier bis fünfmonatigen Fußmarsch nach Babylon begeben musste. Als Daniel und seine drei Freunde Hananja, Mischael und Asarja (Schadrach, Meschach und Abednego) in Babylon angekommen waren, sonderte der König sie für die dreijährige Ausbildung am königlichen Hof aus (ungefähr 604-601 v. Chr.; Dan 1,3-7). Danach wurden sie in den Dienst des Königs Nebukadnezar gestellt (1,19-20). Fast siebzig Jahre lang hatte Daniel diese Position inne bis zum *„ersten Jahr des Königs Kyrus"* (ca. 536 v. Chr., Dan 1,21). Die nachfolgende Tabelle enthält einen kurzen Überblick über das Leben Daniels. Am Ende dieser Lektion finden Sie einen etwas ausführlicheren tabellarischen Abriss seiner Biographie.

In seiner mehr als siebzigjährigen Amtszeit am Königshof in Babylon diente Daniel unter mindestens sechs verschiedenen Herrschern und verfasste sowohl Prophezeiungen als auch Berichte, die uns heute in Form des Buches Daniel überliefert sind.

Gefangennahme und Wegführung nach Babylon	Ausbildung am Königshof	Dienst am Königshof	„Ruhestand"	Letzte Prophezeiungen
605 v. Chr.	604 – 601 v. Chr.	601 – 536 v. Chr.	536 v. Chr.	534 v. Chr.
14 Jahre	15 – 16 Jahre	18 – 83 Jahre	83/84 v. Chr.	85/86 v. Chr.
Daniel 1,1-2	Daniel 1,3-7	Daniel 1,17-20	Daniel 1,21	Daniel 10,1

Wann wirkte er?

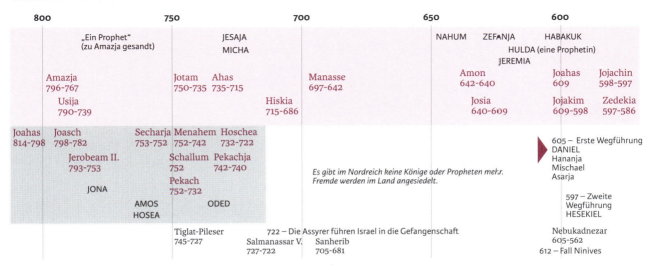

- 173 -

PROPHETEN

Während der ganzen Zeit blieb Daniel seinem Gott trotz des Alltags in einem fremden Land, in einem heidnischen Umfeld und unter babylonischer Herrschaft absolut treu. Wie schaffte er das? Inmitten aller schwierigen Umstände wusste er, dass sein Leben nicht von der Herrschaft Jerusalems oder der Herrschaft Babylons abhing. Denn ungeachtet menschlicher Machtverhältnisse ist es das „himmlische Regiment", das zählt, und deshalb vertraute Daniel auf den Gott des Himmels (Dan 4,26). Das Vorbild seines Handelns soll uns zeigen, was es bedeutet, dem Herrn zu vertrauen und ihm voller Zuversicht in dem festen Wissen zu folgen, dass er im Regiment sitzt – unabhängig von den äußeren Umständen.

Daniel
1. Tag

Vertrauen auf Gottes Gerechtigkeit

Daniel und seine drei Freunde Hananja, Mischael und Asarja wurden um 619 v. Chr. während der Herrschaft des gottesfürchtigen Königs Josia in Juda geboren. Ihre Eltern und Verwandten waren allesamt Zeugen des Segens, den die Regierungszeit Josias für das Land bedeutet hatte.

 Lesen Sie 2. Könige 23,24-25 und 2. Chronik 34,33. Was erfahren wir über Josias Herrschaft und die Kindheitsjahre Daniels?

_____

_____

_____

_____

> *„Und Josia entfernte alle Gräuel aus allen Ländern, die den Söhnen Israel gehörten. Und er hielt alle dazu an, die sich in Israel befanden, dem Herrn, ihrem Gott, zu dienen. Alle seine Tage wichen sie nicht von der Nachfolge des Herrn, des Gottes ihrer Väter, ab."*
> **2. Chronik 34,33**

Als Reaktion auf die Offenbarung des Wortes Gottes ließ Josia alle Gegenstände aus Juda entfernen, die in Zusammenhang mit Götzendienst standen. Seine Herrschaft zählt zu den bemerkenswertesten in der Geschichte Israels, weil er den Herrn von ganzem Herzen suchte und danach trachtete, das ganze mosaische Gesetz zu erfüllen. Sein Leben lang folgte er dem Herrn und leitete sein Volk an, seinem Vorbild zu folgen. Daniel wird seine Kindheit in eben dieser Atmosphäre verbracht haben. Darüber hinaus waren Jeremia und Habakuk die amtierenden Propheten dieser Zeit und werden zweifelsohne auch Einfluss auf Daniels Familien und Freunde gehabt haben.

Das erste Kapitel des Buches Daniel enthält eine Einführung in sein Leben in der Gefangenschaft und seine erste Zeit in Babylon. Bedenken Sie, dass Daniel und seine Freunde erst annähernd vierzehn Jahre alt waren, als dies alles geschah.

Lektion 10: Daniel

> **Lesen Sie Daniel 1,1-7. Welche Atmosphäre tritt uns aus diesen Versen entgegen? Überlegen Sie einmal in Ruhe, wie die Verhältnisse konkret aussahen. Notieren Sie Ihre Erkenntnisse und Gedanken.**

Im ersten Kapitel des Buches Daniel überwiegt ein Bild von Kampf, Hoffnungslosigkeit und Niederlage. Die Stadt Jerusalem war besetzt worden und unterstand fremder militärischer Herrschaft. Jeder Tag brachte die Bewohner dem Schicksal von Kapitulation, Gefangennahme und Sklaverei ein Stück näher. Der König, der Tempel, die Stadt und die Einwohner waren besiegt. Viele mussten einen vier bis fünfmonatigen Marsch in die Gefangenschaft auf sich nehmen. Dort angekommen, fanden sich Daniel und seine Freunde mit einer Kultur, Religion, einem Bildungssystem und Ernährungsgewohnheiten konfrontiert, die ihnen komplett fremd waren. Man hatte ihnen sogar neue Namen gegeben. Alles hatte sich verändert – mit Ausnahme von Gott. Ihre Lebensumstände waren allesamt fremd und ihre Zukunft versprach nicht nur körperlich, sondern insbesondere geistlich herausfordernd zu werden.

DIE WIRKMACHT GEISTLICHEN EINFLUSSES

Von König Josia heißt es: *„Vor Josia gab es keinen König wie ihn, der zu dem Herrn umgekehrt wäre mit seinem ganzen Herzen und mit seiner ganzen Seele und mit seiner ganzen Kraft nach dem ganzen Gesetz des Mose. Und auch nach ihm ist seinesgleichen nicht aufgestanden"* (2. Könige 23,25).

Wie waren die politischen Zuständigkeiten (Dan 1,1-2)?

Wer schickte sie nach Babylon?

Warum mussten die Menschen ins Exil? Lesen Sie 3. Mose 26,14-17.30-35; 2. Chronik 36,14-21 und Jeremia 29,4. Notieren Sie, was Ihnen auffällt.

In Daniel 1,2 heißt es, dass *„der Herr"* Jojakim und einige der Tempelgeräte in die Hand Nebukadnezars gab. Auf den Fall Jojakims folgte der Fall des gesamten Volkes und die sich anschließende Wegführung der Juden nach Babylon. Daniel und seine Freunde waren unter diesen Gefangenen, die deportiert wurden. So wie der Herr

PROPHETEN

Schon gewusst? „BABYLON, DIE GROSSE"

Babylon liegt im heutigen Irak und war einst eine eindrucksvolle Stadt, die durch eine sechs Meter hohe und mehr als drei Meter starke Mauer gesichert war. Sie äußere Mauer hatte acht Tore und einen Umfang von insgesamt achtzehn Kilometern. Der Euphrat, der unter der Mauer hindurch durch die Stadt floss, sorgte für ausreichend Frischwasservorräte. Im Stadtgebiet selbst gab es mehrere Tempel, wobei der berühmteste wohl der Marduk-Tempel Esaglia gewesen sein dürfte. Nördlich dieses Tempels ragte eine 90 Meter hohe, siebenstufige Pyramide in den Himmel. In der Nähe des Ischtar-Tores hatte Nebukadnezar einen 130 Meter hohen Hügel für die Konstruktion der berühmten „hängenden Gärten von Babylon" aufschütten lassen, eines der Sieben Weltwunder der Antike. Diese Gärten, dessen terrassenförmige Bestandteile mittels Marmortreppen verbunden waren und mit einer Vielfalt unterschiedlichster Baumarten bepflanzt waren, hatte er für seine Frau bauen lassen, um sie an die bewaldeten Berge ihrer Heimat zu erinnern. Auf der Anhöhe befanden sich mehrere Zisternen, die von Sklaven mit Frischwasser gefüllt wurden, das diese aus dem Euphrat heraufpumpen mussten. Diese Zisternen speisten die Brunnen und Wasserfälle, die die Gärten bewässerten. Babylon war wirklich ein äußerst beeindruckender Ort.

ISRAEL UND DER MOSAISCHE BUND

Für Israel galt der Bund des Mose. Gehorsam brachte Segen und Ungehorsam den Verlust des Landes. *„Wenn ihr mir aber nicht gehorcht und nicht all diese Gebote tut ..., ich werde das Schwert über euch bringen, das die Rache des Bundes vollzieht ... Euch aber werde ich unter die Nationen zerstreuen ..."* (3Mo 26,14.25a.33a).

---

das Volk unter anderem durch Jeremia hatte warnen lassen, war er es laut Jeremia 29,4 auch, der die Exilanten nach Babylon führte. Der Grund dafür war die Sünde des Volkes. Sie wollten nicht auf die Warnungen hören, die Jeremia, Habakuk und Zefanja – Zeitgenossen Daniels (2Chr 36,15-16) immer und immer wieder voll echten Mitgefühls aussprachen. Stattdessen verharrten sie in ihrem Ungehorsam, und so brachte er das Gericht über sie, von dem Mose in 3. Mose 26,14-17 und 30-35 bereits gesprochen hatte.

Betrachten wir die Umstände, in denen Daniel lebte, wird schnell deutlich, dass das Volk, in das er hineingeboren worden war und unter dem er seine ersten dreizehn bis vierzehn Lebensjahre verbrachte, nicht die Wahrheiten beherzigte, die König Josia während seiner Amtszeit hochgehalten hatte. Nach Josias Tod im Jahr 609 v. Chr. rückten sehr viele Israeliten von Gott und seinem Wort ab. Die Bundesbeziehung zum Herrn verlor an Bedeutung ebenso wie das mosaische Gesetz mit all seinen Warnungen vor Ungehorsam, Götzendienst und geistlichem Abfall. Was für eine aussagekräftige, vom Herrn gelenkte Gegenstandslektion erhielten Daniel und die anderen Exilanten durch Nebukadnezar, wenn man allein an den vier bis fünfmonatigen Fußmarsch nach Babylon und die Umstände unterwegs denkt, mit denen sie zurechtkommen mussten. Bedenken Sie, welchen unterschiedlichsten Bedingungen Daniel ausgesetzt gewesen sein mochte.

Lesen Sie Daniel 1,8-16, und notieren Sie die Informationen, die der Text über Daniel enthält. Warum reagierte er wohl so wie beschrieben?

_____

_____

_____

Wie sieht seine Einstellung und Reaktion auf Autoritäten aus?

_____

_____

_____

Welche persönliche Anwendung könnte das für uns bedeuten?

_____

_____

_____

Daniel stand vor schwierigen Entscheidungen. Entweder nahm er nach dem jüdischen Gesetz unreine Speisen und Getränke zu sich (Fleisch und starke Getränke, die sehr wahrscheinlich zuvor den babylonischen Göttern geopfert worden waren) und passte sich somit den Sitten der Babylonier an, oder er blieb Gott und seinem Wort treu und vermied es, sich zu verunreinigen. Er hätte protestieren, sich auflehnen oder gar in einen Hungerstreik treten können. Doch nichts davon tat er. Als Erstes war Daniel *fest entschlossen ("nahm sich in seinem Herzen vor")*, sich mit den Speisen des Königs nicht zu verunreinigen. Daniel reagierte respektvoll gegenüber den bestehenden Autoritäten und bat durchweg taktvoll, einen vernünftig klingenden Vorschlag unterbreiten zu dürfen. Er schlug dem Hofbeamten vor, eine Testdiät zu machen, indem er seine Kost zehn Tage lang auf Gemüse, Getreide und Wasser beschränkte. Am Ende dieser zehn Tage sollte der Hofbeamte das Ergebnis begutachten und *"mit deinen Knechten je nachdem, was du sehen wirst"*, verfahren (1,13b). Gott belohnte seine Herzenshaltung und segnete die Bitte: *"Und Gott gab Daniel Gnade und Erbarmen vor dem Obersten der Hofbeamten"* (1,9).

Dies zeigt die Wirkkraft geistlichen Einflusses. Weil König Josia dem Wort Gottes bis ins Detail treu gewesen war, wurden so viele Israeliten dazu ermutigt, es ihm gleichzutun. Als die Zeiten der Gefangenschaft kamen, erinnerten sie sich an sein Beispiel und versuchten, dem Wort Gottes auch in der Fremde treu zu bleiben. Daniel und seine Freunde waren ein lebendiges Zeugnis für die Frucht des Wortes Gottes, das man in den ersten Jahren ihres jungen Lebens in ihre Herzen gepflanzt hatte. Die Macht geistlichen Einflusses ist weitreichend.

Wortstudie
BABYLONISCHE NAMEN

Aus Gründen der kulturellen Integration und Neuorientierung bekamen die vier jungen Hebräer neue Namen – Namen babylonischer Götter. Daniel, dessen Name „Gott ist mein Richter" bedeutet, wurde umbenannt in Beltschazar, was „Baal schütze den König" heißt. Hananja („Gott ist gnädig") wurde zu Schadrach („Das Gebot Akus"), wobei damit ein sumerischer Mondgott gemeint war. Mischael („Wer ist wie Gott?") wurde umbenannt in Meschach („Wer ist wie Aku?"), und aus Asarja („Jahwe ist mein Helfer") wurde Abednego („Knecht Negos"), wobei der babylonische Gott Nego gemeint war.

Wie sieht Ihre Haltung gegenüber Gott und seinem Wort aus? Wie steht es mit dem Einfluss, den Sie auf andere haben? Führt er zum Wort Gottes hin oder gar umgekehrt? Wie stehen Sie zu den Autoritäten, die Gott über Ihnen eingesetzt hat? Wie würden Sie ein Anliegen vorbringen, wenn es nötig wäre?

Lesen Sie Daniel 1,17-20, und schreiben Sie auf, warum die vier jungen Männer ihre Ausbildung so erfolgreich absolvierten.

_____

_____

_____

Welche Botschaft wollte Daniel durch die Aufzeichnung seiner Biographie vermitteln?

_____

_____

_____

SPEISEGESETZE

Das mosaische Gesetz verbot dem Bundesvolk Israel den Genuss bestimmter Speisen. Eine Liste dieser Speisen finden wir in 3. Mose 11,1-23 und enthält unter anderem bestimmte essbare und nicht essbare Tiere, Fische und Meeresfrüchte, Vögel und Insekten. Neben ernährungstechnischen Gründen spielten auch solche eine Rolle, die mit heidnischen Speisebräuchen zusammenhingen, weil man vermeiden wollte, Nahrungsmittel zu sich zu nehmen, die zuvor heidnischen Göttern geopfert worden waren. In 2. Mose 34,14-16 verbietet Gott ausdrücklich den Genuss von Götzenopferspeisen, um nicht in die Gefahr des Götzendienstes zu geraten. Die Einhaltung des mosaischen Gesetzes lag Daniel sehr am Herzen.

PROPHETEN

Die vier jungen Männer waren erfolgreich, weil *„Gott ihnen Kenntnis und Verständnis"* gab. Daniel betonte die Tatsache, dass Gott über den Königreichen dieser Welt steht und zu führen und Erfolg zu schenken vermag, wie es ihm und seinen Absichten beliebt. Er hat sein Volk nicht vergessen, er vergisst es nicht und wird es auch niemals vergessen. Sogar im heidnischen Umfeld der Stadt Babylon, dem Herzen des Babylonischen Reiches und dem Zentrum der heidnischen Kultur des Landes, konnte Daniel Gott nachfolgen.

Daniel
2. Tag

Vertrauen, dass Gott sich offenbart

In zweiten Kapitel des Buches Daniel begegnen wir einem Nebukadnezar, der tief beunruhigt war aufgrund nächtlicher Träume, die er selbst nicht zu deuten wusste. Weil keiner seiner Ratgeber seine Fragen beantworten konnte, hatte er ihre Hinrichtung angeordnet – Daniel und seine Freunde miteingeschlossen. Diese scheinbar ausweglose Situation bot Daniel und seinen Freunden eine weitere Gelegenheit, die Konsequenz ihrer Nachfolge unter Beweis zu stellen. Wie reagierte Daniel?

> **Schlagen Sie Daniel 2,1-13 auf. Was erfahren wir über Daniels „Kollegen" und das System, in das er eingebunden war?**

_____

_____

_____

Daniel diente unter einem König, dessen Regierungsstil durch Gewaltanwendung und Einschüchterungspraktiken gekennzeichnet war. Er war einer der gefürchtetsten und stärksten Führer aller Zeiten. Daniels Mitstreiter waren Weise aus Chaldäa – Männer, die auf der Suche nach Weisheit Sternkonstellationen zu deuten pflegten. Einige von ihnen drückten zusammen mit Daniel die Schulbank am königlichen Hof und waren junge Männer, die mit der Weisheitsliteratur Babylons sowie mit Disziplinen wie Astronomie, Naturwissenschaft und Religion vertraut waren. Doch in Daniel 2 wird uns berichtet, dass die Träume des Königs auch sie bis weit über ihre profunden Kenntnisse und Fähigkeiten hinaus herausforderten. Der Wunsch des Königs war schlichtweg unerfüllbar. Nur die *„Götter, deren Wohnung aber nicht bei den Sterblichen ist"* konnten einer solchen Bitte wie der des Königs nachkommen. Der König hatte zwar ihre Hinrichtung angeordnet, doch Daniel kannte den Gott des Himmels, und seine Beziehung zu dem lebendigen Gott war sein alles entscheidender Vorteil.

Lektion 10: Daniel

Lesen Sie Daniel 2,14-18. Notieren Sie drei Dinge, die Daniel auf das Dekret des Königs hin unternahm.

_____

_____

_____

Worauf lag Daniels Fokus?

_____

_____

Schon gewusst?
DER TRAUM DES KÖNIGS

Durch die gesamte Heilige Schrift hindurch wird immer mal wieder von Menschen berichtet, zu denen Gott im Traum sprach, um sich selbst oder seinen Willen zu offenbaren. So war es beispielsweise bei Jakob (1Mo 28; 31), Joseph (1Mo 37), dem Bäcker und dem Mundschenken (1Mo 40), dem Pharao (1Mo 41), Salomo (1Kö 3), Joseph, dem Mann der Maria (Mt 1-2) und den Weisen in Bethlehem (Mt 2).

Zunächst fällt auf, dass Daniel nicht in Panik geriet, sondern gegenüber dem obersten Leibwächter, der den Auftrag hatte, die Weisen zu töten, einen *„klugen und verständigen Einwand machte"* (2,14). Er stellte weise Fragen und machte seine Hausaufgaben, indem er versuchte, den Hintergrund der Situation zu erfassen. Zweitens wurde er beim König vorstellig, um sich eine Frist für die Deutung des Traums zu erbitten (2,16). Dabei wurden seine dienende Haltung und sein Respekt gegenüber dem König und dessen Bevollmächtigtem Arjoch offenbar. Drittens kümmerte er sich um Gebetsunterstützung: Er suchte seine drei Freunde auf und legte ihnen die Situation so ausführlich dar, dass sie in Kenntnis ihrer Lage und dessen, was es in dieser Situation bedurfte, gezielt beten konnten. Daniels Fokus lag einzig und allein auf dem *„Gott des Himmels"*, der über Israel und auch über Babylon steht und jedes Geheimnis unter der Sonne zu offenbaren vermag. Daniel und seinen Freunden war bewusst, dass es nur durch ein gnädiges Eingreifen Gottes möglich sein würde, dem König die Deutung seines Traums zu präsentieren.

Daniels Fokus lag auf dem Gott des Himmels. Lesen Sie nun Daniels Gebet, das wir in Daniel 2,19-23 finden. Was wusste Daniel über Gott?

_____

_____

_____

Wortstudie
GOTT DES HIMMELS

Der Name „Gott des Himmels" taucht 22-mal im Alten Testament auf, wobei sich 16 dieser Stellen in den Büchern Daniel, Esra und Nehemia befinden – Bücher, die während der Zeit der Fremdherrschaft über Israel geschrieben wurden. Jeder Verfasser hatte erkannt, dass es der Gott des Himmels ist, der im Regiment sitzt (Dan 4,23), und dass ihr Gott dieser Gott des Himmels ist, der sich in seiner Allmacht um sein Bundesvolk kümmert.

Gott enthüllte Daniel das Geheimnis in Form einer nächtlichen Version (2,19), wobei Daniel eine neue Seite des Gottes kennenlernen durfte, der Geheimnisse offenbart (2,28). Daraufhin lobte Daniel Gott als den, dessen Name gepriesen sei von Ewigkeit zu Ewigkeit (2,20)! Weisheit und Macht sind bei ihm, der die Zeiten regiert, die

PROPHETEN

Geschichte lenkt sowie Könige einsetzt und abberuft (2,21). Dieser Gott gibt den Weisen Weisheit (2,21) und Erkenntnis den Einsichtigen (wörtlich den „Verständigen" – den Menschen, die Einblick und die zutreffende Wahrnehmung haben). Er ist der Gott, der Verborgenes aus der Tiefe holt und offenbart, weil er alles weiß und kennt – sei es im Licht oder in der Finsternis. Das Licht umgibt ihn, und er ist es, der Weisheit und Macht schenkt sowie Erkenntnis der Dinge, um dessen Offenbarung wir ihn bitten – so wie er es bei Daniel tat.

Wie näherte Daniel sich dem König? Was war der Hauptaspekt der Botschaft, mit der er den König konfrontierte (2,24-28)?

___

___

___

Zuerst wandte Daniel sich an Arjoch und bat ihn um eine Audienz beim König. Er wusste, dass keiner der Weisen imstande sein würde, die Fragen des Königs bezüglich seines Traumes zu beantworten, aber er vertraute dem, was Gott ihm selbst offenbart hatte. Und er war sich sicher, dass der Herr diese Offenbarung gebrauchen würde, um im Leben des Königs, in seinem Reich und darüber hinaus zu wirken.

Welche Tatsachen gab Daniel dem König weiter, die seine Herrschaft betrafen (2,37-38)?

___

___

___

Was hatte Gott als König über die ganze Welt in der darauffolgenden Zeit vor (2,44-45)?

___

___

___

Wie reagierte Nebukadnezar, nachdem ihm die Deutung seines Traums mitgeteilt worden war (2,46-47)?

___

___

Gott ist der Gott, der Königreiche in die Hände von Menschen gibt. In ihm ist alle Macht, Stärke und Herrlichkeit, und er ist es, der Menschen mit Regierungsautorität ausstattet. Weil er über alles herrscht, wird er auch ein ewiges Reich aufrichten, das niemand zu zerstören vermag. Daniel wusste von der Unanfechtbarkeit des göttlichen Regiments, dem Babylon und seine Götter nichts anhaben konnten. Auch Nebukadnezar erkannte, dass es wirklich einen Gott im Himmel gab, der als *„Gott der Götter und Herr der Könige"* regiert und Geheimnisse offenbart. Auf diese Wahrheit vertraute Daniel vollkommen.

Daniel kannte seinen Gott als den Gott der Offenbarung, als den, der Geheimnisse offenbaren konnte – doch er kannte noch weitere Eigenschaften. Er kannte ihn als Gott, der sich Menschen offenbarte, sodass diese eine lebendige Beziehung zu ihm eingehen konnten. Einer der Propheten, der seinen Dienst in Israel in Daniels Kindheitsjahren und darüber hinaus versah, war Jeremia, der die folgenden Worte unter der Leitung des Heiligen Geistes aufschrieb:

„So spricht der Herr: Der Weise rühme sich nicht seiner Weisheit, und der Starke rühme sich nicht seiner Stärke, der Reiche rühme sich nicht seines Reichtums; sondern wer sich rühmt, rühme sich dessen: Einsicht zu haben und mich zu erkennen, dass ich der Herr bin, der Gnade, Recht und Gerechtigkeit übt auf der Erde; denn daran habe ich Gefallen, spricht der Herr" (Jer 9,22-23).

Daniel folgte diesem Herrn, der ihm sich selbst und diese Geheimnisse offenbart hatte. Und er sollte ihm noch Weiteres über sich selbst und weitere Geheimnisse enthüllen, wie wir in den Ausführungen zu Tag drei und vier noch sehen werden. Im Zuge dessen können auch wir neue Erkenntnisse über Gott und die Beziehung zu ihm sammeln, die er uns gerne zeigen möchte.

> *„... der rühme sich dessen: Einsicht zu haben und mich zu erkennen, dass ich der Herr bin, der Gnade, Recht und Gerechtigkeit übt auf der Erde."*
> **Jeremia 9,23**

Vertrauen, dass Gott regiert

Daniel
3. Tag

Das Buch Daniel enthält eine Vielzahl von Beweisen der souveränen Herrschermacht Gottes über die Völker, die Geschichte und den einzelnen Menschen. Daniel war sich der Autorität Gottes absolut gewiss, und diese Gewissheit wuchs, je älter er wurde. Er erlebte, dass die Wahrheit sich immer wieder durchsetzt und auszahlt, und dieselbe Erkenntnis und dasselbe Vertrauen nahm auch von seinen drei Freunden Besitz. In Daniel 3 lesen wir, dass sie sich dem König widersetzten, als dieser die Anbetung des goldenen Standbildes anordnete. Infolge dessen wurde der König sehr zornig und befahl ihre Hinrichtung im Feuerofen. Aber der Herr ging mit in den Feuerofen, sodass die Flammen ihnen nichts anhaben konnten. Sie blieben so unversehrt, dass noch nicht einmal die kleinste Schmauchspur an ihrer Kleidung zu sehen war. Ein über allem stehendes Dekret des Gottes des Himmels hatte das Dekret Nebukadnezars außer Kraft gesetzt. Der höchste Gott saß im Regiment.

PROPHETEN

Zur Vertiefung
DER FEUEROFEN

Schadrach, Meschach und Abednego vertrauten auf Gott, als sie vor Nebukadnezar und vor dem Feuerofen standen. *„Ob unser Gott, dem wir dienen, uns retten kann – sowohl aus dem brennenden Feuerofen als auch aus deiner Hand, König, wird er uns retten – oder ob nicht: Es sei dir jedenfalls kund, König, dass wir deinen Göttern nicht dienen und uns vor dem goldenen Bild, das du aufgestellt hast, nicht niederwerfen werden"* (Dan 3,17-18).

In Kapitel 3,32 ist die Rede vom „höchsten Gott", der sich Nebukadnezar auf eine sehr persönliche Weise offenbart. Was können wir von dieser Erfahrung Nebukadnezars mit dem Herrn lernen, der über alles regiert?

Wie könnte man die Hauptaussage von Daniel 3,31-33 formulieren?

In Daniel 3,31-33 spricht Nebukadnezar von dem *„höchsten Gott"* und dem, was er *„an mir getan hat"*. Dieses Kapitel ist ein persönliches Zeugnis von Größe, Macht, Herrschaft und Regiment des höchsten Gottes und der Art und Weise, wie dieser große Gott zu Nebukadnezar vordrang, dem seinerzeit größten irdischen Herrscher des größten Königreiches der damaligen Zeit.

Lesen Sie das Zeugnis des Nebukadnezar in Daniel 4,1-15. Wie beurteilte Nebukadnezar die Stellung und die Rolle Daniels?

Nebukadnezar war klar, dass die Weisen seines Königreiches seinen Traum nicht würden deuten können. Jedoch war Daniels Ruf diesem vorausgeeilt, und Nebukadnezar sah in Daniel jemanden, *„in dem der Geist der heiligen Götter* (oder des heiligen Gottes) *ist"*. Und deshalb war er sich sicher, dass Daniel seinen rätselhaften Traum richtig würde interpretieren können (4,5).

Welchen Rat gab Daniel dem König Nebukadnezar (4,14-24)?

Lektion 10: Daniel

Auf welcher Grundlage basierten die Ratschläge Daniels (4,14.22.23)?

_____
_____
_____

Daniel betonte in allem, was er Nebukadnezar voraussagte, das souveräne Handeln Gottes und wies immer wieder auf das Regiment des höchsten Gottes hin. Daniel hob hervor, dass „*der Höchste über das Königtum der Menschen herrscht*" und Macht und Autorität verleiht, „*wem er will*" (4,22). Wichtig war, dass Nebukadnezar verstand, dass der Höchste Gott ist und dass es der Himmel ist, der über alles regiert – nicht nur über Babylon, sondern über alle Königreiche der Welt (4,23). Zunächst war es jedoch notwendig, dass Nebukadnezar seine Sünden erkannte und bekannte, umkehrte und sich einem in Gottes Augen rechtschaffenen Leben zuwandte. Das bedeutete auch ein Regiment voller Mitgefühl, das „*Barmherzigkeit gegen Elende*" zeigte und nicht mit harten Bandagen operierte (4,24). Daniel gründete seine Ratschläge ausschließlich auf der souveränen Herrschaft des höchsten Gottes, dem Herrn über alle Menschen, der jeden Herrscher einsetzt – den Größten und den Niedrigsten (4,14).

Welches Problem hatte Nebukadnezar (4,25-30)?

_____
_____
_____

Nebukadnezar war durch und durch stolz. Sein Problem war seine Egozentrik, sein Hang zu narzisstischer Nabelschau. Dreimal schaut er während seines Gangs auf den Dächern des Palastes in den Spiegel der Eitelkeit (4,27) und sagt dabei symptomatische Worte wie „*ich selbst*", „*meine Macht*" und „*meine Herrlichkeit*". Nebukadnezar hatte immer noch nicht begriffen. Gott wusste ein Heilmittel gegen seinen Stolz und seine Selbstverliebtheit. Er demütigte ihn, schickte ihn auf die grüne Wiese und ließ ihn Gras fressen wie einen grasenden Ochsen. Der König, der über scheinbar übermenschliche Macht verfügte, strich nun über die Weiden und konnte die einfachsten Dinge nicht mehr tun. Ein wahrhaft hoher Preis für die Gleichgültigkeit gegenüber dem Wort Gottes.

Was folgte aus dem göttlichen Eingreifen in Nebukadnezars Leben (4,31-34)?

_____
_____

> *„Der Höchste hat Macht über das Königtum der Menschen und verleiht es, wem er will, und den Niedrigsten der Menschen setzt er darüber ein."*
> **Daniel 4,14b**

LITT NEBUKADNEZAR UNTER *BOANTHROPIE*?

Zum Teil wird vermutet, dass Nebukadnezar unter einer Krankheit litt, die man *Boanthropie* nennt – eine psychische Störung, die bewirkt, dass der Betroffene meint, ein Rind zu sein und sich auch so verhält. Auch heutzutage tauchen derlei Symptome hier und da bei Patienten auf. Was auch immer es wirklich war, was Nebukadnezar hatte – feststeht, dass es eine disziplinarische Maßnahme Gottes war, die ihm sieben Jahre lang das „*Herz eines Tieres*" verlieh (Dan 4,13).

PROPHETEN

Als Nebukadnezar nach sieben Jahren seine Augen zum Himmel erhob, kehrte sein Verstand zurück. Er erkannte Gott als den *„König des Himmels"* und gestand sich ein, dass *„die Himmel herrschen"* (4,23.34). Er demütigte sich vor dem höchsten Gott, lobte ihn als den ewigen Gott, der für immer ist und regiert. Seine eigene bedeutungslose Position und die aller Menschen ordnete er in Ansehung der göttlichen Allmacht und Souveränität erstmals realistisch ein. Kein Mensch kann ihn aufhalten oder seine Weisheit in Frage stellen. Als Nebukadnezar sich vor dem Herrn des Himmels und der Erde beugte, gab der Herr ihm sein Königreich, seine Autorität und seine Ehre zurück. Das Lob Gottes aus dem Mund Nebukadnezars kannte keine Grenzen, denn jetzt sah er in ihm nicht nur die souveräne Autorität, sondern erkannte auch sein heiliges Handeln: *„Nun rühme ich, Nebukadnezar, und erhebe und verherrliche den König des Himmels, dessen Werke allesamt Wahrheit und dessen Wege Recht sind ..."* (4,34). Dann fügte er vermutlich als persönliches Zeugnis noch abschließend den Zusatz an: *„... und der die erniedrigen kann, die in Stolz einhergehen."*

 Dreimal lesen wir, dass *„der Höchste Macht hat über das Königtum der Menschen und es verleiht, wem er will"* (4,14.22.29). Welche Eigenschaften Gottes sind in Ihrem Leben sichtbar? Wie stehen Sie zu dem, was Sie besitzen und erreicht haben? Finden Sie bei sich etwas von der Einstellung Nebukadnezars? Wenn ja: In welchem Stadium von Nebukadnezars Leben würden Sie Ihr Leben derzeit einordnen?

_____

_____

_____

Lehre
ZUVERSICHT FÜR DIE ZUKUNFT

Gott schenkte Daniel Zuversicht hinsichtlich seines Plans für Israel. Wie die drei Stränge einer Rettungsleine der Hoffnung offenbarte Gott seine Pläne für die Königreiche der Welt, seine Absicht mit dem Messias und den Platz Israels in der Welt. Daniel prophezeite über die gegenwärtigen und zukünftigen Weltmächte (Babylon, Medopersien, Griechenland, Rom und das wiederauferstandene Rom), das Kommen des Messias und Gottes Plan für Israel.

Den Rest der Regierungszeit Nebukadnezars diente Daniel an dessen Hof. Nebukadnezar starb im Jahr 562 v. Chr. (nach 43-jähriger Regierungszeit). Nach ihm folgten Könige, die nur kurze Zeit auf dem Thron saßen. Sein Sohn, Ewil-Merodach, wurde nach zweijähriger Regierungszeit von seinem Schwager ermordet, der dann den Thron vier Jahre lang inne hatte, bevor er starb. Dessen Sohn, Labaschi-Marduk, folgte ihm auf den Thron und fiel neun Monate später einem Mordanschlag zum Opfer. Nabonid, der Schwiegersohn Nebukadnezars, herrschte ab 556 und nahm 554 seinen ältesten Sohn Belsazar mit auf den Thron, während er selbst Babylon verließ, um Teile des Reiches wiederherzustellen und neue Gebiete zu erobern. Ihre Herrschaft endete 539 v. Chr., als Darius der Meder Babylon eroberte und das Reich der Meder und Perser aufrichtete. Durch all diese turbulenten Zeiten hindurch diente Daniel am Königshof und blieb seiner Überzeugung treu, dass *„die Himmel herrschen"*. Im 5. Kapitel des Buches Daniel ist Daniel bereits 80 Jahre alt und immer noch ein treuer Nachfolger des Herrn. (Die chronologische Reihenfolge der Kapitel des Danielbuches lautet wie folgt: 1; 2; 3; 4; 7; 8; 5; 9; 6; 10; 11; 12. Ein Überblick über den Zusammenhang der Kapitel finden Sie am Ende dieser Lektion.)

In den ersten drei Regierungsjahren des Königs Belsazar gab Gott Daniel zwei ganz entscheidende Visionen über die Entwicklung der Weltgeschichte und die Zukunft des Volkes Gottes (siehe Kap. 7 und 8). Trotz der aufwühlenden Botschaften, die Daniel empfangen hatte, wuchs sein Vertrauen im Hinblick auf zwei ganz entscheidende Tatsachen: 1. Der, der sich erheben und „die Heiligen des Höchsten aufreiben" wird (Dan 7,25), wird gerichtet, überwältigt und vernichtet werden und 2. „die Heiligen des Höchsten werden das Reich empfangen, und sie werden das Reich besitzen bis in Ewigkeit" (Dan 7,18; siehe auch Vers 27). Daniel 7 gibt einen kurzen Einblick in die Vision der vier Tiere (Königreiche) sowie der Herrschaft der Antike und des ewigen Reiches des Menschensohnes (7,9-14). Daniel wusste, dass der Gott, dem er nachfolgte, die Weltgeschichte lenkt!

Zwölf Jahre nach Kundwerden dieser Visionen, die uns in Daniel 7 und 8 berichtet werden, lernen wir Belsazar im Zusammenhang mit einem Gastmahl in den Räumen des Palastes kennen, das ungefähr im Jahr 539 v. Chr. stattfand und zu dem Tausende einflussreiche Persönlichkeiten mit ihren Frauen und Konkubinen geladen waren (Dan 5). Inmitten der optimal gesicherten Stadt Babylon fühlte Belsazar sich unangreifbar. Die massiven, doppelt konstruierten Stadtmauern waren über sechs Meter hoch und gut drei Meter breit und verfügten über nahezu 30 Meter hohe Wachttürme. Die äußere Mauer verlief über eine Strecke von mehr als 17 Kilometern um die Stadt herum. Während die Menschen in der Stadt das rauschende Fest genossen, braute sich außerhalb der Mauern eine Gefahr zusammen: Obwohl die Perser alles mobilisierten, um Babylon einzunehmen, sahen die Babylonier keinerlei Grund zur Beunruhigung. Die Stadt verfügte über genügend Vorräte und Vorkehrungen, um die Bevölkerung zwanzig Jahre lang zu versorgen, und Belsazar, der sich über die Maßen sicher wähnte, gab seiner Verachtung für die Perser Ausdruck. Doch was noch viel schwerer wog, war die Verachtung gegenüber dem Herrn der Himmel, die er dadurch äußerte, dass er seine Götter verehrte und dabei aus den goldenen Gefäßen trank, die man aus dem Tempel in Jerusalem mitgenommen hatte.

Lesen Sie Daniel 5. Richten Sie Ihr Augenmerk besonders auf die Verse 18-29. Notieren Sie, wodurch Daniels Treue zu Gott und seine kompromisslose Nachfolge zum Ausdruck kommen.

Was erfahren wir über die Herrschaft Gottes? (Übrigens: Die Botschaft aus Daniel 4,14.22.29 wiederholt sich in 5,21.)

PROPHETEN

Schon gewusst?
DIE GÖTTER BABYLONS

Die Einwohner Babylons beteten unterschiedlichste Götter an. Daniel 5,4 erwähnt Götter, deren entsprechende Standbilder aus Gold, Silber, Bronze, Eisen, Holz und Stein gefertigt worden waren. Diese Standbilder stellten Götter wie Marduk dar, eine Art Göttervater, der auch Bel genannt wurde (gleichbedeutend mit Baal, was „Herr" bedeutete), Nebo (oder Nabu) – Sohn des Marduk und Gott der Schrift –, Sin – Gott der Stimmungen – und Ishtar – Göttin des Morgen- und des Abendsterns. Letztere wurde auch „Königin des Himmels" genannt (Jer 7,18; 44,17-19). Gottes Botschaft an die Babylonier war klar und deutlich: „Aber den Gott, in dessen Hand dein Odem ist und bei dem alle deine Wege sind, hast du nicht geehrt" (Dan 5,23).

Der König Belsazar stellte sich selbst, seine Position und seine Götter über alles andere und ignorierte damit den Herrschaftsanspruch des Höchsten, des Herrn der Himmel, von dem er bereits einiges wusste. Die Schrift an der Wand ängstigte ihn jedoch sehr. Als Daniel die Festhalle betrat, bot der König ihm an, als Dritter im Königreich Babylon neben ihm und seinem Vater Nabonid zu herrschen. Doch Daniel entgegnete entschieden: *„Deine Gaben mögen dir bleiben, und deine Geschenke gib einem anderen"* (5,17). Dann sprach er deutlich über Belsazars Sünde und das kommende Gericht. Belsazar kannte zwar die Geschichte seines Großvaters Nebukadnezar, doch hatte die darin enthaltenen geistlichen Wahrheiten sowie seine eigene Pflicht verdrängt, dem wahren Gott die Ehre zu geben. Mittels der Handschrift an der Wand sagte Gott ihm jedoch auf übernatürliche Weise sein bevorstehendes Gerichtshandeln voraus: Belsazars Herrschaft neigte sich ihrem Ende zu, und er selbst würde zu Tode kommen. Und Daniel, dem nicht an Geschenken oder Ämtern gelegen war, sah diesen König untergehen. Auch unter der Herrschaft des nächsten Königs – Darius, des Persers – setzte Daniel sein Leben in der Nachfolge fort. (Darius ist sehr wahrscheinlich eher ein Titel als ein Name und ist vermutlich ein Hinweis auf Cyrus, der das Reich der Meder und Perser bis 530 v. Chr. beherrschte.)

In diesen geschichtlichen Entwicklungen wird die herrschende Hand des Herrn deutlich, die inmitten politischer Machtkämpfe, Attentate und Kriege regiert. Die Pläne, Absichten und Ratschlüsse des Herrn sind unverbrüchlich und stehen felsenfest unabhängig von der Bosheit der Menschen oder ganzer Königreiche. Er ist und bleibt *„der höchste Gott, der Macht hat über das Königtum der Menschen und setzt darüber ein, wen er will"* (5,21b). Daniel folgte diesem Herrn, der über alles regiert – auch als es bedeutete, sich die eigenen Mitarbeiter zu Feinden zu machen. Doch das werden wir im folgenden Abschnitt (Tag 4) betrachten.

Daniel
4. Tag

Vertrauen auf die Beziehung zu Gott

Daniel 6 knüpft an im Jahre 538 v. Chr., als Daniel bereits 81 Jahre alt ist und unter dem neuen Herrscher Darius, dem Meder, dient. Nach wie vor stellte Daniel seine Leitungsfähigkeit unter Beweis und wurde so zu einem von drei Ministern, denen 120 Satrapen (Statthalter der einzelnen Provinzen, ähnlich einem Gouverneur) unterstellt waren. Gott segnete ihn inmitten dieses heidnischen Umfeldes. Er herrschte so gerecht und geschickt, dass der König *„beabsichtigte, ihn über das ganze Königreich einzusetzen"* (6,4). Einige der anderen Minister verachteten Daniel, weil er ein jüdischer Exilant war und sie ihm beruflich nicht das Wasser reichen konnten. Aus diesem Grund griffen sie zu einer politischen List. Würde Daniel seinem Gott auch noch dann folgen, wenn er Zielscheibe giftigen Hasses werden würde?

Lektion 10: Daniel

📖 **Lesen Sie Daniel 6,5-10. Was erfahren wir über Daniels Leben im Hinblick auf seine Treue in der Nachfolge?**

_____
_____
_____

Die übrigen Minister schienen Daniel den Respekt zu neiden, den Darius ihm entgegenbrachte, obwohl Daniel ihn sich erarbeitet hatte und Darius' Freundlichkeit auf Daniels hervorragender Erfüllung seiner Leitungsaufgaben beruhte. Auf der Suche nach einem Anknüpfungspunkt für eine mögliche Anklage Daniels wie zum Beispiel Bestechlichkeit oder Nachlässigkeiten wurden sie jedoch nicht fündig. Für jedermann offensichtlich war er treu und zuverlässig in seinem beruflichen Handeln, doch gab es eine Sache, die Daniels Rivalen aufgefallen war: Daniel folgte Gott und seinem Wort, und das wussten diese Männer. Genau an diesem Punkt versuchten die Männer anzusetzen, indem sie vorschlugen, ein unwiderrufliches Gesetz gegen das Gebet zu erlassen (siehe Dan 6,1-10).

Daniels vertraute nicht dem Gebet. Vielmehr vertraute er dem Gott, der Gebet erhört.

📖 **Lesen Sie Daniel 6,11-16. Wie reagierte Daniel auf dieses neue Gesetz (Dan 6,8)?**

_____
_____
_____

Was fällt Ihnen im Blick auf Daniels Lebensstil auf?

_____
_____
_____

In Kenntnis des neuen Gesetzes „*kniete er dreimal am Tag auf seine Knie nieder, betete und pries vor seinem Gott*" (6,11). Das war also keineswegs neu für Daniel, sondern entsprach seinem bisherigen Lebensstil. Er hatte eine persönliche Beziehung zu dem Gott des Himmels. Er betete also nicht in der Absicht, ein politisches Exempel zu statuieren. In Vers 11 heißt es nämlich weiter „*... wie er es auch vorher getan hatte*". Er versuchte nur nicht, sich selbst oder seine Gewohnheit, regelmäßig zu beten, zu verstecken. Jedermann konnte ihn durch das offene Fenster seiner Dachkammer sehen. Und so sahen ihn auch die eifersüchtigen Minister, gingen zum König und klagten Daniel der Missachtung des Königs und seines Gesetzes an.

PROPHETEN

Ihren Vorurteilen gegenüber Daniel gaben sie Ausdruck, indem sie ihn als einen der *„Weggeführten aus Juda"* bezeichneten (6,14). Ihre Anklage brachte Darius in höchste Bedrängnis, der ihren Plan natürlich durchschaut hatte. Weil er Daniel sehr schätzte, setzte er alles daran, Daniel zu retten – doch ohne Erfolg. Auch er konnte Daniels Weg in die Löwengrube nicht verhindern.

Lesen Sie Daniel 6,17-28. Welche weiteren Hinweise enthält der Text auf die Treue Daniels in der Nachfolge?

Was sagt uns der Text im Hinblick auf Daniels Beziehung zu denen, die hierarchisch gesehen über ihm standen?

Lehre
DER MESSIAS IM BUCH DANIEL

Ein Hinweis auf Christus ist der Stein in Daniel 2,34-35, die „vierte Person", die im Feuerofen war und deren Aussehen „gleich das eines Göttersohnes" beschrieben wird (Daniel 3), der „Sohn eines Menschen" in Daniel 7,13-14 und der Gesalbte (Messias) in Daniel 9,35-26.

Welchen Einfluss hatte Daniel auf den König?

Der König selbst bescheinigte Daniel dessen kompromisslose Nachfolge Gottes und war sich deshalb sicher, dass Gott ihn retten würde (*„Dein Gott, dem du ohne Unterlass dienst, er möge dich retten"*, Dan 6,17b). Er bezeichnete Daniel als einen *„Knecht des lebendigen Gottes"* (6,21) und betonte auch in diesem Zusammenhang noch einmal Daniels Dienst für Gott, den er *„ohne Unterlass"* versah. Daniel ehrte den König, indem er auch am Hof vollkommen zuverlässig und integer diente (siehe 6,4). Die Tatsache, dass der König in dieser Nacht weder schlief noch aß, zeigt seine Wertschätzung und Verbundenheit mit Daniel (6,19). Am Morgen eilte er voller Sorge um Daniel sofort zur Löwengrube (6,20-21). Dort hörte er das folgende Zeugnis aus dem Mund Daniels: *„Mein Gott hat seinen Engel gesandt, und er hat den Rachen der Löwen verschlossen, so dass sie mich nicht verletzt haben, weil vor ihm Unschuld an mir gefunden wurde. Und auch vor dir, König, habe ich kein Verbrechen begangen"* (6,23). In Vers 24 heißt es weiter: *„Und keine Verletzungen wurden an ihm gefunden, weil er auf seinen Gott vertraut hatte."*

Lektion 10: Daniel

Infolge der konsequenten Nachfolge Daniels erließ der König ein Dekret, dass man den lebendigen und ewigen Gott fürchten möge – den Gott, dessen Reich niemals vergehen und dessen Herrschaft ewig bestehen wird. Er ist der Gott, der Gebet erhört, der rettet und Zeichen und Wunder im Himmel und auf Erden vollbringt. Er zeigte sich selbst, seine Macht und seine Herrschaft durch die Bewahrung Daniels in der Löwengrube. Daniels Feinde erwartete dagegen ein etwas anderes Schicksal. Jedermann konnte die Schnelligkeit beobachten, mit der dieselben Löwen die Verschwörer und ihre Familien verschlangen. Daniel blieb Gott treu und betete beharrlich weiter, selbst als er den Feinden Gottes gegenüberstand. So kann nur der handeln, der genau weiß, dass der Gott des Himmels regiert.

In Kapitel 9 finden wir einen Bericht über den ungefähr 80-jährigen Daniel, der die Prophetie Jeremias über die 70 Jahre gelesen hatte, die die Stadt Jerusalem in Trümmern liegen sollte (siehe Jer 25,11.12; 29,10). Das war im Jahre 539 v. Chr. – 67 Jahre nach Beginn der Babylonischen Gefangenschaft. Daniel hatte beschlossen, den Herrn diesbezüglich anzurufen und ihm sein Herz auszuschütten. Er wusste, dass Gott der Gefangenschaft ein Ende bereiten würde, er wusste, dass die Gefangenschaft ein Gerichtshandeln war, das das Volk verdient hatte, und er wusste, dass er Gott, seinem Wort und seinen Verheißungen vertrauen konnte. Das war der Inhalt seines Gebets.

Lesen Sie Daniel 9,1-14. Was können wir aus dem Bekenntnis Daniels ablesen?

_____

_____

_____

Welcher Herzensschrei Daniels lässt sich Kap. 9,15-19 entnehmen?

_____

_____

_____

Daniel bekannte ganz ungeschönt die schwere Sünde seines Volkes Israel. Das Gerichtshandeln Gottes in Form der Wegführung in die Gefangenschaft war eine gerechtfertigte und notwendige Konsequenz dessen. Daniel sorgte sich um das Hier und Jetzt (9,15-16), und er bat den Herrn, seinen Zorn abzuwenden und sein *„Angesicht leuchten"* zu lassen *„über* [sein] *verwüstetes Heiligtum"* (9,17). Er beanstandete nichts und berief sich auch nicht auf etwaige Ansprüche. Er bat Gott, aufgrund seiner *„vielen Erbarmungen"* zu handeln (9,18). Seine Sorge galt Gottes Volk, seinem Namen und seiner Ehre. Er betete inständig: *„Denn dein Name ist über deiner Stadt und deinem Volk ausgerufen worden"* (9,19b).

> *„Seht, welch eine Liebe uns der Vater gegeben hat, dass wir Kinder Gottes heißen sollen! Und wir sind es. Deswegen erkennt uns die Welt nicht, weil sie ihn nicht erkannt hat."*
>
> **1. Johannes 3,1**

PROPHETEN

Gott sandte Gabriel, um Daniel eine Antwort zu geben. Und diese Antwort machte etwas deutlich im Hinblick auf Daniels Beziehung zu Gott. Gabriel sagte in Vers 23, Daniel sei *„ein Vielgeliebter"*. Danach offenbarte Gabriel, dass siebzig Wochen *„über dein Volk und über deine heilige Stadt bestimmt"* seien (9,24). Gott war noch lange nicht fertig mit seinem Volk Israel. Er versprach, die Übertretungen zu sühnen und Versöhnung für die Sünde mit dem Ziel ewig währender Gerechtigkeit zu schaffen. Jerusalem sollte wiederaufgebaut werden und der versprochene Messias erscheinen. Gleichwohl werde Jerusalem immer wieder Konflikte und auch Zerstörung hinnehmen müssen. Doch über allem stehe der Triumph des lebendigen Gottes.

Im Jahr 534 v. Chr. empfing Daniel, der *„Vielgeliebte"* (10,11.19), im Alter von 85 Jahren eine weitere Vision mit einer klaren Botschaft. Kapitel 10, 11 und 12 berichten von dieser Vision, die das Zeitfenster von Daniels Lebzeiten bis zu dem Punkt umspannt, an dem der Herr sein irdisches Reich aufrichten wird, und noch darüber hinaus bis zur Erfüllung der letzten göttlichen Verheißung. Daniel empfing die Einsicht und das Wissen in das, *„was [deinem] Volk am Ende der Tage widerfahren wird"* (10,14), um ihm und dem Volk Gottes ein unerschütterliches Vertrauen in Gottes Herrschaft und den Plan zur Rettung seines Volkes zu schenken. Danach richtete sich der Herr noch mit einer persönlichen Botschaft an Daniel, die wir uns im nächsten Kapitel (Tag 5) einmal genauer ansehen wollen.

Daniel
5. Tag

Ich folge Gott nach

Was für ein unglaublich vorbildhaftes Leben Daniel führte! Was für ein aufregender Weg in der Nachfolge Gottes! Wir konnten Daniel in extrem herausfordernden Lebenslagen beobachten. Von Anbeginn war er Gott und seinem Wort treu, wohin auch immer dieser ihn berief. Er vertraute auf Gottes gerechtes Führungshandeln. Er kannte den Gott des Himmels, den höchsten, als den Gott, der Geheimnisse offenbart, der ihn durchtragen konnte ungeachtet der widrigen Umstände, die ihm äußerlich drohten. Er erlebte, dass Gott der Herr über alles war und mit seinen Feinden verfuhr, wie und wann es ihm beliebte. Als ein Mann des zuversichtlichen Gebets, der in einer engen Beziehung zu dem Gott des Himmels lebte, erfuhr er, dass Gott treu war und seine Pläne niemals fallen ließ, die er mit ihm und seinem Volk hatte. Auch wenn Daniel jetzt schon das hohe Alter von 85 Jahren erreicht hatte, hatte Gott ihm, seinem geliebten Knecht, noch etwas zu sagen.

 Lesen Sie Daniel 12,13. Notieren Sie die Essenz des Versprechens, das Gott Daniel gab.

Lektion 10: Daniel

Was sagt dieser Vers über die Nachfolge Gottes aus?

_____

_____

_____

Im Wesentlichen lautete Gottes Befehl an Daniel folgendermaßen: „Mach weiter so wie bisher. Folge mir so nach, wie du es die letzten 85 Jahre getan hast. Bald wirst du Ruhe finden, und dann erwarten dich eine Auferstehung in Herrlichkeit und eine Belohnung."

👣 **Sind Sie dort treu in der Nachfolge, wo auch immer Gott Sie hinführt? Vertrauen Sie seinem gerechten Wort und seinen gerechten Wegen?**

_____

_____

_____

„Denn es ist keine staatliche Macht außer von Gott, und die bestehenden sind von Gott verordnet. ... denn sie ist Gottes Dienerin, dir zum Guten."
Römer 13,1b.4a

Weil Daniel Gottes großartige Herrschaft kennengelernt und ihr vertraut hat und weil er wusste, dass Gott Könige einsetzt und abberuft, konnte er dem Herrn auch dann vertrauen, als er unter gottlosen Herrschern dienen musste.

Können Sie dem himmlischen Regenten vertrauen, indem Sie die Autoritäten respektieren, die er über Sie gesetzt hat? Nehmen Sie sich einen Moment Zeit und denken Sie darüber nach, welchen Autoritäten Sie unterstehen.

- ❑ Eltern
- ❑ Ehemann
- ❑ Arbeitgeber
- ❑ Gott
- ❑ Polizei
- ❑ Lehrer
- ❑ Gesetze
- ❑ führende Politiker
- ❑ gesellschaftliche Führungskräfte
- ❑ Gemeindeleitung

Andere: _____

👣 **Gibt es Autoritäten, gegen die Sie im Herzen rebellieren?**

_____

_____

_____

PROPHETEN

Gibt es Dinge, die Sie in Ordnung bringen müssten, um ein reines Gewissen gegenüber Gott und den Autoritäten in Ihrem Leben zu haben?

_____

_____

_____

_____

„Darum übe ich mich auch, allezeit ein Gewissen ohne Anstoß zu haben vor Gott und den Menschen."
Apostelgeschichte 24,16

Daniel bewies sein Vertrauen auf Gott durch sein dienendes Herz für die, die ihm übergeordnet waren, und auch durch sein Handeln, das ihn in die Löwengrube brachte. Seine Bereitschaft, sich dem Dekret zu widersetzen, das ihm das Beten untersagte, wird oftmals irrtümlicherweise als Rechtfertigung für zivilen Ungehorsam herangezogen. Doch Daniels Verhalten war keinesfalls ein Protest gegen ein ungerechtes Gesetz. Er fuhr lediglich mit dem Leben so fort, wie er es schon immer geführt hatte. Seine Loyalität gegenüber staatlicher Autorität fand lediglich nicht im Unterlassen des Gebets, sondern vielmehr darin Ausdruck, dass er die Konsequenzen für sein Gott wohlgefälliges Handeln klaglos hinnahm. Daniel organisierte keinen Protestmarsch oder Boykott gegen Persien. Er ging in die Löwengrube, ohne sich zu beschweren. Seine dem König ergebene Herzenshaltung wurde in den ersten Worten deutlich, die am nächsten Morgen aus seinem Mund kamen, als der König nach ihm schaute: *„König, lebe ewig!"* (6,22).

Haben Sie sich in Situationen, in denen Ihnen aufgrund Ihres Glaubens Unrecht widerfuhr, eine loyale Einstellung gegenüber denjenigen bewahrt, die Gott Ihnen als Autoritäten übergeordnet hat? Oder war Ihr Herz mit Bitterkeit und Rebellion erfüllt?

Gibt es eine Autorität, mit der Sie ins Reine kommen sollten?

_____

_____

_____

_____

Es gibt Bereiche, in denen wir selbst eine Autorität darstellen über ein „Reich", für das wir verantwortlich sind – unser Zuhause, unsere Arbeitsstelle, ein Sportteam, eine Gemeindegruppe oder Ähnliches. Wir sind Gott Rechenschaft für die Art und Weise schuldig, wie wir in unserem „Reich" „regieren". Er möchte, dass wir es mit einem dienenden Herzen tun, voller Dank und in Abhängigkeit von ihm – wohlwissend, dass alle Macht und Weisheit von ihm ausgeht.

Lektion 10: Daniel

👣 **Nebukadnezar regierte voller Eigensinn, Selbstherrlichkeit und aus eigener Anstrengung. Wie herrschen Sie in Ihrem Reich? Können Sie ähnliche Ansätze in Ihrem Leben erkennen?**

_____

_____

_____

_____

_____

Denken Sie noch einmal daran, was Nebukadnezar in Daniel 4 widerfuhr. Er musste schmerzlich erfahren, dass der Herr *„die erniedrigen kann, die in Stolz einhergehen"* (Dan 4,34). Sind Ihnen im Laufe dieser Lektion Punkte in Ihrem Leben aufgefallen, die mit Stolz einhergehen und daher Veränderung benötigten? Haben Sie vielleicht eine zu hohe Meinung von sich und Ihren Errungenschaften? Manchmal sind gerade die Bereiche unseres Lebens von Stolz durchwoben, die wir am lautesten verteidigen und für die wir am härtesten kämpfen. Diese Bereiche müssen aufgespürt, entfernt und gereinigt werden.

Bringen Sie diese Dinge vor den Herrn, und bekennen Sie sie als Schuld. Bekennen Sie ihm jede Schwäche, mit der Sie kämpfen.

_____

_____

_____

_____

„Sechs Dinge sind es, die dem Herrn verhasst sind, und sieben sind seiner Seele ein Gräuel." Der erste Punkt auf dieser Liste sind „stolze Augen".
Sprüche 6,16-18

Außerdem ist es wichtig, dem Herrn für jede Segnung oder jedes Gelingen zu danken, das er Ihnen geschenkt hat. Halten Sie es nicht zu fest, denn es ist ein Geschenk von ihm, und setzen Sie es als Geschenk für ihn ein.

Eine weitere Lektion, die Daniel und seine drei Freunde uns lehren, ist der Umgang mit unerwarteten Lebensumständen. Sie mussten mit bösen Überraschungen in ihrem Leben fertig werden, und das in einem vergleichsweise zarten Alter: Zunächst die einmarschierende feindliche Armee und der Krieg, danach die Kapitulation und die Verschleppung in ein fremdes Land. Und zwar nicht in irgendein Land, sondern nach Babylon! Sie mussten in eine andere Schule gehen, eine andere Laufbahn als

PROPHETEN

gedacht einschlagen und sicherlich eine ganz andere Zukunft in Kauf nehmen, als sie oder ihre Eltern es ursprünglich für sie gedacht hatten. Natürlich hörten die Überraschungen nicht auf, als sie dem Jugendalter entwuchsen. Daniel erlebte sie sein ganzes Leben lang – sogar noch jenseits seines 80. Lebensjahres.

Haben Sie in letzter Zeit eine Überraschung erlebt? Wie sind Sie mit unerwarteten Wendungen (den großen und kleinen Überraschungen) umgegangen? (Kreuzen Sie das Zutreffende an.)

- ❑ Ich habe mir viele Sorgen gemacht.
- ❑ Ich lerne, alles vor dem Herrn im Gebet auszubreiten.
- ❑ Ich habe angefangen, ihn und seine Weisheit in der Bibel zu suchen.
- ❑ Ich verbringe viel Zeit am Telefon und frage andere nach ihrer Meinung.
- ❑ Ich habe mich sehr viel beklagt.
- ❑ Manchmal neige ich auch dazu, Gott anzuklagen.

Ist Ihr Blick auf den Gott des Himmels gerichtet?

_____
_____
_____
_____
_____

> „Die Furcht des Herrn bedeutet, Böses zu hassen. Hochmut und Stolz und bösen Wandel und einen ränkevollen Mund, das hasse ich."
> **Sprüche 8,13**

Daniel machte sich Feinde, weil er dem Herrn nachfolgte. Haben auch Sie Feinde, weil Sie Jesus nachfolgen? Halten Sie fest an der Wahrheit. Und vertrauen Sie Gott das Ergebnis an.

_____
_____
_____
_____
_____
_____

Denken Sie noch einmal über alles nach, was Sie im Laufe dieser Lektion gelesen und gelernt haben. Leben Sie ein Gott hingegebenes Leben – ohne Rücksicht auf die Konsequenzen? Nehmen Sie sich noch etwas Zeit, um über das Leben Daniels nachzudenken.

_____

_____

_____

_____

Sprechen Sie mit Gott über Ihren Weg der Nachfolge.

> Herr, danke für das Leben Daniels, für seine Treue zu dir und dafür, dass du dich mir durch das offenbarst, was ich von ihm lernen darf. Danke für sein Vorbild des Gottvertrauens – Vertrauen in dein Wort, in dein gerechtes Handeln, in deine Fähigkeit, die rechte Weisheit zur rechten Zeit zu geben, Vertrauen in dein souveränes Handeln und in deine Macht, Gebet zu erhören. Ich möchte meinen Weg auch mit einem solchen Vertrauen im Herzen gehen und dir und deinem Willen ganz hingegeben leben. Herr, ich wünsche mir, dass meine Beziehung zu dir ganz nach deinem Willen wächst. Ich bitte dich, dass du mich lehrst, mit einer solchen Zuversicht zu beten, wie Daniel es tat. Das wird meinen Wandel und mein Gebetsleben verändern, wo immer du mich auch hinführst. Amen.

Im Lichte dieser Lektion können Sie auf den nachfolgenden Zeilen ein persönliches Gebet notieren. Thematisieren Sie darin die konkreten Anwendungen, deren Notwendigkeit Gott Ihnen vielleicht aufgezeigt hat. Oder Sie können genauso gern einen Tagebucheintrag vornehmen, in dem Sie das Gelernte noch einmal zusammenfassen.

_____

_____

_____

_____

_____

PROPHETEN

Ein chronologischer Überblick über das Leben Daniels (Tabelle Seite 165)

Datum (v. Chr.)	Ereignis	Bibeltext
619 v. Chr. – Geburt	Daniel wurde während der Herrschaft des gottesfürchtigen Königs Josia (640-609 v. Chr.) in Juda geboren.	2. Könige 23; 2. Chronik 35
609-605 (Alter: 10 oder 11 bis 14)	Daniel wird Zeitzeuge der korrupten Herrschaft von Josias Söhnen Joahas und Jojakim.	2. Chronik 36,1-5
605 (Alter: 14)	Eroberung Jerusalems	Daniel 1,1-2
605 (Alter: 14)	Die erste Wegführung der Exilanten (unter ihnen waren Daniel, Hananja, Mischael und Asarja)	Daniel 1,3-7.8-16
605-602 (Alter: 14-17)	Daniel, Hananja, Mischael und Asarja durchliefen die Ausbildung am Königshof.	Daniel 1,4-5.17-20
603/602 (Alter: 16/17)	Nebukadnezars Traum – „Das große Standbild"	Daniel 2,1-49
602-562 (?)	Nebukadnezars Vision vom goldenen Bild	Daniel 3,1-30
602-562 (?)	Nebukadnezars Traum – „Der umgehauene Baum"	Daniel 3,31 – 4,34
652 (Alter: 57)	Nebukadnezar stirbt.	
562-556 (Alter: 57-63)	Kurze Regierungsphasen von Ewil-Merodach, Neriglissar, und Labschi-Marduk.	
556	Nabonid, Nebukadnezars Schwiegersohn, bestieg den Thron.	
554-539	Nabonid teilte den Thron mit seinem ältesten Sohn Belsazar.	
553 (Alter: 66)	Daniels Vision von den vier Tieren	Daniel 7,1-28
551 – (Alter: 68)	Daniels Vision vom Widder und Ziegenbock	Daniel 8,1-27
539 – (Alter: 80)	Belsazars Fest und Niedergang	Daniel 5,1-30
539 (Alter: 80)	Darius, der Meder, wurde König.	Daniel 5,31
539 (Alter: 80)	Daniel fastete und betete, und die Antwort – die Vision von den siebzig Wochen – wurde durch den Engel Gabriel offenbar.	Daniel 9,1-27
538 (Alter: 81)	Daniel begann seinen Ministerialdienst unter Darius, dem Meder, auch bekannt als Cyrus. „Darius" war sehr wahrscheinlich kein Name, sondern ein Ehrentitel.	Daniel 1,21; 6,1-28
534 (Alter: 85)	Daniels 21-tägige Fastenzeit und die Vision der Zukunft Israels	Daniel 10,1-21; 11,1-45; 12,1-12
534 (Alter: 85)	Befehl an Daniel und tröstende Zusage seiner kommenden Auferstehung	Daniel 12,13

Lektion 11: # Haggai

Ein Ruf zur Bestandsaufnahme

Als sich das Volk Gottes an einem seiner nationalen und geistlichen Tiefpunkt befand, erschien Haggai im Jahr 520 v. Chr. auf der Bühne Judas. Sein prophetischer Dienst dauerte nur fünf Monate und stieß wieder nicht auf Resonanz, doch sein Einfluss auf das jüdische Volk hielt über Generationen hin an. Auch uns hat er heute etwas zu sagen und wird uns die kommende Woche hindurch dienen, wenn wir uns das Buch Haggai genauer ansehen. Doch bevor wir damit beginnen, wollen wir uns einmal kurz der geschichtlichen Hintergründe der Zeit widmen, in der Haggai lebte. Israel hatte eine lange Durststrecke voller Anfechtung und Bedrängnis hinter sich. Die Nation musste drei Zerstörungs- und Deportationswellen durch die Babylonier durchleben (605, 597, 586 v. Chr.). Während dieser Zeit wurden viele Israeliten in die Gefangenschaft geführt, die insgesamt 70 Jahre lang andauerte (605-536 v. Chr.). Die Stadt Jerusalem war zerstört, aber das Schlimmste war, dass der herrliche Tempel, den Salomo erbaut hatte, in Schutt und Asche lag (586 v. Chr.). Alle Schätze waren geraubt worden, das Volk besiegt. Die Nation trug schwer unter der Gerichtslast, die Gott selbst ihnen wegen ihres Götzendienstes und Ungehorsams auferlegt hatte. Doch nun schien ein frischer Wind spürbar: Im Jahr 538 erließ König Kyrus von Persien ein Dekret, das den Juden die Rückkehr in ihr Land und den Wiederaufbau des Tempels erlaubte (Esr 1,1-3). Kyrus gab die heiligen Tempelgeräte zurück und rüstete die Rückkehrer mit dem notwendigen Proviant und Schutz aus, um den vier bis fünfmonatigen, 1.600 Kilometer langen Rückmarsch zu überstehen. Im Jahr 537/536 v. Chr. führte Serubbabel die erste Gruppe Exilanten zurück nach Israel, um die Aufgabe anzugehen, die vor ihnen lag – der Wiederaufbau des Tempels in Jerusalem (Esr 1,4-11; 2,1-70). Augenblicklich keimte Hoffnung auf (siehe der chronologische Überblick von Esra-Nehemia-Haggai-Sacharja-Maleachi am Ende dieser Lektion).

HAGGAIS DIENST

Haggai begann seinen Dienst im Jahr 520 v. Chr., und er diente für nur fünf Monate. Seine kurze Prophetie, die nur zwei Kapitel umfasst, hatte einen bedeutenden Einfluss auf das Volk Israel. Zeitgenossen Haggais waren Sacharja (der zeitgleich mit ihm in Jerusalem diente), der Statthalter Serubbabel und der Hohepriester Joschua.

Wann wirkte er?

- 197 -

PROPHETEN

Als das Volk ankam, ließen sie sich nieder und begannen mit dem großen Bauprojekt. Schon während der Errichtung des Fundaments sahen sie sich heftigem Widerstand der Samariter und anderer benachbarter Völker gegenüber (Esr 3,1-13; 4,1-5). Nach sechs Jahren ungebrochenen Widerstands wurden die Arbeiten unterbrochen (530 v. Chr.), und so lag die ihnen von Gott befohlene Aufgabe ein Jahrzehnt lang brach (Esr 4,24), während die Menschen ihr neues Leben führten und ihrem Alltag nachgingen. Im Jahr 520 v. Chr. schickte Gott zwei Propheten – Haggai und Sacharja –, die damit begannen, das Volk an ihre Verantwortung vor Gott zu erinnern (Esra 5,1-2). Haggai veranlasste sie, ihr Leben vor Gott zu überdenken. Würden sie Gott wieder gehorsam sein und die Aufgabe wiederaufnehmen, die Gott ihnen aufgetragen hatte? Haggais Dienst können auch wir zum Anlass nehmen, um eine Bestandsaufnahme in unserem eigenen Leben zu machen und zurückzukehren zu einem Lebensstil der Nachfolge mit einem Herzen, das ihm fröhlich und demütig dient.

Haggai
1. Tag

Das Wichtigste zuerst – Sich die göttlichen Prioritäten zu eigen machen

Haggai 1 setzt geschichtlich *„im zweiten Jahr des Königs Darius"* ein. Damit ist nicht Darius, der Meder, aus Daniel 6,1 (539 v. Chr.) gemeint, sondern Darius I. (Hystaspes), der im Jahr 521 König von Persien wurde. Zu dieser Zeit dienten Serubbabel als Gouverneur und Josua als Hohepriester.

Wer war Haggai? In der Heiligen Schrift finden wir keinerlei Hintergrundinformation über ihn. Wir wissen, dass sein Name „Festtag" bedeutet, was ein Hinweis darauf sein könnte, dass er während eines der israelitischen Feste geboren wurde (Fest der ungesäuerten Brote, Wochenfest, Laubhüttenfest). Haggai könnte ein Augenzeuge des salomonischen Tempels gewesen sein und sowohl seine Herrlichkeit als auch seine Zerstörung miterlebt haben. Sofern man davon ausginge, wäre er zum Zeitpunkt des Verfassens seines Buches ca. 70 Jahre alt gewesen. Möglicherweise wurde er jedoch in Babylon geboren, verbrachte seine ersten Lebensjahre dort und kam mit dem ersten Rückkehrerstrom mit 50.000 anderen Juden zurück nach Juda. Wie dem auch sei, er kannte die Schande von Israels Götzendienst und Ungehorsam, die ursächlich für das jahrzehntelange Exil gewesen war. Sicherlich wird er ebenfalls gelitten haben unter dem Götzendienst der Babylonier mit ihren zahlreichen Götzentempeln und sich umso mehr nach der Rückkehr in das Land des Bundes seiner Vorväter Abraham, Isaak und Jakob gesehnt haben. Sechzehn Jahre nachdem diese Heimkehr Wirklichkeit geworden war, geschah das Wort des Herrn zu Haggai, und er begann, die Botschaft Gottes dem Volk weiterzugeben, das sich gerade in einer sehr schweren und entbehrungsreichen Phase befand.

„Richtet euer Herz auf eure Wege."
Haggai 1,5

Lektion 11: Haggai

Haggais erste Botschaft finden wir in Haggai 1,2. Welche Kernaussage enthält dieser Vers?

Welches primäre Problem sah der Herr in Israel (Hag 1,3-4.9)?

Worauf war das Volk fixiert?

Das Volk war der Ansicht, dass es nicht der richtige Zeitpunkt zum Wiederaufbau des Tempels war (1,2). Genau hier setzte Haggai an. Haggai suchte die Schuld nicht etwa bei den Widersachern, die letztendlich dafür gesorgt hatten, dass die Arbeiten auf Eis gelegt worden waren, sondern nahm vielmehr die Prioritäten des Volkes Israel ins Visier, das sich nur noch um die eigenen vier Wände kümmerte und dem Zustand des Tempels gleichgültig gegenüberstand. Für sie war allein wichtig, dass es ihnen selbst gut ging und für ihre eigenen Häuser gesorgt war. Die Zukunft des Tempels, der immer noch in Trümmern lag, berührte sie dagegen nicht.

Wie lautete der Befehl des Herrn der Heerscharen aus Haggai 1,5 und 1,7?

Der Herr forderte schlicht auf: *„Richtet euer Herz auf eure Wege!"* – auf den Lebenswandel, auf die Art und Weise, wie sie den Alltag gestalteten. Er wollte, dass sie erkennen, welch hohe Priorität sie ihren eigenen persönlichen Belangen inzwischen

PROPHETEN

eingeräumt hatten. Der Tempel und die Sache des Herrn waren dagegen in der Bedeutungslosigkeit versunken und auf der Prioritätenliste nicht nur nach unten gerutscht, sondern schlichtweg verschwunden – zumindest zu diesem Zeitpunkt. Hierbei ging es um weit mehr als um Gebäude und religiöse Zeremonien. Denn das eigentliche Thema war das Herz, ihre persönliche Beziehung zum Herrn der Heerscharen, ihrem Gott des Bundes.

Was resultierte aus ihrem mangelnden Interesse am Haus des Herrn (1,6-11)?

___

___

___

> *„Richtet euer Herz auf eure Wege!" (Hag 1,5) – auf euren Lebenswandel und auf die Art und Weise, wie ihr euren Alltag gestaltet.*

Weil sie sich weigerten, den Anweisungen gemäß den Tempel wiederaufzubauen, hielt der Herr den Tau und die Ernteerträge zurück. Eine Dürre im ganzen Land zog Hunger und Not nach sich. Der Herr brachte die gesamte Wirtschaft des Landes zum Erliegen. *„Und ich habe eine Dürre gerufen ... über die Menschen und über das Vieh und über allen Arbeitsertrag der Hände"* (V. 11). Sie aßen und tranken, aber sie wurden nicht satt. Keinem wurde warm, und ihr Einkommen rann ihnen durch die Hände. Das Prinzip der Bestandsaufnahme, das im Buch Haggai fünf Mal thematisiert wird (1,5 und 7; 2,15 und zweimal in V. 18), war ein Weckruf, der zu intensiver Betrachtung ihrer gegenwärtigen Situation aufforderte. Haggai wollte, dass die Menschen sich selbst und ihre ungehorsame Grundhaltung reflektierten.

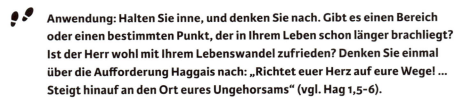 **Anwendung:** Halten Sie inne, und denken Sie nach. Gibt es einen Bereich oder einen bestimmten Punkt, der in Ihrem Leben schon länger brachliegt? Ist der Herr wohl mit Ihrem Lebenswandel zufrieden? Denken Sie einmal über die Aufforderung Haggais nach: „Richtet euer Herz auf eure Wege! ... Steigt hinauf an den Ort eures Ungehorsams" (vgl. Hag 1,5-6).

Man darf nicht vergessen, dass es sich bei dem Volk Israel um das Bundesvolk handelte. Aufgrund dieser bestehenden Bundesbeziehung hätten sie also alles, was ihnen widerfuhr, vor diesem Hintergrund betrachten müssen. Lesen Sie einmal nach, was der Herr in 5. Mose 28,15.23-24 zum Thema Dürre und Hungersnot sagt, und notieren Sie Ihre Erkenntnisse.

___

___

___

___

Hätte das Volk gehorcht, hätte es erlebt, dass der Herr ihr Land, ihre Ernten und ihre Familien segnet. Gehorsam zieht Segen nach sich, doch Ungehorsam bewirkt das Gegenteil. Im Falle des Ungehorsams erschwerte der Herr die Erntebedingungen, sodass das Volk wenig Ertrag erwirtschaftete.

Wie sah die Lösung aus (1,8)?

_____

_____

_____

Wo befinden Sie sich gerade? Warum befinden Sie sich dort? Sollten Sie vielleicht hinaufziehen zu den Bergen des Gehorsams?

Gott forderte sie auf, „*steigt hinauf, ... bringt Holz herbei und baut das Haus.*" Das würde dem Herrn Freude und Ehre bereiten (1,8). Es ging also darum, dem Befehl gehorsam zu sein, den der Herr sechzehn Jahre zuvor erteilt hatte. Nachdem nun deutlich geworden ist, dass der Herr den Wiederaufbau des Tempels befohlen hatte, steht eine Frage im Raum: Warum war der Tempel so entscheidend wichtig? Die Antwort werden wir an Tag 2 ergründen.

Der Wiederaufbau des Tempels – die Gegenwart Gottes feiern

Haggai
2. Tag

Warum legte Gott zu Haggais Lebzeiten einen so großen Wert auf den Wiederaufbau des Tempels? Welche Botschaft wollte er seinem Volk dadurch vermitteln? Die Antwort liegt im ursprünglichen Bauplan seines „Hauses", den er Mose am Berg Sinai mitgeteilt hatte. Die Stiftshütte, ein Zelt in der Wüste, war die erste Behausung, zu deren Konstruktion er Israel aufgefordert hatte. Sie entsprang Gottes Idee und war nicht etwas, das Mose in Erfüllung irgendwelcher religiösen Formen erdachte. Gott hat sehr genaue Vorstellungen in Bezug auf sein Volk, und sein „Haus" stellte einen wesentlichen Bestandteil dar.

✝ Lesen Sie 2. Mose 25,1-8 (besonders V. 8), 1. Könige 6,1.12-13 und 8,12-13.41-43. Um welches Thema drehen sich diese Schriftstellen? Aus welchem Grund soll es dieses „Haus" geben?

PROPHETEN

Welcher Gedanke aus 2. Korinther 6,14-18 geht Hand in Hand mit den Aussagen aus 2. Mose 25 und 1. Könige 6 und 8?

_____

_____

_____

Denn wir sind der Tempel des lebendigen Gottes; wie Gott gesagt hat: „Ich will unter ihnen wohnen und wandeln, und ich werde ihr Gott sein, und sie werden mein Volk sein"

2. Korinther 6,16

Der Herr wollte, dass ein „Haus" inmitten seines Volkes gebaut wird, in dem er dauerhaft Wohnung nehmen kann. Er wollte als ihr Gott mit ihnen gehen – seinem auserwählten Volk. Nach dem Vorbild einer Familie wollte er wie ein Vater für seine Kinder sorgen, die wie Töchter und Söhne an seiner Hand durchs Leben gehen. Dieses Leben in der Gegenwart Gottes war das, was Gott sich von Anfang an vorgestellt hatte.

Das Wesen dieser Beziehung ist ein ganz wesentlicher Aspekt, den wir durchdenken und bis in die Tiefe verstanden haben sollten. Es gibt einen Unterschied zwischen Leben und Existieren. Man kann das prunkvollste Haus bewohnen, die feinsten Speisen und Getränke zu sich nehmen, sich ausschließlich mit Luxustransportmitteln fortbewegen und trotzdem keine Ahnung von dem wahren Leben in Gott haben, das dieser uns schenken möchte. Ein Mensch kann zwar auf alle denkbaren Varianten *existieren* – arm, reich und irgendwo dazwischen. Gott weiß, dass wir in unseren „getäfelten Häusern" existieren können, doch wirklich leben und unser volles Potenzial ausschöpfen können wir nur in der engen Verbindung mit ihm – wenn er unter uns wohnt.

Es gibt nur einen Weg, echtes Leben zu finden und in ungetrübter Gemeinschaft mit dem Herrn zu leben. Und genau darum geht es bei dem Wiederaufbau des Tempels – dem „Haus" des Herrn. In 1. Korinther 6,19-20 lesen wir von der Tatsache, dass Gläubige ein Tempel des Heiligen Geistes sind. Durch den Heiligen Geist wohnt der Herr selbst in uns. Der Schöpfer, der aller Kreatur Leben und Atem eingehaucht hat (Apg 17,25) ist unser Leben (Joh 14,6; Phil 1,21; Kol 3,4). Doch das Leben in Fülle werden wir nur dann erleben, wenn wir ihm im Glauben gehorsam sind, uns täglich seinem Willen unterordnen und ihm vertrauen, dass er uns sein Leben im Überfluss geben wird – äußerlich gekennzeichnet durch die Frucht seines Geistes (Eph 5,18-21; Gal 5,22-25).

Als Haggai vom Herrn gesandt wurde, um den Willen und die Anordnungen Gottes zu verkündigen, gingen Serubbabel, Gouverneur von Juda, und der Hohepriester Jeschua als Beispiel voran, indem sie Gottes Wort hörten und befolgten.

 Lesen Sie Haggai 1,12. Beschreiben Sie ihr Handeln und ihre Einstellungen.

_____

_____

Serubbabel, Jeschua und ein kleiner Überrest der Israeliten (die Rückkehrer aus dem babylonischen Exil) gehorchten der Stimme des Herrn. Sie ehrten ihn als den Herrn, ihren Gott. Genauso ehrten sie Haggai und seine Botschaft, die er vom Herrn empfangen hatte und nicht aufgrund eines eigenmotivierten Dienstes weitergab. Die Reaktion des Volkes entsprang zutiefst ihrer Furcht des Herrn. In Vers 12 heißt es: „… und das Volk fürchtete sich vor dem Herrn". Man hat die Menschen regelrecht vor Augen, wie sie das Angesicht Gottes suchen und in dieser Haltung danach trachten, ihm zu gefallen.

Mit welcher Botschaft reagierte der Herr in der zweiten Predigt Haggais (1,13-15) auf den Gehorsam des Volkes?

_____

_____

_____

„Die Furcht des HERRN ist der Weisheit Anfang; und Erkenntnis des allein Heiligen ist Einsicht."
Sprüche 9,10

Der Herr wollte ihnen verdeutlichen, dass er gerne mit ihnen ging, damit sie die Erfahrung machen konnten, wieviel Freude und Segen in der Gegenwart des Herrn liegt – „Ich bin mit euch." Sie wussten, dass dies des Herrn „Gefallen" bedeutete (1,8). „Und der Herr erweckte den Geist Serubbabels … und Jeschuas … und des ganzen Restes des Volkes." Ihr Gehorsam motivierte und beflügelte sie.

Ungefähr einen Monat später brachte Haggai dem Volk die dritte Botschaft. Lesen Sie Haggai 2,1-3 (den ersten Teil der Predigt). Notieren Sie die Bedenken, die wohl einen Großteil des Volkes bewegten.

_____

_____

_____

Vergleichen Sie diese Stelle mit Esra 3,12-13 (Dinge, die sich ungefähr 15 bis 16 Jahre zuvor ereignet hatten). Was fällt Ihnen auf?

_____

_____

_____

_____

Es bestand die Sorge, ob der neue Tempel dem Tempel Salomos von damals auch wirklich hinreichend ähnlich sein würde. Den Zeitzeugen des früheren Tempels

PROPHETEN

würde der neue Tempel möglicherweise „nicht vergleichbar" erscheinen. Haggai mag sich dabei auch auf seine eigenen Beobachtungen als Augenzeuge bezogen haben (Hag 2,3). Die Reaktion, die wir in Esra 3,12-13 nach der Fertigstellung des Fundaments beobachten können, bezieht sich ebenfalls auf den direkten Vergleich mit dem Tempel Salomos. Dem Bericht zufolge vergossen die älteren Männer, die den alten Tempel noch gekannt hatten, sogar Tränen. Und der Kummer war auch nach fünfzehn oder sechzehn Jahren und Durchführung weiterer Baumaßnahmen noch nicht verflogen. Wie Gott auf die Sorge des Volkes einging, werden wir an Tag 3 betrachten.

Haggai
3. Tag

Die Gegenwart und die Fürsorge des Herrn

Mitten in dieser Situation, in der der Tempel mit dem früheren Tempel Salomos verglichen wurde, trug Gott Haggai die Verkündigung einer ganz bestimmten Botschaft auf. Dabei ist der Zeitpunkt ganz entscheidend – insbesondere vor dem Hintergrund der vollkommenen Offenbarung Jesu Christi. Es war der 21. Tag des siebenten Monats (Tishri), präzise formuliert: der 17. Oktober 520 v. Chr., der letzte Tag des Laubhüttenfests – des Festes, an dem sich das Volk an die Gegenwart und Fürsorge Gottes während ihrer Wüstenwanderungszeit erinnerte (siehe 3Mo 23,39-44). Es waren 925 Jahre vergangen seit Gottes Verheißungen an Israel (1445-520 v. Chr.). Für Haggais Zeitgenossen waren Gottes Gegenwart und seine Fürsorge zu dieser Zeit so elementar wichtig wie in der Vergangenheit zur Zeit der Wüstenwanderung. Der Herr wollte sie in dieser Situation absoluter Bedürftigkeit an die Verheißung seiner Gegenwart erinnern. Und er wollte auch, dass sie über den Rand des Gegenwärtigen und über ihre eigenen Begrenzungen hinausblicken auf die großartigen Pläne und Verheißungen, die Gott im Blick auf ihre Zukunft hatte.

„Und nun sei stark ..., spricht der Herr. ... und arbeitet! Denn ich bin mit euch, spricht der Herr der Heerscharen."
Haggai 2,4

Welche Wahrheiten und Verheißungen offenbarte der Herr Serubbabel, Jeschua und dem Volk (Hag 2,4-5)?

_____

_____

Welches Ereignis rief Gott ihnen in Erinnerung?

_____

_____

„Sei stark" oder *„Seid stark ... und arbeitet! Denn ich bin mit euch."* Für die Aufgabe, die vor ihnen lag, sagte Gott ihnen noch einmal ganz neu seine Gegenwart zu und erinnerte sie an die Verheißung, die er ihnen im Zusammenhang mit ihrem Auszug aus Ägypten gegeben hatte: Er würde mit ihnen gehen und mitten unter ihnen gegenwärtig sein. Das bedeutete, dass sie sich auf seine Fürsorge verlassen und sicher sein konnten, dass er sich um ihre Bedürfnisse kümmern und für das sorgen würde, was sie zur Erfüllung ihrer Aufgabe nötig hätten (siehe 2Mo 29,45-46; 34,8-10). Es gab keinen Anlass zur Sorge, denn er würde durch seinen Heiligen Geist leibhaftig mit ihnen sein.

Wir unterbrechen diese Ausführungen zum zweiten Kapitel des Buches Haggai, um uns einer ganz besonderen neutestamentlichen Offenbarung zuzuwenden!

Was Jesus auf den Tag genau 550 Jahre später sagte, sollte unserer Aufmerksamkeit keinesfalls entgehen: Die Ereignisse, von denen Johannes in Kap. 7,37-39 erzählt, fanden auch während des Laubhüttenfests statt. Das Volk beging dieses Fest genauso wie zur Zeit Haggais – in Erinnerung an die Wüstenwanderung in Gottes Gegenwart und unter seiner Fürsorge, als der Herr so viel Manna und frisches Wasser bereitstellte, wie das Volk brauchte. Doch letztlich war es eine Erinnerung an das bevorstehende Kommen des Messias, des Samens Abrahams, Isaaks und Jakobs (Jes 44,3).

> **Lesen Sie Johannes 7,37-39. Worin bestand (und besteht) die Einladung und die Verheißung Jesu?**

_____

_____

_____

> *„Wenn jemand dürstet, so komme er zu mir und trinke! Wer an mich glaubt, wie die Schrift gesagt hat, aus seinem Leibe werden Ströme lebendigen Wassers fließen."*
> **Johannes 7,37-38**

Jesus Ausruf richtete sich an all die Durstigen, weil er die tiefsten Bedürfnisse jedes Mannes und jeder Frau kannte. Ihr Durst könnte gestillt werden, wenn sie doch nur zu ihm kämen. Und das bedeutete, an ihn zu glauben und dadurch Ströme des lebendigen Wassers durch die Macht und Gegenwart des Heiligen Geistes zu erleben. Seitdem Jesus durch seinen Tod, seine Auferstehung und Himmelfahrt verherrlicht worden ist, ist dieses lebendige Wasser für jeden verfügbar.

Um die Aussagen Jesu besser verstehen zu können, ist der historische Kontext interessant, in dem Jesus seine Einladung und die dazugehörige Verheißung aussprach. An jedem der einzelnen Festtage gab es neben verschiedenen Brandopfern auch ein Sühneopfer. Zusätzlich ging der Hohepriester zu Beginn eines jeden Tages zum südlich vom Tempelgelände in Jerusalem gelegenen Teich Siloah, füllte einen goldenen Krug mit Wasser und kam gefolgt von einer großen Prozession zurück durch das Wassertor am südlichen Rand. Seine Ankunft wurde durch den Schall dreier Trompeten angekündigt (drei Mal) und vom Jubel des Volkes begleitet (Jes 12,3).

PROPHETEN

Lehre
DER STEIN, DEN DIE BAULEUTE VERWORFEN HABEN

In Psalm 118,25 heißt es: „Ach, Herr, hilf doch! Ach, Herr, gib doch Gelingen!" Dieser Vers wurde am Laubhüttenfest gesprochen, wenn die Priester ihre Prozessionen um den Altar hielten. Im Kontext dieses Verses ist von dem Stein die Rede, den die Bauleute verwarfen, und man ruft den Herrn an mit der Bitte um Rettung („Hosanna"). Als Jesus, der Erlöser, unter den Juden wandelte und lehrte, erkannten ihn viele nicht und verwarfen ihn demzufolge als ihren Messias. Den Eckstein, den sie feierten und von dem sie auf ihren Festen sangen, verwarfen sie, als er leibhaftig vor ihnen stand. Wie leicht verkennen wir den Botschafter oder die Botschaft, die Gott zu uns sendet, auch wenn sie genau vor uns steht.

Sobald die Prozession den Altar umrundete, begann der Tempelchor die Psalmen 113-118 zu singen (das *Hallel*). Wenn dann die Zeit des Morgenopfers kam, wurde das Wasser vor dem Herrn ausgegossen.

Der siebte Tag war *„der große Tag des Festes"* (Joh 7,37), an dem sieben Prozessionen um den Altar zogen. Bei jeder einzelnen Prozession, die der Hohepriester anführte, sang er Psalm 118,25: „Ach, Herr, hilf doch! Ach, Herr, gib doch Gelingen!" Genau an diesem Ort an eben diesem Tag mehr als 500 Jahre zuvor hat Haggai das Volk der Gegenwart und Fürsorge des Herrn versichert und ihnen Gelingen für das vor ihnen liegende Werk zugesagt, das Gott ihnen aufgetragen hatte (Hag 2,4-5). An diesem Tag des Festes rief Jesus aus: *„Wenn jemand dürstet, so komme er zu mir und trinke!"* Jesus versprach all denen, die an ihn glaubten, lebendiges Wasser – das Leben und die Frucht des Geistes, die ewige Gegenwart und Fürsorge des Geistes des wahrhaftigen Gottes.

Jetzt aber zurück zu Haggai Kapitel zwei ...

Lesen Sie Haggai 2,6-9. Der Herr gab hier mehrere Verheißungen. Listen Sie sie im Folgenden auf.

_____

_____

_____

> *„Größer wird die Herrlichkeit dieses künftigen Hauses sein als die des früheren, spricht der Herr der Heerscharen, und an diesem Ort will ich Frieden geben, spricht der Herr der Heerscharen."*
>
> **Haggai 2,9**

Der Herr kündigt an, den Himmel, die Erde und das Land zu erschüttern. Er sagte zu, dass *„dieses Haus"* mit noch mehr Herrlichkeit erfüllt werden würde als zu Zeiten Salomos. Der Herr, dem alles Silber und Gold der Erde gehörte, konnte ihnen nicht nur noch größere Herrlichkeit zusichern, sondern er versicherte Haggai und denen, die Haggais Prophezeiung hörten, eines Tages Frieden *„an diesem Ort"* zu geben.

Lesen Sie Haggai 2,7-9 und Sacharja 2,9.14-15 (Letzteres datiert vier Monate später). Welche Parallelen fallen Ihnen auf?

_____

_____

_____

_____

Die Worte des Herrn deuten an, dass das Silber und Gold der Nationen ins Haus des Herrn in Jerusalem wandern und die Herrlichkeit dieses Hauses (des Tempels) größer denn je sein wird. Es wird ein von Gott gegebener Friede sein. Keine feindlichen Völker mehr, die Jerusalem in irgendeiner Weise bedrohen oder gar angreifen.

Laut Sacharja wird der Herr selbst eine feurige Mauer sein, die Jerusalem umgibt, und die Herrlichkeit, die das Innere der Stadt erhellt. Er wird leibhaftig unter ihnen wohnen und viele Nationen werden zum Herrn kommen und zu seinem Volk hinzugetan werden. Beide Propheten offenbarten dem Volk das Vaterherz Gottes und hatten das Anliegen, sie zu ermutigen, zu stärken und ihnen begründete Hoffnung im Hinblick auf Gottes Absichten zu geben, die er mit ihnen verfolgte.

Sein ureigenstes Anliegen von Anbeginn an war es, sich selbst und seine Herrlichkeit einer Schöpfung zu offenbaren, die auf ihn zu reagieren vermag, seine Liebe von ganzem Herzen, mit ganzer Seele und mit all ihrer Kraft erwidert und ihn anderen auf dem gesamten Erdkreis bekanntmacht. Und immer noch sehnt er sich danach, dass wir ihn erkennen und ihn als unseren Herrn und Gott ehren. Zu diesem Zweck hat er sich offenbart und offenbart sich auch weiterhin durch sein Wort und das Wirken seines Geistes. In seinen ganz konkreten Anweisungen hinsichtlich der Stiftshütte bzw. des Tempels liegt eine Veranschaulichung dessen, was notwendig ist, damit wir mit ihm wandeln können und er unter uns wohnen kann. Trotz alledem passiert es uns so leicht, dass wir uns mit unseren eigenen Plänen und unseren „Häusern" verzetteln und ihn und seinen Plan ganz vergessen. Gott ist sehr geduldig. Immer wieder wirbt er um unsere Aufmerksamkeit, offenbart sich selbst und öffnet uns die Augen im Hinblick auf sein Wesen und seinen Wunsch für unsere Lebensgestaltung. Insbesondere möchte er, dass wir ihn als unser Leben begreifen. Er möchte in uns und durch uns leben und möchte uns sein Wesen, seine Wahrheit, seine Liebe und seine Güte zeigen. Immer wieder schafft er Gelegenheiten, durch die wir seine Gegenwart und Fürsorge erfahren können. Und er ist mit uns noch lange nicht am Ziel. Was mag uns noch erwarten? An Tag 4 werden wir uns dieser Frage etwas genauer widmen.

Lehre
JESUS – DIE HERRLICHKEIT GOTTES

„Ich werde dieses Haus mit Herrlichkeit füllen" (Hag 2,7). Wurde diese Verheißung durch das erste Kommen Jesu erfüllt? In Lukas 2,32 bezeichnet Simeon den neugeborenen Jesus als „die Herrlichkeit deines Volkes Israel", indem er ihn als den in Israel geborenen Messias erkennt. Ganz sicher wird Jesus die Herrlichkeit des zukünftigen Tempels sein, doch im Tempel des Herodes scheint die Herrlichkeit Jesu den Augen aller verhüllt – von einigen Ausnahmen wie Simeon und Hanna abgesehen, die über den Blick des Glaubens verfügten (Lk 2,25-38). Die Erscheinung Christi entsprach nicht der offenbaren Herrlichkeit Gottes in der Stiftshütte oder in Salomos Tempel. Außerdem sind die Ereignisse (Erzittern des Himmels, der Erde, der Ozeane, des Trockenen und aller Nationen), die dem noch vorangehen müssen, noch nicht eingetreten (Hag 2,6-7).

Die Erfahrung göttlicher Verheißungen – damals und heute

Haggai
4. Tag

Zwei Monate nach Haggais dritter Predigt folgte am 18. Dezember Predigt Nummer vier. Der Herr wollte, dass sein Volk den Segen eines Lebens in der Gegenwart Gottes erkennt. Es sollte verstehen, dass auch ein heiliger und reiner Lebenswandel dazu gehört, der aus einer Reinheit des Herzens entspringt und über zeremonielle Äußerlichkeiten hinausgeht. Gott gebrauchte das verhältnismäßig kurze Wirken dieses Propheten auf eine sehr nachhaltige Art und Weise und

PROPHETEN

wollte das Volk mit Hilfe von Haggais Botschaften dazu bringen, ihr Leben und ihre Prioritäten zu überdenken und über ihrem Ungehorsam Buße zu tun.

> **Lesen Sie aufmerksam Haggai 2,10-19. Arbeiten Sie die beiden Kardinalfragen hinsichtlich der Unterscheidung zwischen heilig und unrein heraus. Worum ging es ihm in diesem Zusammenhang?**

„Und ich selbst werde ihm ringsherum eine feurige Mauer sein, spricht der Herr, und ich werde zur Herrlichkeit in seiner Mitte sein."
Sacharja 2,9

Hauptsächlich ging es Haggai in diesem Zusammenhang darum, dass die Übertragung von Heiligkeit oder Reinheit von einer Sache oder einer Person auf eine andere unmöglich ist. Umgekehrt kann jedoch etwas oder jemand Unreines sehr wohl verunreinigen, was mit ihm in Berührung kommt. Die Heiligkeit eines Opfers ist genauso wenig übertragbar wie Gesundheit, doch vergleichbar mit einer Krankheit kann Sünde sehr wohl verunreinigen und anstecken. Die Opfer, die das Volk mit seiner inneren Haltung gegen den Wiederaufbau des Tempels darbrachte, sah Gott als unrein. Ihre Opfer waren schlicht und ergreifend fehl am Platz. Sie waren nicht in Übereinstimmung mit Gottes offenbartem Willen und seinem klar mitgeteilten Plan. Weil das Herz des Volkes zum Teil am Ungehorsam festhielt (was im Ergebnis auf totalen Ungehorsam hinausläuft), mussten die Menschen zusehen, wie Gott sein Gericht über das Land brachte, das infolgedessen nahezu ertraglos blieb (2,15-17.19). Doch jetzt waren sie zum Gehorsam zurückgekehrt und durften zuversichtlich mit dem Segen rechnen, den Gott ihnen verheißen hatte (2,19).

 Gibt es teilweisen Gehorsam oder nachhaltigen Ungehorsam, der Ihre Beziehung zu Ihrem Herrn belastet? Gibt es etwas, das fehl am Platz ist oder Gottes erklärtem Willen zuwiderläuft? Wenn ja, bringen Sie diese Sache vor Gott in Ordnung.

Der Herr wünschte sich so sehr, dass sein Volk in den Genuss des Segens und des Reichtums seiner Verheißungen für die Zukunft kommen würde. Daher gab er Haggai eine weitere Botschaft (die fünfte Botschaft), die er an demselben Tag verkündigen sollte wie die vorherige (18. Dezember 520).

Lektion 11: Haggai

> 📖 **Lesen Sie Haggai 2,20-23. Fassen Sie das Versprechen des Herrn zusammen.**

Der Herr hatte eine Botschaft für Serubbabel. Unter Hinweis auf die Königreiche der Welt kündigte er an, die Himmel und die Erde zu erschüttern, die Throne der Könige umzustürzen und die Macht der Königreiche der Nationen zu zerstören. Von Serubbabel sprach der Herr als *„meinem Knecht"* – ein Titel, der sowohl für David gebraucht wurde, von dem Serubbabel abstammte (2Sam 3,18), als auch für den Messias, der eines Tages aus derselben Linie hervorgehen würde (Jes 42,1-9). Der Herr hatte ihn erwählt und versprach, ihn einem *„Siegelring"* gleichzumachen.

Was hat diese letzte Botschaft an Serubbabel zu bedeuten? Vor der Wegführung nach Babylon hatte Gott Serubbabels Urgroßvater wegen seines gottlosen Regierungsstils als König von Juda gerichtet (609-598 v. Chr., siehe Jer 22,18-23). Auch Jojakims Sohn Jojachin erfuhr göttliches Gericht – aus demselben Grund. Folgendes sagte er über Jojachin: Wäre er ein Siegelring, nähme er ihn von seinem Finger und gäbe ihn an die Hand der Babylonier. Jojachin regierte nur drei Monate und zehn Tage, bevor er gefangen genommen wurde (598-597 v. Chr.; Jeremia 22,24-27). Danach erklärte der Herr, dass keiner der Nachkommen Jojachins jemals auf dem Thron Davids oder in Juda herrschen würde (Jer 22,30; 36,30). Nach Jojachin gab es keine Könige in Juda mehr, die aus dieser Linie stammten. Welche Bedeutung hat also die Tatsache, dass Gott Serubbabel als *Siegelring* sowie als *„meinen Knecht"* bezeichnet (Hag 2,23) – ein Titel, der für David und für den Messias gebraucht wurde (2Saml 3,18; Jesaja 42,1-9)?

Das Bild des Siegelringes ist an dieser Stelle sehr bedeutsam. Ein Siegelring wurde benutzt, um offizielle Dokumente zu versiegeln und war zudem ein Zeichen für Autorität, Ehre und Macht. Dieses Siegel hatte die Legitimationswirkung einer offiziellen Unterschrift – ein Garantiezeichen. Mit einem Siegelring konnte man sich für die Begleichung einer offenen Forderung verbürgen.

Inwiefern war die Betitelung Serubbabels als *„mein Knecht"* und als *Siegering* also eine Ermutigung, wo er doch der Abstammungslinie Jojakims angehörte? Der Herr hatte Serubbabel von dem Fluch ausgenommen, der auf Jojachin und seinem Werk lag und setzte Serubbabel sogar als *Siegelring* ein – als Garantie für das Kommen des künftigen Davidsohns, der in Frieden herrschen würde. Serubbabel sollte zwar

PROPHETEN

kein König sein, aber in der Linie Davids durch Joseph (Mt 1,12) und Maria (Lk 3,27) auf den Messias hinführen.

Gott sicherte Serubbabel und dem Volk zu, dass der Herr Sieger sein würde. Ein noch herrlicherer Tag würde jedoch kommen, wenn der Messias – der größere Davidssohn – von Jerusalem aus herrschen werde. Die Nationen würden sich ihm unterwerfen und Ehre und Reichtum nach Israel bringen. Der Herr erwählte Serubbabel als Garant für diese Verheißungen. Gott setzte ihn in die Abstammungslinie Davids ein – die Linie des Messias.

Obwohl Serubbabel nicht das ganze Bild kannte, ahnten er und das Volk jedoch bereits so viel, um gestärkt und ermutigt den Wiederaufbau des Tempels zu Ende führen zu können und der Herrlichkeit entgegenzugehen, die sie erwartete. Und Gott ermutigte Serubbabel, Jeschua und das Volk immerzu, solange sie an dem Tempel weiterbauten. Sie waren den Schikanen der Samariter und anderer Volksgruppen ausgesetzt, die dazu beigetragen hatten, dass die Arbeiten zehn Jahre zuvor eingestellt worden waren. Und den Druck von Seiten derer, die den Tempel mit dem Tempel Salomos verglichen, mussten sie ebenso aushalten wie einen ständigen Mangel an Ressourcen. Über alledem gebrauchte Gott Haggai jedoch, um sie zu ermutigen, zum Gehorsam aufzufordern sowie zum Aufblick auf die kommende Herrlichkeit zu motivieren.

Nachdem Haggais Dienst beendet war, sprach der Herr weiter durch Sacharja. Ein Abschnitt im Buch Sacharja vermittelt uns ein klares Bild von Gott, der sein Volk unermüdlich ermutigt und auffordert, ihm zu vertrauen.

DER LOHN DES GEHORSAMS

Der Herr hat Gefallen am Gehorsam und sehnt sich danach, seinen Segen auszuteilen. Samuel sagte: *„Hat der Herr so viel Lust an Brandopfern und Schlachtopfern wie daran, dass man der Stimme des Herrn gehorcht? Siehe, Gehorchen ist besser als Schlachtopfer, Aufmerken besser als das Fett der Widder"* (1Sam 15,22).

> *„Fürchte dich nicht, denn ich bin mit dir! Habe keine Angst, denn ich bin dein Gott! Ich stärke dich, ja, ich helfe dir, ja, ich halte dich mit der Rechten meiner Gerechtigkeit."*
>
> **Jesaja 41,10**

✝ **Lesen Sie Sacharja 4,1-10 (Diese Prophetie stammt vom 15. Februar 519, zwei Monate, nachdem Haggai seinen Dienst beendet hatte). Die Verse 6 und 10 sind uns wahrscheinlich sehr bekannt. Welche Botschaft können Sie aus diesen Schriftstellen entnehmen, da Sie jetzt einen Einblick in den historischen Kontext und die Botschaften Haggais gewonnen haben?**

_____

_____

_____

Welche Botschaft vermittelt Gott?

_____

_____

_____

In Sacharja 4,6 wird Serubbabel nochmals daran erinnert, dass es der Herr ist, der Kraft und Segen schenkt. Die Wiederherstellung des Tempels geschah eben nicht durch die Macht und Kraft Serubbabels oder Israels – sie selbst verfügten weder über Macht noch über Stärke –, sondern durch den Geist des Herrn. Denn sie lebten unter der Herrschaft der Perser und erlebten gerade eine Phase wirtschaftlicher Depression.

Aus Sacharja 4,10 geht hervor, dass der Tempel im Vergleich zum salomonischen Tempel eher klein gewirkt haben und das Volk sich angesichts der enormen Größe des Perserreichs unbedeutend vorgekommen sein mag. Doch über alledem stand die Tatsache, dass der Herr die ganze Erde regierte. Er hatte Gefallen an der Entwicklung des Tempelbaus, selbst wenn er einigen zu unbedeutend schien. Sein allgegenwärtiger Blick sorgte sich um Serubbabel und freute sich über ihn, weil er es war, der den Tempel weiterbauen und fertigstellen ließ.

Im Jahr 516 v. Chr. wurde der Tempel vollendet – siebzig Jahre nach der Zerstörung. In Esra 6,14-18 können wir den Bericht über die Fertigstellungsphase und die damit verbundenen Feierlichkeiten nachlesen. Seit jeher war es der Wunsch des Herrn, mit seinem Volk zu wandeln. Er möchte, dass wir seine Gegenwart erfahren. Und einst werden wir den neuen Himmel und die neue Erde erreicht haben, wo wir sein Wesen und seinen Charakter in seiner ganzen Fülle schauen werden. Und dort werden auch seine Gegenwart leibhaftig, unsere Bedürfnisse erfüllt und die Sehnsucht nach Gerechtigkeit vollkommen gestillt sein (Offb 21–22).

Lehre
DER VERHEISSENE FRIEDE

Haggai 2,9 enthält das Versprechen des Friedens des Herrn der Heerscharen „an diesem Ort". Diese Verheißung ist bis heute noch nicht vollständig erfüllt. In Jesaja 9,5-6 lesen wir, dass ewiger Friede die Herrschaft des Messias kennzeichnen wird (Jes 2,4; 11,6-9; Mi 4,1-4). Jesus verhieß seinen Jüngern den Heiligen Geist und seinen Frieden (Joh 14,25-27). Die Frucht des Geistes ist Friede (Gal 5,22), und Jesus ist der Friedefürst (Jes 9,5-6). Der hebräische Ausdruck sar shalom (Friedefürst) spricht von jemandem, der nicht nur Frieden bringt, sondern auch den Frieden erhält. Eines Tages wird dieser Friede auf dem ganzen Erdkreis sichtbar sein – dann, wenn Jesus als Messias regiert.

Ich folge Gott nach

Haggai
5. Tag

Was würde Haggai uns heute im Hinblick auf persönliche Nachfolge sagen? Die erste Botschaft, die er für uns hätte, lautete sicherlich so: *Bedenke deinen Weg* – bewerte zunächst einmal ganz ehrlich deine Prioritäten. Stimmen unsere Prioritäten mit Gottes Prioritäten überein? Wenn nicht, warum?

Folgen wir Gottes Prioritätenliste oder haben sich die Prioritäten in unserem Leben verschoben? Welche Dinge sind Ihnen persönlich sehr wichtig? *Bedenken Sie Ihren Weg.* Kreuzen Sie alles Zutreffende an.

- ❏ Ich sorge dafür, dass mein Haus „getäfelt" ist (Möbel, Größe, Lage).
- ❏ Ich sorge dafür, dass ich täglich genug Zeit mit dem Wort Gottes verbringe.
- ❏ Ich kümmere mich um meine Finanzen. Ich will auf dem Laufenden bleiben und strebe Rendite an.
- ❏ Ich sorge dafür, dass ich genügend Zeit mit meiner Familie verbringe und dass jedes Familienmitglied erkennt und tut, was Gott von ihm möchte.

„Denn so spricht der Herr der Heerscharen: Noch einmal – wenig Zeit ist es noch – und ich werde den Himmel und die Erde und das Meer und das Trockene erschüttern."
Haggai 2,6

PROPHETEN

- ☐ Ich nehme mir Zeit für das Gebet. Ich danke dem Herrn für alles, was er getan hat an meiner Familie, meiner Gemeinde und den dort Verantwortlichen, den politisch Verantwortlichen, meinen Kollegen und Nachbarn.

- ☐ Ich treibe sehr gerne Sport, insbesondere _____
- ☐ Ich verbringe gerne Zeit mit anderen Glaubensgeschwistern, denn so kann man sich gegenseitig ermutigen.
- ☐ Es gibt vieles, was ich noch tun, sehen und erfahren möchte.
- ☐ Es ist mir wichtig, finanziell in die weltweite Verkündigung des Evangeliums zu investieren.
- ☐ Es gibt noch so manches, was ich mir gerne kaufen würde.
- ☐ Ich möchte offen und jederzeit bereit sein, Kollegen oder anderen Menschen in meinem Umfeld das Evangelium weiterzugeben.
- ☐ Ich möchte mich noch mehr in gesellschaftlich relevante Aktivitäten einbringen, die mir auch zu einer gewissen Bekanntheit verhelfen.

„Denn wer hat den Tag kleiner Dinge verachtet?"
Sacharja 4,10

 Könnte es sein, dass es Bereiche in Ihrem Leben gibt, in denen Sie noch im Ungehorsam verhaftet sind? Vielleicht hat der Herr Ihnen ja schon einmal Punkte aufgezeigt durch Verse, eine Botschaft oder ein Lied, und Sie haben es ignoriert. Vielleicht versuchen Sie auch, in anderen Dingen Zerstreuung und Ablenkung zu suchen oder gar wegzulaufen (wie Jona). Jetzt ist Zeit, sich dem Thema Ungehorsam zu stellen. Jemand hat es einmal folgendermaßen formuliert: „Wenn nicht hier, wo sonst? Wenn nicht jetzt, wann dann? Wenn nicht ich, wer dann?" Bedenken Sie Ihren Weg.

Ein weiterer Punkt, den Haggai noch betont, ist die Verheißung der Gegenwart Gottes. Gott will unter uns wohnen. Er möchte, dass wir vorangehen, aber ihm nicht vorauslaufen, um unser Leben selbst in die Hand zu nehmen. Aber wir sollen auch nicht hinter ihm zurückbleiben, indem wir gegen ihn und seine Wegweisung rebellieren. Denken Sie an die vielen Verheißungen, die Gott seinem Volk gegeben und auch schon erfüllt hat.

Die kleineste Tat des Gehorsams ist für Gott niemals unbedeutend. Er kann Großes daraus machen.

Die Stiftshütte hat der Herr als Veranschaulichung dafür gewählt, dass er mitten in seinem Volk wohnt. Er kommuniziert stets so, dass unser Herz es versteht. Mose und das Volk Israel wohnten in Zelten am Fuße des Berges Sinai – insofern war das Zelt ein Symbol für Gottes Wunsch, unter ihnen zu wohnen. In der Geschichte des Volkes Israel galten die Wolkensäule und die Feuersäule oftmals als Bild für den guten Hirten, der seine Herde auf die Weiden und an die Wasserstellen führt. Und wieder sprach der Herr direkt zu ihren Herzen, sodass sie es verstehen konnten – in der Sprache der Hirten. Im Beispiel der Wolken- und Feuersäule wird über das bloße Wohnen hinaus – symbolisiert durch das Zelt – der Wunsch Gottes deutlich, sein Volk auch anzuführen als Gott und Hirte.

Im Neuen Testament begegnen wir diesem Bild dann erneut. In Johannes 1,14 gebraucht Johannes ein Wort, welches wir zwar mit „wohnen" übersetzen, das aber

Lektion 11: Haggai

im wörtlichen Sinn „zelten" bedeutet. Welche Bedeutung folgt daraus vor dem Hintergrund dessen, was wir über die Stiftshütte und den Tempel im Alten Testament gelernt haben?

_____

_____

_____

_____

Johannes gab Zeugnis von Jesus als dem Wort, das Fleisch wurde und „unter uns wohnte" (oder zeltete), sodass wir seiner Herrlichkeit gewahr wurden ähnlich dem Volk Israel in der Wüste, das die Wolke der Herrlichkeit im Zelt vor Augen hatte. Und diese Herrlichkeit war eine *„Herrlichkeit als eines Eingeborenen vom Vater, voller Gnade und Wahrheit."* Im Zelt des Alten Testaments war es nur Mose, der von Angesicht zu Angesicht mit Gott wie mit einem Freund reden konnte. Und als Jesus sich auf sein Sterben am Kreuz vorbereitete, wohlwissend, dass seine Tage auf Erden gezählt waren, versprach er, einen anderen Tröster zu senden – den Heiligen Geist als eine Person, die ihm gleich war und sie Tag für Tag bis in alle Ewigkeit begleiten würde (Joh 14,16-18).

👣 **Denken Sie über Ihr eigenes Leben mit dem Herrn und die Rolle des Heiligen Geistes in Ihrem Alltag nach. Leben Sie in dem Bewusstsein seiner Gegenwart? Nehmen Sie ihn mit an Orte, die ihn betrüben oder gar dämpfen oder die ihn erfreuen und ihm gefallen?** *„Bedenke deine Wege."*

Als ich Hunderte von Kilometern entfernt von Zuhause auf die Universität ging, schickte ein Freund mir einmal einen Brief von der Sorte, den man dringend nötig hat. Dieser Brief enthielt die Worte aus Jesaja 41,10, die mich enorm ermutigten, da ich gerade eine Phase extremer Entmutigung durchmachte und mich unter Druck befand. Sind Sie vielleicht momentan auch an solch einem Punkt?

✝ **Lesen Sie Jesaja 41,10 und notieren Sie die ermutigenden Botschaften, die in diesem Vers enthalten sind.**

_____

_____

_____

_____

> *Leben Sie in dem Bewusstsein seiner Gegenwart? Nehmen Sie ihn mit an Orte, die ihn betrüben oder gar dämpfen oder die ihn erfreuen und ihm gefallen? „Richtet euer Herz auf eure Wege."*
>
> **Haggai 1,5**

PROPHETEN

 Hat Gott Ihnen vielleicht einen Auftrag gegeben, der Ihnen aus Ihrer Perspektive zu groß oder zu unsicher erscheint? Oder ist Ihnen die Aufgabe eher zu klein und unbedeutend – eine dieser Aufgaben, über die der Herr sagen würde: „Verachte nicht die kleinen Dinge" (nach Sach 4,10)? Ist es Zeit, zu handeln statt zu diskutieren? Gehorchen, statt sich zu beklagen? *„Bedenke deine Wege."* Folgen Sie dem Herrn. Er legt uns nichts vor die Füße, was nicht Teil seines Plans ist. Vertrauen Sie ihm.

Nehmen Sie sich jetzt etwas Zeit zum Gebet.

WANDELN MIT DEM HERRN

Gott möchte unter uns wohnen. Er möchte, dass wir mit ihm wandeln und vorangehen, aber ihm nicht vorauslaufen, um unser Leben selbst in die Hand zu nehmen. Doch wir sollen auch nicht hinter ihm zurückbleiben, indem wir gegen ihn und seine Wegweisung rebellieren, sondern im Gespräch und in der Beziehung mit ihm unsere Reise meistern.

 Vater, du hast wunderbare Pläne für deine Kinder – Dinge, die du für sie bereits vor Grundlegung der Welt erdacht hast. Danke, dass ich Teil deines Plans sein darf. Danke, dass du mich zu dir gerufen und mich zu deinem Kind gemacht hast. Danke für deine Gegenwart in meinem Leben. Bitte zeige mir, wie ich täglich viel konkreter mit dieser deiner Gegenwart rechnen kann. Zum Thema „falsche Prioritäten" und „vernachlässigter Gehorsam" habe ich noch so viel zu lernen. Danke für deine Geduld und deine Gnade. Ich möchte viel mehr im Licht deiner Prioritäten und ewigen Verheißungen wandeln und mich nicht mehr von den vergänglichen und trügerischen Hoffnungen

der Welt locken lassen. Danke, dass dein Wort ewig Bestand hat und dass dein Geist mir Vertrauen auf deine Verheißungen schenkt – nicht nur für hier und jetzt, sondern auch im Hinblick auf die Ewigkeit. Ich liebe dich. Lehre mich, dich noch mit einer viel tieferen und beständigeren Liebe zu ehren, bis ich dir von Angesicht zu Angesicht gegenüberstehe. Amen.

Schreiben Sie Ihr eigenes Gebet nieder. Bedenken Sie dabei all das, was wir im Buch Haggai und in den Paralleltexten entdeckt haben.

_____

_____

_____

_____

_____

_____

_____

Eine Chronologie der Bücher Esra, Nehemia, Haggai, Sacharja und Maleachi

Textstelle	Datum	Ereignis
Jesaja 44,28	688 v. Chr.	Prophezeiung, dass Gott Kyrus gebrauchen werde, um sein Volk wieder in sein Land ziehen zu lassen.
	538 v. Chr.	Erfüllung der Prophezeiung
Jeremia 25,12	605 v. Chr.	Prophezeiung des Gerichts über Babylon wegen der Zerstörung Jerusalems und der Gefangennahme des Volkes Gottes
	539 v. Chr.	Erfüllung der Prophezeiung
Jeremia 29,10	594 v. Chr.	Das Volk Israel sollte 70 Jahre lang unter babylonischer Herrschaft leben und danach ins eigene Land zurückkehren.
	536 v. Chr.	Das Volk kehrt nach 70 Jahren zurück (605-536 v. Chr.).
		Einige setzen den Beginn der 70-jährigen Gefangenschaft 586 v. Chr. an, als der Tempel zerstört wurde, und nehmen als Ende 516 v. Chr., als das Volk den Tempel fertigstellte und einweihte. Der Tempel in Jerusalem war der nationale Dreh- und Angelpunkt Israels.
Daniel 5,17-30	539 v. Chr.	Daniel prophezeite den Niedergang des babylonischen Reiches und den Sieg der Meder und Perser. Die Erfüllung dieser Prophezeiung erfolgte unmittelbar danach.
2. Chronik 36,22-23; Esra 1,1-3	538 v. Chr.	Dekret des Kyrus
Esra 1,4-11; 2,1-70	536 v. Chr.	Erste Heimkehrerbewegung unter Serubbabel – 4-monatige Reise
Esra 3,1-7	536 v. Chr.	Weihe des Altars und Feier des Laubhüttenfests
Esra 3,8-11	536 v. Chr.	Der Wiederaufbau des Tempels beginnt. Die Fertigstellung des Fundaments wird unter großer Beteiligung gefeiert.
Esra 3,12-13	536 v. Chr.	Viele trauern wegen des Kontrasts zum ersten Tempel, den Salomo erbaut hatte.
Esra 4,1-5	536-530 v. Chr.	Widerstand gegen die Baumaßnahmen am Tempel
Esra 4,24	530-520 v. Chr.	Die Bauarbeiten am Tempel liegen brach, denn die Menschen bauen jetzt an ihren Häusern.
Esra 5,1	520 v. Chr.	Haggai und Sacharja nehmen ihren Dienst als Propheten des Herrn auf.
Haggai 1,1-11	29. August 520 v. Chr.	Haggais erste Botschaft (sechster Monat, erster Tag, zweites Jahr)
Esra 5,2; Haggai 1,12-15;	21. September 520 v. Chr.	Die Tempelarbeiten werden wieder aufgenommen (sechster Monat, 24. Tag, zweites Jahr); Haggais zweite Botschaft
Haggai 2,1-9	17. Oktober 520 v. Chr.	Haggais dritte Botschaft (siebter Monat, 21. Tag, zweites Jahr)
Sacharja 1,1-6	Oktober – November 520 v. Chr.	Sacharjas Dienst als Prophet des Herrn beginnt.
Haggai 2,10-19	18. Dezember 520 v. Chr.	Haggais vierte Botschaft (neunter Monat, 24. Tag, zweites Jahr)
Haggai 2,20-23	18. Dezember 520 v. Chr.	Haggais fünfte Botschaft (neunter Monat, 24. Tag, zweites Jahr)
Esra 5,3-17; 6,1-14	519-518 v. Chr.	Die Arbeiten am Tempel schreiten fort.

PROPHETEN

Textstelle	Datum	Ereignis
Sacharja 1,7-6,8	15. Februar 519 v. Chr.	Sacharjas acht Visionen
Sacharja 6,9-15	16. (?) Februar 519 v. Chr.	Krönung Joschuas als Hoherpriester
Sacharja 7-8	7. Dezember 518 v. Chr.	Der Befehl zu hören und die Verheißung des Guten
Esra 6,15-18	12. März 516 v. Chr.	Weihe des Tempels
Esra 4,6	486 v. Chr.	Ahasveros (Xerxes) erhält eine Anklage gegen die Einwohner Judas und Jerusalems.
Das Buch Esther	483-473 v. Chr.	
Sacharja 9-14	489 oder später (ca. 480 V. Chr.)	
Esra 4,7-23	ca. 464-460 v. Chr.	In einem Brief an Artahsasta wird die Einstellung der Tempelbauarbeiten ersucht. Artahsasta kommt diesem Gesuch nach.
Esra 4,23; Nehemia 1,2-3	464-460 v. Chr.	Die Mauern Jerusalems werden erneut niedergerissen und die Tore niedergebrannt.
Esra 7,1-10	458/457 v. Chr.	Ein Bericht der zweiten Heimkehrerbewegung unter Esra
Esra 7,11-28	458 v. Chr.	Im Zuge der Vorbereitung auf die Reise nach Israel erhält Esra den Brief und die Dekrete.
Esra 7,9; 8,1-20	Nisan 1-12, 458 v. Chr. (März/April)	Viele Menschen schließen sich Esras Reisevorbereitungen an. Esra ruft Leviten in sein Gefolge.
Esra 8,21-23	Nisan, 458 v. Chr.	Esra ruft eine Zeit des Fastens und Betens aus, in der zum Herrn um Schutz für die Reise gebetet werden soll.
Esra 8,24-30		Esra verteilt das Silber, das Gold und verschiedene Tempelgeräte, die mit nach Jerusalem transportiert werden sollen.
Esra 7,8-9; 8,31-32	Nisan 12 – Ab 1, 458 v. Chr.	Esra und die von ihm angeführten Heimkehrer brechen am zwölften Tag des ersten Monats nach Jerusalem auf und erreichen ihr Ziel am ersten Tag des fünften Monats.
Esra 8,33-36	Ab 458 v. Chr.	Sie liefern die Gaben im Tempel ab und beginnen, Opfer zu bringen und den Herrn anzubeten. Danach übergeben sie die Dekrete von König Artahsasta an die zuständigen Beamten.
Esra 9,1-15; 10,9	Kislew 458 v. Chr.	Vier Monate später überbringen einige der Führer Esra die Nachricht, dass Israeliten ausländische Frauen geheiratet haben. Esra beginnt zu trauern und betet zum Herrn.
Esra 10,1-6	Kislew 458 v. Chr.	Das Volk versammelt sich, und Schechanja ruft zu einem Bundesschluss auf, wonach die Betroffenen aufgefordert werden, ihre ausländischen Frauen fortzuschicken. Esra ist einverstanden.
Esra 10,7-8	Kislew 17-19 458 v. Chr.	Sie berufen eine Versammlung in Jerusalem ein, um das Problem der Mischehen mit ausländischen Frauen anzugehen.
Esra 10,9-15	Kislew 20, 458 v. Chr.	Die Männer von Juda und Benjamin versammeln sich in Jerusalem. Esra fordert sie auf, sich von den Einwohnern des Landes und von ihren ausländischen Frauen zu trennen. Das Volk willigt ein und verlangt eine ordnungsgemäße Untersuchung der gesamten Angelegenheit.

Textstelle	Datum	Ereignis
Esra 10,16.44	Tebeth 1 458 v. Chr.	In den nun folgenden drei Monaten prüfen Esra und die Führer des Volkes jeden Einzelfall im Beisein der Ältesten und Richter aus der jeweiligen Herkunftsstadt des betroffenen Mannes. Nach Abschluss der Untersuchung werden die Männer aufgefordert, ihre ausländischen Ehefrauen und die gemeinsamen Kinder fortzuschicken.
Nehemia 1-12	445 v. Chr.	Dritte Heimkehrerbewegung und Wiederaufbau der Mauer und der Stadt unter Nehemia; von 445 bis 433 v. Chr. dient er als Regierungsbeamter.
Nehemia 1,1	Kislew (November – Dezember) 446 v. Chr. (20. Jahr)	Nehemia dient unter König Artahsasta als Mundschenk im 20. Regierungsjahr des Königs.
Nehemia 1,2-3		Er erhält von seinem Bruder Hanani einen Bericht über die besorgniserregenden Zustände in Jerusalem.
Nehemia 1,4-11; 2,1	Kislew, 446 v. Chr. bis zum Monat Nisan (März-April) 445 v. Chr.	Nehemia betet weiterhin zu Gott und bringt die Situation in Jerusalem vor ihn. Vier Monate lang betet er.
Nehemia 2,1-8	Nisan 445 v. Chr.	Dank seiner Tätigkeit am königlichen Hof hat Nehemia die Möglichkeit, dort seine Sorgen um die Not in Jerusalem zur Sprache zu bringen.
Nehemia 2,6-8; Daniel 9,25	Nisan 445 v. Chr.	Manche Ausleger sehen im Dekret des Artahsasta, das Nehemia zur Reise nach Israel legitimiert, die direkte Erfüllung der Prophetie Daniels.
Nehemia 2,9	Nisan-Ab (April-Juli) 445 v. Chr.	Nehemia geht in Begleitung von Heerobersten und Reitern auf eine drei- bis viermonatige Reise.
Nehemia 2,11	1.-3. Tag des Ab, 445 v. Chr. (ca. 16.-18. Juli)	Nach seiner Ankunft wartet Nehemia drei Tage.
Nehemia 2,12-15	3. Tag des Ab, 445 v. Chr.	Nehemia leitet eine nächtliche Inspektion der Stadtmauern von Jerusalem.
Nehemia 2,16-18	Ab 4, 445 v. Chr. (ca. 19. Juli)	Nehemia trifft sich mit den Führern und den Einwohnern Jerusalems, um die Belange und Nöte der Stadt und den Wiederaufbau der Stadtmauern zu erörtern.
Nehemia 2,19-20		Widerstand erhebt sich und Aufregung entsteht. Nehemia begegnet den Unruhen und beginnt mit dem Wiederaufbauprozess.
Nehemia 3,1-32	4. Tag des Ab, 445 v. Chr.	Nehemia und das Volk beginnen mit den Bauarbeiten.
Nehemia 3,33-38	um den 29. Tag des Monats Ab 445 v. Chr.	Inmitten der Bedrohung durch Gegner des Mauerbaus wurde die Mauer bis zur Hälfte ihrer ursprünglichen Höhe hochgezogen (26 Tage nach Beginn der Arbeiten – die halbe Zeit der kompletten Fertigstellung).
Nehemia 4,1-17		Die Arbeiten gehen weiter trotz Drohungen und Widerstand, den die Feinde der Juden anstetteln.
Nehemia 5,1-19		Nehemia nimmt sich der Probleme innerhalb der jüdischen Gemeinschaft an.
Nehemia 6,1-14		Parallel zum fortschreitenden Mauerbau tobt auch der Widerstand weiter.
Nehemia 6,15-19	10. September 445 v. Chr.	In nur 52 Tagen wurde die Mauer zur Ehre und zum Lob des Gottes Israel fertiggestellt.

PROPHETEN

Textstelle	Datum	Ereignis
Nehemia 7,1-4		Nehemia überträgt Hanani und Hananja die Verantwortung für die Stadt Jerusalem.
Nehemia 7,5-72		Nehemia sammelt das Volk und veranlasst eine Volkszählung.
Nehemia 8,1-12	16. September 445 v. Chr.	Esra und Nehemia versammeln das Volk, um sie im Gesetz des Herrn zu unterweisen, und ordnen die Feier des Neujahrsfestes an (Fest des Posaunenhalls; am ersten Tag des siebten Monats).
Nehemia 8,13	17. September 445 v. Chr.	Esra unterweist kontinuierlich im Gesetz.
Nehemia 8,14-18	30. September bis 6. Oktober	Die Anweisung zum Laubhüttenfest wird gefunden, und das Volk feiert dieses Fest vom 15. bis zum 21. des Monats. Der Versöhnungstag wird vermutlich auch gefeiert.
Nehemia 8,18	7. Oktober 445 v. Chr.	Eine festliche Versammlung am achten Tag bildet den Abschluss der Feierlichkeiten.
Nehemia 9,1-37; 10,1-40	9. Oktober 445 v. Chr.	Die Führer (Esra, Nehemia und andere) und das Volk studieren das Gesetz, bekennen ihre Sünden, beten den Herrn an und erneuern ihren Bund mit dem Herrn, indem sie Treue gegenüber dem Gesetz geloben.
Nehemia 11,1-36		Während das Volk in die jeweiligen Heimatorte zurückkehrt, siedeln sich einige freiwillig in Jerusalem an, um den Wiederaufbauprozess zu unterstützen.
Nehemia 12,1-26		Nehemia hält die Namen derer fest, die mit der ersten Heimkehrerbewegung unter Serubbabel ins Land gekommen waren. Außerdem die Namen derer, die Seite an Seite mit Nehemia und Esra gearbeitet haben.
Nehemia 12,27-47	Mitte Oktober 445 v. Chr.	Bald nach Ende der Feste und Versammlungen des siebten Monats weiht das Volk die Mauer feierlich mit Gesang, Lob Gottes und Lesung des Wortes Gottes ein.
Nehemia 13,1-3		Alle Ausländer und alles Mischvolk werden von Israel abgesondert.
Nehemia 13,6	433 v. Chr.	Nehemia kehrt zu König Artahsasta nach Babylon zurück.
Nehemia 13,4-5	433-430 (?) v. Chr.	Eljaschib, der Hohepriester, richtet für Tobija einen Raum im Tempel her.
Das Buch Maleachi	433-420 v. Chr.	Maleachi dient als Prophet.
Nehemia 13,7-9	ungefähr zwischen 430 und 425 v. Chr.	Nehemia kehrt nach Jerusalem zurück, um sein Amt als Mundschenk wieder aufzunehmen. Er schickt Tobija aus dem Tempel und lässt die von ihm benutzten Räume reinigen.
Nehemia 13,10-31	ca. 430-415 v. Chr.	Nehemia bringt die Tempelordnung und die Dienstvorschriften wieder zur Anwendung, sorgt für die Einhaltung des Sabbats, der Pflichten der Priester und Leviten sowie des Verbots von Mischehen.

Die Weissagungen Maleachis und der letzte Teil des Buches Nehemia bilden den Abschluss des Alten Testaments in Erwartung der verheißenen Ankunft des Messias, des Herrn Jesus Christus zum göttlich festgesetzten Zeitpunkt (Gal 4,4; siehe auch 1Mo 49,10; Mt 1; Mk 1; Lk 1-2; Joh 1).

Lektion 12: **Christus, der Prophet**

Im Geist und in der Wahrheit anbeten

Unter sämtlichen Propheten des Alten und Neuen Testaments gibt es ganz sicher keinen, der in Erhabenheit und Macht an den Herrn Jesus Christus heranreicht. Er öffnete die Schrift und sprach wie kein anderer Mensch es jemals konnte (Joh 7,46). Er betete wie kein anderer und lebte wie kein anderer. Er wandelte in der Wahrheit und sprach die Wahrheit – in jeder Situation. Jesus Christus erfüllte alle alttestamentlichen Prophezeiungen, die auf den *kommenden Propheten* hinwiesen.

Die Aufgabe eines Propheten war es, gewissenhaft auf Gottes Wort zu hören und es weiterzugeben – nicht mehr und nicht weniger und nicht anders. Jegliche Hinzufügung einer eigenen Meinung bedeutete Ungehorsam gegenüber dem Herrn und eine Verfälschung seiner Botschaft. Ziel der Botschaft war es immer, die Menschen wieder in eine rechte Beziehung zum Herrn und zur Anbetung im Geist und in der Wahrheit zu bringen. Kurz vor Beginn der ereignisreichen Passahwoche, als Jesus sich darauf vorbereitete, als das Passahlamm schlechthin sein Leben zu geben, legte er dieses Zeugnis über sein Leben und seinen Dienst ab: *„Denn ich habe nicht aus mir selbst geredet, sondern der Vater, der mich gesandt hat, er hat mir ein Gebot gegeben, was ich sagen und was ich reden soll; und ich weiß, dass sein Gebot ewiges Leben ist. Was ich nun rede, rede ich so, wie mir der Vater gesagt hat"* (Joh 12,49-50). Auf das Leben des Herrn Jesus Christus traf diese Aussage in vollem Umfang zu. Obwohl wir heute 2000 Jahre später leben, können wir dank seines Wortes nachverfolgen, wie er den Willen seines Vaters verkündigte. Und dadurch sind wir auch heute noch in der Lage, ihn im Geist und in der Wahrheit anzubeten.

„Dies aber ist das ewige Leben, dass sie dich, den allein wahren Gott, und den du gesandt hast, Jesus Christus, erkennen."
Johannes 17,3

PROPHETEN

Wer ist „Der Prophet"?

Die Verheißung Gottes aus 5. Mose 18,18-19	Jesus Christus ist …	Die Heilige Schrift sagt …
„Einen Propheten wie mich wird dir der Herr, dein Gott, erstehen lassen	„Der Prophet"	*„Dieser ist wahrhaftig ein Prophet."* (Joh 7,40; 4,19; 6,14; Apg 3,20-26)
aus deiner Mitte, aus deinen Brüdern,	„Der Sohn Abrahams" „Der Sohn Davids"	*„Der Sohn Abrahams"* (Mt 1,1; 27,37; Joh 4,9)
und ich will meine Worte in seinen Mund legen,	„Der Sohn des Vaters" „Der Sohn des Menschen" „Ein Jünger"	*„Ich rede diese Dinge, wie ich es von meinem Vater gehört habe."* (Joh 8,26.28; Jes 50,4)
und er wird zu ihnen alles reden, was ich ihm befehlen werde.	„Der Messias" „Der Auserwählte"	*„Er hat mich gesalbt, die Gute Botschaft zu verkündigen …"* (Lk 4,18; Joh 12,49-50)
Und es wird geschehen, der Mann, der nicht auf meine Worte hört, die er in meinem Namen reden wird, von dem werde ich Rechenschaft fordern."	„Mein geliebter Sohn" „Mein Auserwählter" „Richter"	*„Der Vater … gab dem Sohn … Vollmacht zu richten …"* (Joh 5,26-30.43; Mt 12,18-21; 17,5; Lk 9,35; Apg 17,30-31)

Christus
1. Tag

Ein Prophet wie Mose

Der Herr wollte immer schon, dass sein Volk in Wahrheit wandelt. Denn das entspricht seinem Wesen. Er ist die Wahrheit, und in der Wahrheit zu wandeln, gehört zu seiner Existenz wie das Atmen zu der unsrigen. Er redet Wahrheit, lebt die Wahrheit und freut sich an der Wahrheit. Lügen und Täuschung werden wir in seinem Reich nirgendwo finden, weil sie nicht zu seinem Wesen passen. Doch es ist mehr als das, dass er nicht lügt. Die Heilige Schrift sagt ganz deutlich, dass er nicht lügen *kann* (Tit 1,2). Als er Israel als sein Volk erwählte, wollte er, dass sie in der Wahrheit wandeln. Die Gesetze, die er Mose gab, dienten dazu, dem Volk den Wandel in der Wahrheit und in der Freiheit zu ermöglichen, welche die Wahrheit stets mit sich bringt. Er führte sie aus Ägypten und durch die Wüste. Er wünschte sich, dass sie die Erfahrung machten, wie segensreich ein Leben in seiner Nachfolge ist. Und wenn die Menschen einmal nicht in Einklang mit der Wahrheit lebten, griff er ein und zeigte Mose und den Ältesten, mit welchen Mitteln sie dem entgegenwirken konnten. Mitten in einer solchen Situation gab er Mose ein Versprechen. Heute lesen wir dieses Versprechen nach und können es als Hilfe für uns selbst begreifen, verbindlicher in der Wahrheit zu leben.

Lesen Sie 5. Mose 18 und beantworten Sie die folgenden Fragen.

Welche Hauptaussage können Sie aus den Versen 9-14 herauslesen?

___

Zur Vertiefung
WAS IST EIN PROPHET?

Ein Prophet:
- ist von Gott erwählt.
- kann Gott hören.
- redet, was er von Gott gehört hat.
- ist in seiner Rede treu und wahrhaftig.

Worum geht es in den Versen 20-22?

___

In welcher Verbindung stehen die Verse 15-19 zu den Versen 9-14 und 20-22?

___

Der Herr warnte sein Volk vor dem gottlosen Lebenswandel der Völker, die seinerzeit das Land Kanaan bewohnten, sowie vor deren verabscheuungswürdigen Praktiken, die eine sofortige Entfernung dieser Völker aus dem Land erforderten. Die Kanaaniter machten sich durch Kinderopfer, Zauberei, Befragung von Medien, Schamanen, Spiritisten und ähnliche Dinge schuldig. Dabei wollte der Herr auch für diese Völker, dass sie ihm nachfolgten und in der Wahrheit lebten, nicht in der Lüge und in der Täuschung durch okkulte Praktiken. Der Herr wollte, dass sein Volk auf *ihn* und nicht auf falsche Propheten hört. Also versprach er, einen Propheten zu erwecken, der das Volk mit seinen Worten in alle Wahrheit leiten würde. Sie sollten sich aber vor solchen hüten, die in dreister Manier ihr eigenes Denken, Lügen oder abergläubisches Gedankengut weitergaben, das in Verbindung mit den Götzen der Kanaaniter oder der benachbarten Völker stand.

PROPHETEN

📖 Lesen Sie 5. Mose 18,15-19 und arbeiten Sie heraus, was Gott Mose im Hinblick auf *den Propheten* versprach (18,15).

___

Woher sollte er kommen (18,15)?

___

Der Herr versprach, einen Propheten aus den Brüdern zu erwecken – aus dem erwählten Volk Israel. Er würde ein Mann wie Mose sein, den Gott für sie erwählt hatte und der sie führen und leiten sollte, wie Mose es getan hatte.

Aus welchem Grund wollte Gott dafür sorgen, dass dieser Prophet für das Volk kam? Inwiefern band er das Volk in diese Verheißung mit ein (18,16-17)?

___

Als der Herr am Berg Horeb sprach, war das Volk sehr verängstigt und fürchtete sich angesichts der Ehrfurcht gebietenden Majestät und Heiligkeit Gottes. Das Feuer und der Rauch auf dem Berg, die Blitze und die Stimme Gottes, die wie Donnergrollen klang und aus der Wolke auf sie herabschallte, ließen sie regelrecht um ihr Leben bangen (2Mo 19,16-20; 20,18-19). Mitten in dieser intensiven Konfrontation mit der Heiligkeit und Macht Gottes baten sie Mose, als Mediator zwischen Gott und ihnen zu fungieren (5Mo 5,23-33). Diese Rolle nimmt ein Prophet stets kraft seines Amtes ein.

Welches herausstechende Wesensmerkmal sollte diesen Propheten auszeichnen, den Gott erwecken würde (18,18)?

___

Lektion 12: Christus, der Prophet

Mit welcher Art von Vollmacht würde dieser Prophet ausgestattet sein (18,19)?

_____

_____

Der Herr versprach, seine eigenen Worte in den Mund dieses Propheten zu legen, sodass dieser alles weitergeben würde, was Gott ihm befahl. Er würde im Namen des Herrn sprechen, voll ausgestattet mit göttlicher Autorität. Er würde nicht eigen-motiviert handeln oder auf eigene Ehre bedacht sein. Vielmehr wäre Gottes Sache auch sein Herzensanliegen, und so würde er treu sein in der Weitergabe dessen, was ihm von Gott aufgetragen würde.

Was würde dem geschehen, der die Worte dieses Propheten missachtet (18,19)?

_____

_____

_____

> *„Ich will meine Worte in seinen Mund legen, und er wird zu ihnen alles reden, was ich ihm befehlen werde."*
> **5. Mose 18,18b**

Jedermann, der die Worte dieses Propheten hört, wird dem Herrn einmal Rechenschaft schuldig sein in Bezug auf die Art und Weise, wie er auf den Propheten reagiert hat. Werden die Menschen auf sein Reden mit Gehorsam, Gleichgültigkeit oder bewusster Rebellion antworten? Jeder, der gehört hat, wird verantwortlich sein für seine Reaktion auf das Gehörte und für das Maß seines Gehorsams. Dabei geht es nicht so sehr um das akustische Vernehmen seiner Stimme, sondern um den Herzensgehorsam gegenüber der göttlichen Botschaft, den Anweisungen und Gesetzen.

Welchen Kontrast führt der Herr uns in den Versen 20-22 vor Augen?

_____

_____

_____

✝ **Lesen Sie Jeremia 23,9-32. Vergleichen Sie die Botschaft, die Gott durch Jeremia verkündigen ließ, mit der Botschaft aus 5. Mose 18,20-22.**

_____

_____

_____

PROPHETEN

„Wer aber mein Wort hat, rede mein Wort in Wahrheit! Was hat das Stroh mit dem Korn gemeinsam? spricht der Herr. Ist mein Wort nicht brennend wie Feuer, spricht der Herr, und wie ein Hammer, der Felsen zerschmettert?"
Jeremia 23,28-29

Einige gaben vor, für den Herrn zu sprechen, während andere dreist einräumten, ihre Botschaften von anderen Göttern zu beziehen. Über solchen Propheten stand das Todesurteil. Bei Überprüfung der Sorgfalt ihrer Verkündigungspraxis ließ sich erkennen, ob sie einfach unverschämt waren oder aus ihrer eigenen Vorstellungskraft heraus sprachen. Die Voraussetzung war jedoch hundertprozentige Sorgfalt und Genauigkeit. Daher entlarvte eine nicht erfüllte Prophezeiung einen Propheten als falschen Propheten – als Scharlatan, dessen Wort keine Beachtung verdiente. Jeremia vergleicht die Botschaften der falschen Propheten mit Stroh, das keinen Nutzwert besitzt, während die Worte des Herrn als Korn bezeichnet werden, das ernährt, sättigt und stärkt.

Der Herr versprach Mose, einen Propheten zu erwecken, dem er seine Worte in den Mund legen würde. Dieser Prophet ist Jesus Christus (Apg 3,22), und Gott, sein Vater, gab ihm die Worte, die er auf dieser Erde verkündigen sollte. Wie wirkte sich das konkret im Leben Jesu aus? Das werden wir an Tag 2 betrachten.

Christus
2. Tag

„Ich werde meine Worte in seinen Mund legen."

Ein Prophet spricht für Gott. Das ist es, was jeder treue Prophet getan hat, seitdem es Propheten gibt. Doch sämtliche Propheten des Alten Testaments waren lediglich Vorläufer des einen, den Gott zu erwecken versprochen hat. Woher wusste *dieser* Prophet, was er sagen und wann er es sagen sollte? Der Herr verhieß Mose, treu zu sein und dem Propheten genau die Botschaft zu geben, die er verkündigt haben wollte. *„Ich will meine Worte in seinen Mund legen, und er wird zu ihnen alles reden, was ich ihm befehlen werde"* (5Mo 18,18). Um für Gott reden zu können, musste ein Prophet auf das hören, was Gott ihm sagte. Diesen Prozess werden wir uns in der vorliegenden Lektion einmal etwas genauer ansehen.

Es gibt mehr als dreihundert Prophezeiungen, die das Kommen des Messias betreffen und Aussagen hinsichtlich seiner unterschiedlichen Funktionen enthalten. Einige bezeichnen ihn als den König, andere als den Hohepriester, und wiederum andere sprechen von ihm als Propheten.

 Lesen Sie die messianische Verheißung aus Jesaja 50,4-9. Was sagt uns Vers 4 über die Art und Weise, wie der Messias sprechen wird?

_____

_____

Lektion 12: Christus, der Prophet

Wie sollte der Messias seine Anweisungen empfangen (50,4-5a)?

_____

_____

Der Messias würde reden wie ein Jünger oder ein Lernender. Er würde sich ganz an seinem Lehrmeister orientieren und Worte an die Erschöpften und Niedergeschlagenen richten, um sie zu unterstützen. Das hebräische Wort für „helfen, unterstützen" beschreibt eine Handlung, bei der der Agierende anderen zur Hilfe eilt, um sie zu unterstützen und ihnen zu helfen. Obwohl er der fleischgewordene Gott war, würde der Messias in seiner Menschlichkeit wissen, wie man seine Mitmenschen lehrt, ermutigt und ihnen zur Hilfe eilt. Das lernte er, weil Gott ihm jeden Morgen das Ohr weckte, damit er hört, „wie ein Jünger hört" (oder ein Lernender). Das Ohr des Messias, des Gott-Menschen, war offen und bereit, auf die Befehle Gottes, seines Vaters, zu hören und sie zu befolgen.

KÖNIG, PRIESTER UND PROPHET

Jesus kam als der verheißene Priester, König und Prophet – der einzige, der würdig und fähig war, die Wahrheit in jeder Situation zu sprechen, als Mittler zwischen Gott und dem Menschen zu fungieren und in Gerechtigkeit und Frieden zu herrschen.

Was erfahren wir über das Herz dieses Messias' (50,5-6)?

_____

_____

Worauf vertraute er (50,7-9)?

_____

_____

Der Messias, der uns in Jesaja 50 begegnet, hat ein gehorsames und demütiges Herz, das sich bis zur Erniedrigung unterordnet – eine Erniedrigung, die im Neuen Testament schließlich in die Kreuzigung mündet. Er war dem Vater ganz hingegeben und vertraute auf seine Hilfe. Als er in den Tod ging, wusste er, dass er das Grab wieder verlassen und siegreich auferstehen würde.

Lehre
DAS „WORT", DAS JESUS SPRICHT

Das hebräische Wort dabar, das in Jesaja 50,4 mit „Wort" übersetzt wird, taucht 225 Mal im Alten Testament auf, wenn vom „Wort des Herrn" im Zusammenhang mit prophetischer Botschaft die Rede ist. Der Messias, von dem wir in Jesaja 50 lesen, ist daher der verheißene Prophet, den Gott zu erwecken versprochen hat.

Lesen Sie Markus 1,35-38. Beantworten Sie die nachfolgenden Fragen.

Was verrät uns Markus 1,35 über Jesus? Bemerkenswert ist, dass Jesus tags zuvor einen langen und anstrengenden Dienst in Kapernaum hinter sich hatte.

_____

_____

_____

PROPHETEN

Welcher Zusammenhang lässt sich zwischen Markus 1,35 und Jesaja 50,4 herstellen? Wie lautete Jesu Antwort auf die Vorschläge der Jünger hinsichtlich des Tagesplans (Mk 1,36-38)?

_____

_____

_____

Jesus stand auf, als es noch dunkel war, und begab sich an einen einsamen Ort außerhalb der Stadt Kapernaum – vielleicht irgendwo am Ufer des Sees Genezareth oder in den umliegenden Bergen. Dort verbrachte er Zeit mit seinem Vater und hörte mit dem Ohr eines Jüngers (Jes 50,4) auf das, was dieser ihm zu sagen hatte. Als die Jünger ihn schließlich fanden, teilten sie ihm mit, dass sich in Kapernaum bereits eine große Menschenmenge angesammelt hatte, die darauf wartete, dass er zu ihnen predigte. Jesu Antwort kam prompt: Er wies sie darauf hin, dass sie in andere Dörfer würden ziehen müssen, wo sie die Botschaft zu verkündigen hätten, die sein Vater ihm anvertraut hatte. Denn diese Verkündigung der Wahrheit war das Ziel seines Kommens. Jesus hielt sich an den Plan seines Vaters, hörte auf ihn und tat, was dieser ihm auftrug.

> *„Denn ich habe nicht aus mir selbst geredet, sondern der Vater, der mich gesandt hat, er hat mir ein Gebot gegeben, was ich sagen und was ich reden soll; und ich weiß, dass sein Gebot ewiges Leben ist. Was ich nun rede, rede ich so, wie mir der Vater gesagt hat."*
> **Johannes 12,49-50**

✝ **Lesen Sie Lukas 5,16. Was fällt Ihnen an diesem Vers auf?**

_____

_____

✝ **Lesen Sie Johannes 7,14-18 und 8,28-30 und notieren Sie, was Sie über Jesus lernen.**

_____

_____

_____

Jesus zog des Öfteren an einsame Orte abseits der Menschenmassen und des städtischen Trubels zurück, um Zeit mit seinem Vater zu verbringen. An der Beziehung zu seinem Vater hing sein Herz, und sie war die Kraftquelle seines Dienstes. Das Volk (einschließlich einiger Führer) war erstaunt über das, was Jesus lehrte, und wunderte sich über seine Einsicht und seine Vollmacht. Jesus stellte immer klar, dass seine Lehre nicht aus ihm selbst kam, sondern von seinem himmlischen Vater.

Alles, was Christus lehrte, war wahr und gerecht. Sein Ziel war es, mit und in allem seinen Vater zu erfreuen und zu verherrlichen. Er wollte, dass die Menschen ihn als den erkannten, der er war und ihm mit ihrem Leben in Anbetung und Gehorsam dienten.

In Johannes 8,30 lesen wir, dass viele an ihn glaubten, weil sie seine Lehre gehört hatten. Was war das Herz des Lehrens und Redens Jesu? Lesen Sie die folgenden beiden Verse (Joh 8,31-32), und schreiben Sie Ihre Erkenntnisse auf.

_____

_____

Jesus hörte auf die Worte seines Vaters und gab in aller Treue die Botschaft weiter, die sein Vater ihm gab. Er redete Wahrheit und versprach, dass diejenigen, die in seinem Wort blieben (die, die sein Wort zum neuen Leben empfingen), die Wahrheit erkennen und in Freiheit wandeln würden. Lügen entzweien und erzeugen Abhängigkeiten. Die Wahrheit macht frei und vereint. Jesus wollte, dass seine Jünger in dieser Freiheit und Einheit lebten. Deshalb kam er als Prophet, der ihnen die Wahrheit verkündigte. Und so konnten die, die in seine Nachfolge traten, ein freies Leben beginnen – in transparenter und ungetrübter Gemeinschaft mit dem himmlischen Vater und anderen Menschen.

> *„Für die Freiheit hat Christus uns frei gemacht ... Wer hat euch gehindert, der Wahrheit zu gehorchen? ... Denn ihr seid zur Freiheit berufen worden ..."*
> **Galater 5,1a.7b.13a**

👣 **Wandeln Sie in der Freiheit, die Jesus sich für Sie wünscht? Sind Sie offen, transparent und ungetrübt in Ihrer Beziehung mit ihm? Wie steht es mit Ihren Beziehungen zu anderen Menschen – Ihrem Ehepartner, Ihren Eltern, Ihren Freunden und Glaubensgeschwistern? Gibt es Fälle von Entzweiung, Abhängigkeit oder fehlender Einheit? Bitten Sie den Herrn, diese Bereiche Ihres Lebens und die notleidenden Beziehungen mit dem Licht seiner Wahrheit auszuleuchten. Er möchte, dass Sie in Wahrheit und Freiheit wandeln.**

_____

_____

Was können wir noch von diesem Propheten lernen? Lassen Sie uns eine Begegnung anschauen, bei der er mit einer Frau spricht, die in ein Netz von Lügen verstrickt ist. Denn so wird unser Bild von diesem Propheten, der Gottes Wort verkündigte, noch vollständiger. Tag 3 wird insofern noch mehr Details ans Tageslicht bringen.

PROPHETEN

Christus
3. Tag

„Ich sehe, dass du ein Prophet bist"

Würden wir einen Propheten erkennen, wenn er uns begegnete? Wie würde er wohl sein? Der Herr sagte, dass der Prophet, den er erwecken würde, *„zu ihnen redet, was ich (Gott) ihm befehle"* (5Mo 18,18). Wenn wir das Neue Testament an unserem inneren Auge vorbeiziehen lassen, sehen wir unterschiedliche Situationen, in denen dieser Prophet genau das tat. Jesus Christus kam als der verheißene Prophet, um die Wahrheit in jeder denkbaren Situation zu reden und zu leben und in aller Treue genau das weiterzugeben, was der Vater ihm aufgetragen hatte. Eines der eindrücklichsten Beispiele seines Dienstes ist wohl eine Begebenheit, als dieser Prophet in die samaritische Stadt Sychar kommt – ein Ereignis, das dieses Dorf und seine Bewohner wohl für immer verändert hat.

✝ **Lesen Sie Johannes 4,1-42 und beantworten Sie die folgenden Fragen.**

Lassen Sie uns einmal den Hintergrund dieser Begebenheit betrachten. Was fiel der Frau aus Sychar laut ihrem ersten Bericht an Jesus auf (Joh 4,7-9)?

_____

_____

_____

Diese Begebenheit trug sich im Herbst des Jahres 27 n. Chr. zu, im ersten Dienstjahr Jesu. Während sein Dienst an Popularität gewann und andererseits immer mehr Widerstand bei den Pharisäern und Schriftgelehrten hervorrief, entschied Jesus sich, Judäa zu verlassen und nach Galiläa zu reisen. Dabei wählte er eine Abkürzung durch Samaria und näherte sich zur Mittagszeit dem Städtchen Sychar. Während die Jünger sich auf die Suche nach etwas Essbarem begaben, blieb Jesus am Jakobsbrunnen außerhalb der Stadt. Zur Mittagsstunde kam eine Frau zum Brunnen, um Wasser zu schöpfen. Jesus bat sie um etwas zu trinken. Sie erkannte ihn sofort als Juden und reagierte erstaunt, vielleicht sogar perplex: Ein jüdischer Mann fragt eine samaritische Frau nach etwas zu trinken – das war weit außerhalb der Norm, denn *„die Juden verkehrten nicht mit den Samaritern"*.

Jesus war durch ihre Reaktion nicht vor den Kopf gestoßen. Worauf lenkte er ihre Aufmerksamkeit (4,10)?

_____

_____

_____

Lektion 12: Christus, der Prophet

Wie reagierte die Frau darauf (4,11-12)?

_____

_____

_____

HINDERNISSE ÜBERWINDEN

Es gab einige Hindernisse, die Jesus überwinden musste, um die samaritische Frau zu erreichen: *Ethnische und religiöse:* Juden und Samariter; *gesellschaftliche:* Mann und Frau; *persönlichkeitsbezogene:* Prophet und Ehebrecherin.

Jesus lenkte die Aufmerksamkeit der Frau auf Gott – insbesondere auf das, was er ihr schenken wollte („*die Gabe Gottes*"), und auf sich selbst als denjenigen, der ihr zu diesem Geschenk verhelfen konnte. Er sprach von dem „lebendigen Wasser" und meinte damit den Heiligen Geist, „*den die empfangen sollten, die an ihn glaubten*" (Joh 7,39). Sie wollte wissen, wo sie dieses lebendige Wasser bekommen konnte und wie er es ihr angesichts der Tatsache geben konnte, dass er doch nichts hatte, womit er Wasser aus dem Brunnen schöpfen konnte. War er am Ende größer als Jakob, der Stifter dieses Brunnens – ein Brunnen, der sowohl die gesamte Familie Jakobs als auch viele Generationen nach ihm mit Wasser versorgen konnte?

Wie beantwortete Jesus diese Frage? Worauf lag sein besonderes Augenmerk (4,13-14)?

_____

_____

_____

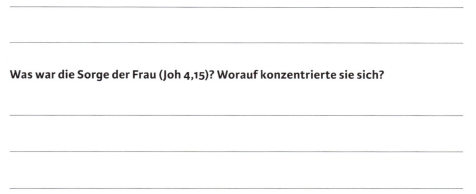

Schon gewusst? SAMARITER UND JUDEN

Die Samariter waren der Volksstamm, der auf die Vermischung von Assyrern und Israeliten zurückging, nachdem die Assyrer Israel im Jahre 722 v. Chr. besiegt hatten. Die Samariter wurden von den Juden verachtet aufgrund ihrer Götzendienstpraktiken und ihrer Vermischung mit fremden Kulturen. Durch die Mischehen hielten viele Kompromisse hinsichtlich des mosaischen Gesetzes Einzug – sowohl in die einzelnen Familien als auch in die gesamte Gesellschaft.

Was war die Sorge der Frau (Joh 4,15)? Worauf konzentrierte sie sich?

_____

_____

_____

Jesus sprach vom Wasser, das ihren Durst in Ewigkeit würde löschen können, und zog den Vergleich zu dem Wasser aus dem Jakobsbrunnen, das nur vorübergehend wirkte. Jesus versprach eine Quelle lebendigen Wassers, die wie ein immerwährender Brunnen in Ewigkeit den Durst stillt – ein Bild für das ewige Leben. Jeremia 2,13 spricht von dem Herrn als der Quelle lebendigen Wassers, die Israel verworfen hat. Hier bot Jesus eine Quelle lebendigen Wassers durch seine Person an, doch die Frau hatte die Dimension dieser Botschaft noch nicht vollständig erfasst. Sie dachte immer noch an das Wasser in seiner natürlichen Erscheinungsform (H2O). Und sie hatte großes Interesse an dieser Art von Wasser, das ihren Durst für immer würde stillen können, da sie körperlich durstig und es auch leid war, jeden Tag zum Wasserschöpfen an den Brunnen kommen zu müssen.

- 229 -

PROPHETEN

Welchen Gedanken stellte Jesus in Johannes 4,16 heraus? Und was entgegnete die Frau (4,17)?

_____

_____

Wie reagierte die Frau darauf, dass Jesus ihre wunden Punkte angesprochen hatte (4,17-20)?

_____

_____

Beschreiben Sie den Perspektivwechsel, der sich bei der Frau eingestellt hat (Joh 4,20). Was genau sagt und tut sie?

_____

_____

> „Denn zweifach Böses hat mein Volk begangen: Mich, die Quelle lebendigen Wassers, haben sie verlassen, um sich Zisternen auszuhauen, rissige Zisternen, die das Wasser nicht halten."
>
> **Jeremia 2,13**

Jesus sprach die Punkte an, die den Zugang zum lebendigen Wasser hindern. Er wies auf ein geistliches Hindernis hin. Die Frau räumte ein, dass sie keinen Ehemann hatte, und beließ es zunächst dabei. Doch Jesus blieb nicht dabei stehen. Denn es war notwendig, dass sie sich ihrer Vergangenheit und ihrer gegenwärtigen Sünde stellte: fünf Männer in der Vergangenheit und einen nichtehelichen Lebenspartner in der Gegenwart. Wegen ihres sündigen Lebenswandels war die punktgenaue Analyse ihrer Situation durch Jesus ein ganz wunder Punkt für sie. Jesus sprach ihre Sünde an, doch sie entschied sich zunächst dafür, das Thema zu wechseln und über Theologisches zu reden. Zutreffend merkte sie an, dass er ein Prophet sei, denn kein gewöhnlicher Mensch hätte die Dinge so beim Namen nennen können, wie Jesus es soeben getan hatte. Und weil er ein Prophet war, konnten sie ja auch über „prophetische Themen" reden, wie beispielsweise darüber, wo man optimaler Weise anbeten sollte – in Jerusalem oder auf dem Berg Garizim.

Präzise und punktgenau präsentierte der Herr Jesus dieser Frau eine Botschaft (und ebenso uns). Was sagte Jesus in Bezug auf das Thema Anbetung und die Anbetung der Samariter (4,21-22)?

_____

_____

_____

Lektion 12: Christus, der Prophet

Was war die Kernaussage der Botschaft dieses Propheten Jesus (4,23-24)?

_____

_____

_____

Jesus lenkte das Augenmerk der Frau weg vom Thema des optimalen Anbetungs-*ortes* und der Bedeutung von Örtlichkeiten – sei es der Berg Garizim oder Jerusalem – und machte sie auf das *Subjekt* der Anbetung aufmerksam – Gott, den himmlischen Vater. Jesus ging auf ihre Zweifel an den Lehren der Heiligen Schrift und an der Tatsache ein, dass die Juden wirklich über die Gottesoffenbarung hinsichtlich der Erlösung verfügten. Die Samariter, die lediglich den Pentateuch (1– 5Mo) akzeptierten, hatten ihre Anbetungspraxis mit Heidnischem vermischt und glaubten nicht, dass Gott durch die vielen Propheten und Schreiber des Alten Testaments geredet hatte. Sie kannten die Wahrheit nicht und beteten eine Lüge an.

**Schon gewusst?
DER BERG GARIZIM**

In den Bergen von Judäa in Zentral-Israel stehen der Berg Garizim und der Berg Ebal einander gegenüber, und in der Ebene dazwischen liegt das alte Sichem. Als Abraham in das Land Kanaan kam, baute er bei Sichem einen Altar (1Mo 12,6-7). Am Berg Garizim (und am Berg Ebal) wurden die Segnungen und Flüche des Gesetzes verlesen, als Israel unter Josuas Führung in das Land einzog (5Mo 11,29-30; 27,11-12). Die Samariter errichteten dort einen Tempel, weil sie die Örtlichkeit optimal für diesen Zweck fanden und Jerusalem als den von Gott erwählten Ort für den Tempel nicht akzeptierten (2Chr 3,1-2; 6,4-11).

Jesus wies sie auf die wahre Anbetung des Vaters und auf die Tatsache hin, dass die „*Stunde*" für „*wahre Anbeter*" nun gekommen war, um „*den Vater in Geist und Wahrheit anzubeten*". Diese Stunde war sein Tod am Kreuz, der den Weg zur Erlösung und zum Vater auch für diese Frau und für all diejenigen freimachen würde, die kommen und das rettende Geschenk der Erlösung annehmen. Der Kern der Worte Jesu war die Tatsache, dass Gott Geist ist und die Beziehung mit ihm sich demzufolge auf geistlicher Ebene abspielt – im Herzen und auf dem Fundament der Wahrheit. Der Vater sucht Menschen, die ihn auf Grundlage der Heiligen Schrift und der Offenbarung in Jesus anbeten, der das Wort und die Wahrheit ist (Joh 1,1-5.14; 14,6). Die Tiefe einer Beziehung fußt immer auf der Wahrheit des Offenbarten. Je größer das Verständnis zwischen zwei Menschen ist und je mehr sie sich in diesem Verhältnis der Wahrheit verpflichtet fühlen, desto mehr Tiefe kann ihre Beziehung entwickeln.

Was wird aus der Stellungnahme der Frau in Johannes 4,25 deutlich? Vergleichen Sie diese Stelle mit dem, was sie den anderen Dorfbewohnern berichtete (Joh 4,28-29).

_____

_____

Inwiefern ist die Antwort Jesu in Johannes 4,26 bemerkenswert?

_____

_____

PROPHETEN

Sehr schnell hatte sie verstanden, dass er alles über sie wusste, und seine Worte über wahre Anbetung *„in Geist und Wahrheit"* trafen sie ins Herz. Wie die meisten Samariter glaubte auch sie an das Kommen eines Messias. Dieser Messias würde alles wissen und erklären, was notwendig war. *Dieser Prophet*, den sie getroffen hatte, hatte ihr einen vollständigen Spiegel vorgehalten und sie überzeugt, dass er genau das anbot, was sie brauchte. Schließlich formulierte Jesus sehr klar, wer genau vor ihr stand: *„Ich bin es, der mit dir redet"*, gab sich als der Messias zu erkennen und gebrauchte dabei Worte (*„Ich bin"*), mit denen er auch bei anderen Gelegenheiten seine Gottheit offenbarte. Er offenbarte, wer er war, und ebenso offenbarte er, wer sie war. So wie Jesus den wahren Zustand ihres Herzens offenlegte, so kompromisslos war auch der Inhalt ihres Zeugnisses, das sie den anderen Dorfbewohnern gegenüber ablegte: *„Kommt, seht einen Menschen, der mir alles gesagt hat, was ich getan habe!"* (4,29).

Was geschah daraufhin unter den Dorfbewohnern (4,30.39-42)?

_____

_____

_____

DIE SIEBEN *„ICH BIN"*-WORTE JESU

ICH BIN ... das Brot des Lebens (Joh 6,35), ... das Licht der Welt (8,12), ... die Tür für die Schafe (10,7,9), ... der gute Hirte (10,11,14), ... die Auferstehung und das Leben (11,25-26), ... der Weg, die Wahrheit und das Leben (14,6), ... der wahre Weinstock (15,1,5).

Dieser Christus, der Messias, der Prophet, der die Wahrheit redet und die Menschen in alle Wahrheit leitet, ist der Erlöser der Welt. Er führt Menschen zur Erkenntnis des wahren Gottes, seines Wesens und Charakters. Er schließt uns die Bedeutung des prophetischen Redens Gottes auf, das uns im Alten Testament begegnet. Darüber hinaus hält er jedem Menschen einen Spiegel seines eigenen Herzens vor, der sie erkennen lässt, wer sie vor Gott sind und was er von ihnen möchte. Und er führt sie zur wahren Anbetung des allein wahren Gottes. Im Gegensatz zu sämtlichen Propheten des Alten Testaments spricht Jesus nicht nur die Wahrheit, sondern er *ist* die Wahrheit – *„der Weg, die Wahrheit und das Leben"* (Joh 14,6).

Christus
4. Tag

„Der, der einen Propheten aufnimmt"

Wie geht man mit einem Propheten um? Durch die Jahrhunderte hindurch waren Propheten immer umstrittene Persönlichkeiten, an denen sich die Geister schieden. Ihre Botschaften forderten Veränderung, und nicht jedem war das angenehm. Doch an niemandem schieden sich die Geister so sehr wie an Jesus, dem Propheten. Unter Bezugnahme auf das Alte Testament bezeichnete Petrus ihn als den *„Stein des Anstoßes"* (1Petr 2,8). Das Thema, das Gott in 5. Mose 18 (und in zahlreichen anderen Passagen) ansprach, ist das Thema von Ablehnung und Annahme. Es geht darum, die Lüge abzulehnen (das, was den Menschen immer weiter von dem wahren Gott wegführt) und die Wahrheit anzunehmen (das, was den Menschen in die Verbindung mit Gott bringt). Wahrheit erzeugt und stärkt Beziehungen und intensiviert die Verbindung, während Lüge trennt und zerstört. Ähnlich wie eine Krebserkrankung frisst sie Beziehungen auf oder teilt sie entzwei wie ein feindliches Schwert. Als Jesus kam, um die Lehre des Vaters zu verkündigen, war ihm bewusst, dass es bei seiner Rede um Leben und Tod ging und es deshalb von elementarer Bedeutung war, dass die Menschen die Botschaft annahmen. Heute werden wir uns damit befassen, wie wichtig es ist, *diesen Propheten* und sein Wort aufzunehmen.

Gegen Ende seines zweiten Dienstjahres (Herbst des Jahres 28 n. Chr.) sandte Jesus die Zwölf aus und gab ihnen Anweisungen im Hinblick auf den Dienst und dessen Lohn (Mt 10,1-42). Lesen Sie Matthäus 10,40-41. Was sagt Jesus in diesen beiden Versen über Propheten?

___

___

___

Jesus versprach, dass diejenigen, welche die Zwölf als seine Botschafter (wie einen Propheten) aufnahmen, den Lohn eines Propheten erhalten sollten. In Matthäus 10,40-41 gebrauchte Jesus für „aufnehmen" den Begriff *dechomai*. Er wendet es auf einen Menschen an, der von ganzem Herzen, bereitwillig und freiwillig empfängt. Die Wendung „Wer ... aufnimmt" impliziert einen Prozess immerwährenden Empfangens und Willkommen-Heißens des Propheten und seiner Botschaft – nicht nur ein höfliches Zunicken.

Wie möchte Jesus als Prophet aufgenommen werden, wenn man die volle Wortbedeutung des Begriffs *dechomai* („aufnehmen") in Matthäus 10,40-41 bedenkt?

**Lehre
WER IST DER „SOHN DES MENSCHEN"?**

Jesus fragte: „Was sagen die Menschen, wer der Sohn des Menschen ist?" Die Jünger antworteten: „Einige: Johannes der Täufer; andere aber: Elia; und andere wieder: Jeremia oder einer der Propheten." Dann fragte Jesus: „Ihr aber, was sagt ihr, wer ich bin?" Petrus antwortete: „Du bist der Christus, der Sohn des lebendigen Gottes."
Matthäus 16,13-16

___

___

Welche Verbindung besteht zu 5. Mose 18,19?

___

___

PROPHETEN

Wenn jemand den Lohn eines Propheten dafür erhält, dass er einen Gesandten Jesu aufnimmt, wie groß muss der Lohn dann erst für die Aufnahme des Messias selbst sein – bereitwillig, freiwillig und von ganzem Herzen? Wer ihn als den Propheten vom Vater aufnahm, nahm den Vater und seine Botschaft der Wahrheit selbst auf. Gleichzeitig bedeutete es jedoch ebenso, den Vater abzulehnen, wenn man Jesus und sein Wort ablehnt. In 5. Mose 18,19 heißt es dementsprechend: *„Der Mann, der nicht auf meine Worte hört, die er in meinem Namen reden wird, von dem werde ich Rechenschaft fordern."*

Was war mit Jesu irdischer Familie? Nahmen seine Brüder und Schwestern ihn auf? Jesus kam zum ersten Mal zu Beginn des Jahres 28 n. Chr. nach Nazareth, als sein zweites Dienstjahr angebrochen war. Das zweite Mal kam er im darauffolgenden Herbst.

✝ Lesen Sie den Bericht aus Markus 6,1-4. Wer war anwesend?

_____

_____

_____

_____

Zur Vertiefung
EIN PROPHET OHNE EHRE

Wie haben die Einwohner von Nazareth (Jesu Heimatstadt) ihn empfangen, als er das erste Mal nach Beginn seines Dienstes hierhin zurückkehrte? Lesen Sie Lukas 4,16-30, und finden Sie heraus, wie die Menschen auf Jesus reagierten.

Was geschah? Was tat Jesus?

_____

_____

_____

Wie reagierte die Menge?

_____

_____

_____

Jesus kam nach Nazareth und ging am Sabbat in die Synagoge, wie es damals üblich war. Alle Dorfbewohner waren ebenfalls da, so auch Maria, seine vier Brüder und mindestens zwei seiner Schwestern. Joseph wird an dieser Stelle nicht erwähnt. Jesus lehrte und tat offenbar einige Wunder, denn Vers 2 erwähnt ganz ausdrücklich Wundertaten. Ungeachtet der Weisheit seiner Lehre und der Vollmacht seiner Wundertaten nahm die Menge Anstoß an ihm.

Lektion 12: Christus, der Prophet

Wie beurteilte Jesus diese Begebenheit in ihrer Gesamtheit?

_____
_____
_____

Was sagt das über die Familiensituation aus, zumindest über das Verhältnis zwischen den Brüdern und Schwestern?

_____
_____
_____

> *„Und Jesus sprach zu ihnen: Ein Prophet ist nicht ohne Ehre, außer in seiner Vaterstadt und unter seinen Verwandten und in seinem Haus."*
>
> **Markus 6,4**

Jesus nannte die Dinge beim Namen. In seiner Heimatstadt, unter seinen Verwandten und in seiner engsten Familie ist ein Prophet ohne Ehre. Diese Feststellung umfasst sowohl die Menschenmenge als auch Jesu eigene Familie. Sie glaubten nicht, dass er der Messias war und nahmen Anstoß an seiner Lehre. Nur die Kraft Gottes konnte ihre Herzen verändern. Das nächste Mal wird von den Brüdern Jesu berichtet, als sie ihn im Herbst 29 aufforderten, zum Laubhüttenfest zu gehen und sich seinen Anhängern zu zeigen. Jesus entgegnete, dass seine Zeit noch nicht gekommen sei (Joh 7,1-9). Jesus sah ihre ablehnende Haltung und vertraute seinem himmlischen Vater, dass er sie zu ihm ziehen konnte.

Wie reagierten die religiösen Führer auf Jesus als Propheten? Lesen Sie Matthäus 23,29-39 und fassen Sie Ihre Erkenntnisse zusammen.

_____
_____
_____

Welche Herzenshaltung Jesu in Bezug auf die Einwohner von Jerusalem wird in Matthäus 23,37-39 deutlich?

_____
_____
_____

PROPHETEN

Einige der Menschenansammlungen, vor denen Jesus gesprochen und Wunder getan hatte, hielten ihn für einen Propheten, und vereinzelt erkannte man ihn als den verheißenen Propheten (Mt 21,11.46; Joh 6,14; 7,40). Philippus, ein Jünger Jesu, sah in ihm *den Propheten* (Joh 1,45). Sogar Herodes Antipas, der als Tetrarch über Galiläa herrschte, bezeichnete Jesus als eine Art Prophet (Mt 14,1-2). Doch die Pharisäer und führenden Priester teilten diese Ansicht nicht. Sie betrachteten ihn vielmehr als Bedrohung ihrer religiösen und politischen Macht. Jesus kritisierte ihre ungläubigen Herzen. Außerdem weinte er über Jerusalem, weil die Menschen dort die von Gott Gesandten nicht erkannten und auch ihn als *den Propheten* nicht aufnahmen. Infolgedessen bahnte sich das göttliche Gericht an, was sich jedoch dann abwenden ließe, wenn die Bewohner Jerusalems der Botschaft der Propheten und der Botschaft Jesu Christi Glauben geschenkt hätten.

Jedermann, der Jesus und die von ihm verkündigte Wahrheit annimmt, darf Vergebung seiner Schuld und neues Leben durch die Kraft und die Gegenwart seines Heiligen Geistes empfangen.

Genauso ist es auch bei uns heute. Der Herr hat sein Wort ausgesandt, und wir können es im Alten Testament, in den Evangelien und der Apostelgeschichte, in den apostolischen Briefen sowie in der prophetischen Offenbarung des Johannes nachlesen. Werden wir sein Wort annehmen und umsetzen? Zu Zeiten der Urgemeinde forderte der Apostel Petrus die Führer und die Bewohner Jerusalems auf: *„Auf ihn sollt ihr hören in allem, was er zu euch reden wird!"*, weil er von Gott gesandt worden war, *„euch zu segnen, indem er einen jeden von euch von seinen Bosheiten abwendet"* (Apg 3,22b.26b). Durch Abwendung von ihrer Sünde und Hinwendung zu Jesus Christus könnten sie Vergebung ihrer Schuld und neues Leben durch die Kraft und die Gegenwart seines Heiligen Geistes empfangen – der Geist, den er bereits Monate zuvor verheißen und vorausgesagt hatte. Dasselbe Versprechen gilt auch für uns heute, wenn wir ihn und sein Wort annehmen.

 Sollten Sie Jesus Christus als Ihren persönlichen Herrn und Erlöser noch nicht kennen, ist jetzt die Gelegenheit, diesen Punkt in Ihrem Leben zu klären. Es ist denkbar einfach, ihn bereitwillig, freiwillig und von ganzem Herzen in Ihr Leben aufzunehmen. Auf rigatio.com finden Sie als Zusatzmaterial zu diesem Kurs den Artikel „Wie folge ich Gott nach?". Er enthält eine schrittweise Anleitung für den Anfang Ihrer Reise als Nachfolger Jesu.

Christus
5. Tag

Ich folge Gott nach

Jesus sprach nichts als die Wahrheit. So wie jede seiner Reden einen hundertprozentigen Wahrheitsgehalt besaß, gilt das ebenso für jedes Wort göttlich inspirierter Prophetie – Prophetie, die in gegenwärtige Situationen durch Anwendung des Wortes Gottes hineinspricht oder Dinge offenbart, die in Zukunft noch geschehen werden. Der Aspekt der Aufnahmebereitschaft fällt immer mit dem der Wahrheit zusammen. Werde ich oder werden Sie das befehlende, ermahnende oder anleitende Wort des Propheten annehmen? Wie steht es mit Aussagen über zukünftige

Ereignisse? Werden wir im Licht dessen leben, was er uns offenbart hat? Werden wir vorbereitet sein? Gott wird uns hinsichtlich der Frage, ob wir das Wort seines Propheten aufgenommen haben, zur Rechenschaft ziehen. In 5. Mose 18,19 heißt es: *„Und es wird geschehen, der Mann, der nicht auf meine Worte hört, die er in meinem Namen reden wird, von dem werde ich Rechenschaft fordern."* Wir sind dem Vater und dem Sohn in ihrer Funktion als Prophet und Richter verantwortlich.

Hören Sie auf ihn? Setzen Sie das Gehörte um? Wann verbringen Sie Zeit mit seinem Wort?

- ❑ Am Morgen
- ❑ In der Mittagspause
- ❑ Normalerweise sonntagmorgens
- ❑ Nachts
- ❑ Gelegentlich irgendwann in der Woche
- ❑ Selten
- ❑ Ich muss mehr Zeit mit Gottes Wort verbringen.

Hat Gott durch das eine oder andere, das wir in dieser Lektion behandelt haben, zu Ihnen geredet? Sind Sie bereit, es umzusetzen?

_____

_____

Leben Sie in geklärten Verhältnissen mit Ihrem Herrn? Gibt es etwas, was Sie mit jemand anderem vielleicht in Ordnung bringen sollten? Etwas, was Sie versäumt oder was Sie getan haben oder hätten tun sollen, weil Sie es versprochen haben?

_____

_____

Gibt es Bereiche in Ihrem Leben, in denen sich Ungehorsam breitgemacht und auf die Jesus seinen Finger gelegt hat?

_____

_____

_____

Lehre
WAHRHAFTIGKEIT DES INNEREN MENSCHEN

Gott zielt immer auf Wahrhaftigkeit im Kern des inneren Menschen ab. Die erste Frage, die er Adam stellte, nachdem dieser gesündigt hatte, war „Wo bist du?", womit er nicht nur Adams Standort meinte. Der Herr wollte, dass Adam sich eingestand, wo er sich innerhalb der Beziehung zum Herrn befand. Er wollte, dass Adam zugibt, dass er sich versteckte und sich mit Feigenblättern zu bedecken versuchte. Eigentlich stellt Gott Adam sinngemäß die folgende Frage: „Wo bist du? Was ist die Wahrheit über dich, Adam? In welchem Zustand befindet sich dein innerer Mensch?" David erklärte: *„Du hast Lust an der Wahrheit im Innern"* (Ps 51,8a). Johannes 4 erinnert uns daran, dass der Vater die sucht, die ihn in Geist und Wahrheit anbeten – von ganzem Herzen und reinen Gewissens. In Epheser 6 lesen wir, dass der erste notwendige Teil der Waffenrüstung der Gürtel der Wahrheit oder eben ein offenes und aufrichtiges Herz ist. Gott möchte, dass Wahrhaftigkeit von unserem inneren Menschen ausgeht.

PROPHETEN

Hören Sie auf das, was er Ihnen sagt und setzen Sie es um. Sie werden feststellen, dass Sie seinen Frieden erfahren werden, wenn Sie Ihr Leben auf das Fundament der Wahrheit stellen. *„Ihr werdet die Wahrheit erkennen, und die Wahrheit wird euch freimachen"* (Joh 8,32).

Wir bekommen einen kleinen Einblick in das Wunder der Errettung, von dem die Propheten sprechen (Offb 19,1-2): *„Halleluja! Das Heil und die Herrlichkeit und die Macht sind unseres Gottes! Denn wahrhaftig und gerecht sind seine Gerichte ..."* Als Johannes die Verkündigung des Heils sah und hörte, war er versucht, den Engel anzubeten, der diese Botschaft überbrachte. Doch der Engel richtete sein Augenmerk auf den Kern der Botschaft der alttestamentlichen Propheten: *„Bete Gott an!"* Dann machte der Engel ihn auf das Herzstück aller Prophetie aufmerksam: *„Denn das Zeugnis Jesu ist der Geist der Weissagung"*. Jesus ist beides, sowohl *der Prophet* als auch *die Botschaft*.

Wir wissen, dass der Herr Jesus viele Dinge voraussagte, die noch kommen werden. Seine Wiederkunft für die Gemeinde, sein Gericht über die Nationen usw. Wie sollen wir in Ansehung dieser Prophezeiungen leben?

✝ Lesen Sie Offenbarung 22,6-9. Was erfahren Sie hier über die Worte Gottes?

_____

_____

_____

_____

Was hat Jesus in Vers 7 versprochen?

_____

_____

_____

Welchen Befehl erteilte der Engel Johannes in Vers 9?

_____

_____

_____

Mit der Weissagung, die Gott Johannes in Form der Offenbarung anvertraut hat, schlägt er das Kapitel der Prophetie zu und ist nun am Werk, die prophezeiten Ereignisse auf dem Zeitstrahl der Geschichte zu platzieren. Alle diese Worte, die Gott gegeben hat, sind *„gewiss und wahrhaftig"* – sie versagen nie, täuschen und binden nicht. Seine Worte führen uns auf dem Pfad der Gerechtigkeit und des Friedens. Immer wieder bringt er uns auf den Weg der Freiheit zurück. Das Thema der Erlösung war stets das Herzstück einer jeden prophetischen Botschaft, die er hat verkündigen lassen. Jesus selbst versprach: *„Ich komme bald"*, und die, die seine Worte beherzigen, werden gesegnet werden (glückselig sein, 22,7). Dies ist das Bild, das er von seiner Wiederkunft zeichnet, wenn die Juden sagen werden: *„Gepriesen sei, der da kommt im Namen des Herrn"* (Mt 23,39). Doch andererseits heißt es in 2. Thessalonicher 1,7-10 als Veranschaulichung der kommenden Anbetung und des kommenden Gerichts:

„… zusammen mit uns bei der Offenbarung des Herrn Jesus vom Himmel her mit den Engeln seiner Macht, in flammendem Feuer. Dabei übt er Vergeltung an denen, die Gott nicht kennen, und an denen, die dem Evangelium unseres Herrn Jesus nicht gehorchen; sie werden Strafe leiden, ewiges Verderben vom Angesicht des Herrn und von der Herrlichkeit seiner Stärke, wenn er kommt, um an jenem Tag in seinen Heiligen verherrlicht und in allen denen bewundert zu werden, die geglaubt haben; denn unser Zeugnis an euch ist geglaubt worden."

Das Ziel aller Wahrheit, aller von Gott ausgegangenen Prophetie, ist es, die Menschen in die Anbetung und den Gehorsam gegenüber dem Herrn zu führen. Das Ziel, das Christus, der Prophet, verfolgte, der Eine, der vom Vater gesandt wurde, ist es, dass wir den Vater im Geist und in der Wahrheit anbeten und ihm gehorchen.

Nehmen Sie sich nun ein wenig Zeit zum Gebet.

Herr, ich ehre dich als den Propheten, den Einen, der nichts als Wahrheit spricht. Danke für die Freiheit, die du schenkst, wenn ich dein Wort in meinem Leben umsetze und mich mit mir selbst, meiner Familie, meinen Beziehungen, meinen Finanzen, meiner Arbeitsstelle, mit meinen Geschwistern im Herrn und mit denen, die dich noch nicht kennen, in deinem Lichte auseinandersetze. Ich möchte mich immer unter deine Wahrheit beugen, weil ich weiß, dass du nicht lügen kannst. Öffne mir die Augen, damit ich erkenne, was dein Geist mir offenbart, und lehre mich, das Geoffenbarte auch zu hören und umzusetzen. Hilf mir, im Lichte deines Wortes der Wahrheit für heute zu wandeln und auch das zu berücksichtigen, was du für die Zukunft vorausgesagt hast. Ich will dich im Geist und in der Wahrheit anbeten mit offenem und bereitwilligem Herzen, dir jeden kleinen Winkel meines Lebens unterordnen und mich an der von dir geschenkten Freiheit freuen. Amen.

Zur Vertiefung
PROPHET UND RICHTER

So wie Mose und Samuel zugleich Prophet und Richter waren, sind auch in Jesus diese beiden Funktionen vereint. In 2. Mose 18,13-26 lesen wir, wie Mose Israel als Richter während der Wüstenwanderung diente. Im Hinblick auf die Begegnung Moses mit Gott von Angesicht zu Angesicht sowie seine Wundertaten formuliert 5. Mose 34,10: *„Und es stand in Israel kein Prophet mehr auf wie Mose."* In 1. Samuel 3,20 lesen wir: *„…. dass Samuel zum Propheten des Herrn bestellt worden war"*, und 1. Samuel 7,15 stellt fest: *„Und Samuel richtete Israel alle Tage seines Lebens."* Auch der Herr Jesus ist sowohl Prophet als auch Richter (Mt 13,57; Lk 13,33; Joh 5,24-30; Apg 17,31; Offb 19,11). Lesen Sie Johannes 5,19-47, und achten Sie einmal darauf, wie Jesus von sich selbst als Sohn Gottes, Sohn des Menschen, Richter und als der spricht, von dem Mose geschrieben hat.

Das Ziel, das Christus, der Prophet, verfolgte, der Eine, der vom Vater gesandt wurde, ist es, dass wir den Vater im Geist und in der Wahrheit anbeten und ihm gehorchen.

PROPHETEN

Vor dem Hintergrund dessen, was Sie in dieser Woche gelernt haben, können Sie an dieser Stelle ein eigenes Gebet formulieren und sich so an unseren Herrn und Erlöser wenden – den Propheten, der die Wahrheit spricht und ist.